心灵孤岛与世俗镜像
——山东女作家创作论析

李掖平 等/著

山东文艺出版社

序

  山东女作家们以其长久持续的文学创作热情、源源不断的艺术灵思以及背负地狱而孤傲飞翔的文学姿态,已成为齐鲁文学中一支不可或缺的力量,也越来越成为中国文坛的一道靓丽风景线。认真考辨评估山东女作家的创作成败得失,以及对中国当下文学的影响,将会推动文学鲁军在创作上的进一步繁荣,同时也可为当代女性写作提供经验借鉴。

  本书是我们中国女性文学研究课题的第二批成果,共分十章,对山东女作家小说、诗歌和散文创作的优长及其不足之处进行了实事求是的辨析与评估。

  第一章《以心灵歌哭对抗岁月苍芜》,是对20世纪90年代山东女作家的小说创作和新世纪以来的山东女性诗歌创作的综合论析与评估。20世纪90年代的山东女作家们的小说创作,以清醒的女性自我审省意识、灵活多姿的结构形态以及繁富生动的艺术技法为基础,书写着被男权中心意识压抑、遮蔽、扭曲了的女性生命存在和生存体验,并在审视和寻找女性自我中同时审视和寻找社会,审视和寻找在新的时代环境中女性的定位与意义,进而上升为对人类生存限度与可能性的诗性表达;新世纪以来的山东女性诗歌创作或雄阔浩瀚,或低回哀婉,或锐利冷峭,或风轻云淡,或唯美智趣,充分敞开了悲悯仁厚的博爱情怀和飞扬灵动的敏俏才华,以单纯与复杂、厚重与灵俏、尖锐与柔软、凌厉与温婉、朴素与繁华、规约与放达相融相成的诗情诗境,彰显出新颖独特的诗美之魅。

第二章《用柔韧抵御尘世的荒寒》，对方如的小说进行了解读与评析。方如小说注重对"亲情"的探讨，强调"家"的精神力量，能够在烟火气中升腾起暖意；方如笔下的女性形象大致可划分为都市女性和乡村农妇两大类型；其作品多采用时空交叉这种镶嵌式的叙事结构，第三人称和第二人称的叙述视角交替使用，表现形式较为丰富多样。

第三章《灵魂的隐喻》，对杨袭小说的后现代主义风格特色进行了梳理与评析。杨袭小说的哲理和象征意味很浓，对爱情、生活、生命、死亡等重大主题进行了形而上的思考；其笔下众生常常处在"迷雾之中"，不同故事的人物往往在名称相同的空间上演着相似的剧本，呈现出十足的荒诞感；其作品还以重重叠叠的文字障碍形成了一种语言奇观。

第四章《欲望苦酒中的迷情悲歌》，从四个维度解读评析了郑建华的小说创作。郑建华对当代女性从青春少女到暮年老妇的欲望书写，揭示了女性在现实人生中的种种悲剧命运，体现出较为浓厚的人文关怀；在艺术层面上，她将情感化的生动叙事交织进女性独特的性别体验书写中，呈现出一种温婉细腻的文体风格。

第五章《以粗粝唤醒生活的疼痛》，是对刘爱玲小说创作的系统梳理和评述。刘爱玲致力于挖掘小人物灵魂最深处之痛的精神根源，将底层生存中难以分离的土地羁绊、难以消解的城乡隔阂和无法逃脱的荒诞命运展现出来；其人物类型及其性格在小说交织的复杂关系网中呈现；往往采用倒叙与插叙相结合的叙事方法来丰富小说的叙述空间，显现出一种自然简约的叙事风格。

第六章《在真实与荒诞之间突围》，主要从主题与艺术两方面解读评析了郝炜华小说创作的思想艺术特色。郝炜华小说的主题向度一是底层女性的荒芜之爱，二是城乡小人物美好的生活期待，三是病态的人性与命运的哲思；其艺术的表现力和感染力较强，奔跑的火车意象与蒙太奇式空间格局的结合，呈现出动态的影像效果，能让作者与读者任由自己的想象驰骋。

第七章《无痕有味的情感憩泊》，系统解读辨析了高克芳小说创作的成绩及不足。高克芳通过描述中国当代社会的亚健康婚姻状态和都市蚁族的现实生存困境，捕捉时代烙印在个体身上的伤痛记忆，直面现实人生的种种创伤；在艺术形式上，作者常常以巧合来统摄小说的整个情节结构，通过啼笑皆非的故事、离经叛道的人物行为来创设一种情节陡转，极具简笔画风格。

第八章《生命的困厄与找寻》，对阿华的诗歌创作进行了系统解读评估。阿华的诗作紧扣记忆与生命两大主题，张扬灿烂闪光的生命意识和悲悯情怀，自觉抵抗越来越坚硬的现实和普遍的历史遗忘，呈现出一种生命的气度、深度和活力；其"直而不野，怊怅切情"的古典式抒情方式，赓续了中国古代诗歌中温柔敦厚、幽微窈妙的抒情传统，对"唯美"有近乎执拗的追求。

第九章《通往澄明之境的修行》，对李林芳的诗歌创作进行了全面梳理辨析。李林芳的诗作致力于对"艾涧"这一精神故土、纸上村庄的歌咏，既是诗人对于乡村与城市生存秩序的批判性反思，也是对传统文化回归的渴望和对人与自然和谐关系的诉求；在艺术表现上，她善于运用时空穿梭的技巧，意象和物象具有绘画美，形成了自然、温暖、朴素、本真又不失美感的艺术质地。

第十章《情感幽栖中的诗和远方》，对林纾英的散文创作进行了细致阐释与评述。林纾英散文的最大特色就是擅长将古典诗词融入文本中，旁征博引地演绎那些诗词歌赋里叙述的情感故事，从而营造一种既古朴隽永又诗意盎然的意境；同时，巧妙借鉴小说笔法来塑造人物，将古典意境进行现代转化，建构起一种别具一格的艺术空间。

目 录

序 ..../001

第一章 以心灵歌哭对抗岁月苍芜
——山东女作家创作综论........................李掖平 /001

第二章 用柔韧抵御尘世的荒寒
——方如小说论..翟丽丽 /027

第三章 灵魂的隐喻
——杨袭小说论..王晓艳 /052

第四章 欲望苦酒中的迷情悲歌
——郑建华小说论....................................张锡杰 /078

第五章 以粗粝唤醒生活的疼痛
——刘爱玲小说论....................................刘　晓 /109

第六章 在真实与荒诞之间突围
——郝炜华小说论....................................孙亚儒 /134

第七章 无痕有味的情感憩泊
——高克芳小说论 .... 缪晓岚 /157

第八章 生命的困厄与找寻
——阿华诗歌论 .... 苏　婧 /185

第九章 通往澄明之境的修行
——李林芳诗歌论 .... 殷　惠 /212

第十章 情感幽栖中的诗和远方
——林纾英散文论 .... 孟庆惠 /238

后记 .... /263

以心灵歌哭对抗岁月苍芜

——山东女作家创作综论

李掖平

一

我们在这里首先要解读和评析的文本对象，是20世纪90年代的山东女作家们自觉地以女性主义立场创作的小说。

众所周知，世界文化范围内的女性主义是在现代性、后现代性互衔共生的语境中喧哗起的一种话语声浪。从社会学层面来看，女性主义的核心就是"现代性"，而现代性的一个最重要的标志就是人类社会在实现现代化过程中，每一个民族和国家都必然出现的大政方针由政治重心向经济重心的转移。这一点对确定了以改革开放为基本国策的中国来说更是毫不例外。进入20世纪80年代，西方文化思潮大量涌入，造成了我国特殊的社会历史文化情境，为女性浮出历史地表，重新审视自己、审视自我与他者与世界的关系提供了最佳的社会物质文化语境。换句话说，只有在80年代这种特殊的社会政治文化历史情境中，中国女性文学才能走出男性话语的笼罩，摆脱国家／民族的宏大叙事话语的遮蔽，浮出历史地表，进入一个真正女性化、个人化的自我发展时代，并进而导致女性写作从80年代中后期诞生发展到90年代走向转型成熟。

从哲学层面来看，女性主义的核心既有现代主义源自"上帝死了"之后人类对生存环境的自我焦虑与解困的希冀，又有后现代主义源自"人死了"之后嘲弄人的主体地位，瓦解与颠覆"历史必然性"逻辑的虚无与绝望。现代主义与后现代主义合力，一方面质疑并否定了传统的价值理性与工具理性，使全部的恢宏的形而上学大厦产生动摇甚至坍塌；另一方面以巨大的颠覆、反叛能量，唤起人类关于自身及其周边环境与秩序的种种反思和言说。在此境遇中登场的女性主义，以男性／女性二元对立的性别划分为理论预设，使长期处于社会象征秩序与经验现实中的"否定项"和"无意识状态"中的女性，对社会秩序中的男性话语和女性歧视进行了前所未有的清算与抨击，力图争取与男性平等的话语权力，挖掘超越男性期待视野的女性经验，以此摆脱"被遮蔽""被言说""被扭曲"的命运，争取女性生存的敞开与自由，以及对自我、对世界言说的主动权利。而这种质疑和反抗男性中心主义的无所不在的性／政治压抑和剥夺的女性立场，其宗旨就是力图瓦解颠覆"菲勒斯中心主义"的"男权历史"的必然性逻辑，表征着社会生活世俗化和女性角色自觉意识的身体叙事构成了女性创作对男权宏大叙事的一种反抗。也就是说，关注女性身体内心、历史遭遇、现实处境及终极命运，已成为女性作家的一种文化和文学自觉。我们在这里所解读评析的20世纪90年代以来的山东女性小说，便是上述女性主义话语在小说文体中的具象化显形。

在20世纪90年代以来的山东女性小说创作中，于艾香、路也、张海迪、宋潇凌、郑建华和马枋等人的作品具有较强的代表性。她们的创作大都是以旗帜鲜明的女性身份、女性立场和女性生命体验来描写刻画当下女性生活的，主要揭示和反映了处身急剧变化的商品经济大潮中，都市女性尤其是都市知识女性生命存在的欢乐与疼痛，以及建构女性自我主体的焦灼与困惑。这些女作家从各自独特的生存体验和生命感受的角度，揭示了诸多具有深刻意义的人生命题，在全国小说界产生了较重要的影响。在女性个体与男权社会的对立，女性生存的困境与超越的渴求，理想的委顿与情感的乌托邦，爱与美、善与真的悖反等层面上，山东女作家们把一种由女性角色、女性立场生成的成熟而又深刻精警的历史反思、现实感受、道德关怀和生命热情贯注进文本之中，以清醒的女性自我审省意识、灵活多姿的结构形态以及繁富生动的艺术技法为基础，书写着被男权中心意识压抑、遮蔽、扭曲了的女性生命存在和生存体验，并在审视和寻找女性自我中同时审视和寻找社会，审视和寻找在新的历史条件下、新的时代环境中女性的定位与意义，进而上升为对人类生存限度与可能性的诗性表达，创作出了很多优秀作品。

当山东女作家们张扬着女权主义的反叛旗帜，以犀利尖锐的女性话语，抨击、拆解甚而颠覆了男权文化秩序及其价值评判体系，传达出女性对男权中心社会的决绝抗争时，历来高居神圣崇高祭坛上的爱情与婚姻，在路也、于艾香、马枋等人笔下遭到了怀疑否定和无情嘲讽甚至彻底解构。路也的长篇小说《幸福是有的》尖锐地撕开了婚姻的本相——"丈夫"的形象是平庸呆板猥琐虚伪而又专制蛮横的，"婚姻成了一种让两个人在一起等死的制度"。大学女教师李洁抒和丈夫古元金之间没有任何情感的基础和彼此的信任，有的只是彼此的伤害和没完没了的争吵。老古满脑子的"唯男子汉大丈夫独尊"意识，不能容忍更不能理解和包容比自己优秀的会写诗的李洁抒。他要求李洁抒必须绝对服从自己，甚至规定妻子连牙膏都只能用"黑妹"这一品牌。他整天像盯贼一样提防李洁抒红杏出墙，"像极有责任心的监狱看守那样眼睛一眨不眨地盯着，提防你越狱"。不仅一天要打八个电话询问，而且一回家就像侦探勘查案发现场一样检查烟蒂，甚至反复查数避孕套的个数。就连李洁抒写的每首诗，"都要经过老古这个新闻检察官锐利目光的审查，他的目光力透纸背，把每一个字都放到显微镜下考察"，然后从最含糊的词语和最阴暗的句子中揣测和臆断出李洁抒的不贞。李洁抒的领导、中文系主任、大学教授林之瞳，也是一个自私、懦弱、猥琐、虚伪的"小男人"。他一方面暗地里与李洁抒上演着梁祝般的爱情戏，尽情享用李洁抒的青春美貌和对他的爱，另一方面却遮遮掩掩装模作样，整天摆出一副正人君子目不斜视的面孔。他将现实的功名利禄奉为至高无上，为维护自己的声名和家庭的完整，不仅不敢承担爱情责任，甚至连李洁抒死后留给他的情诗都不敢接受。当叶如意（李洁抒的好友）按照李洁抒遭遇海难船沉之前打电话叮嘱的，将诗稿交给林之瞳时，他竟决然拒绝了这份临终嘱托，让怀着爱情梦想的李洁抒成为闷死在坟中的蛹。在李洁抒的追悼会上，已成为副校长的林之瞳"从容不迫地打着官腔，拿捏着调子，用客观的语调，并掺杂进像水银柱上的刻度那样精确地掌握着的适度的悲哀，念着那些冠冕堂皇的文字，就仿佛他和李洁抒之间什么都不曾发生过"。路也用一个绝妙的反讽，毫不留情地剥下了自私冷酷的男人的堂皇面具，抨击了以虚假维系的婚姻和"爱情"。《饮食疗法》中，女主人公万紫与千红失恋后以一种特立独行的方式表达了对男权爱情章法的极大蔑视。她们视女性生活为一个与男性对立的、自我封闭的世界，沉迷于远离男权文化的私人空间。在比较了"爱情"与"吃"的价值与意义后，她们毫不犹豫地选择了吃，发明了"失恋食谱"，大吃特吃甚至疯狂地吃，并力劝其他女人用形而下的"吃"去代替形而上的"爱"，凸现了一种顽强抗击男权世界的特殊反叛姿态。《世界之外，哪儿都可以》中的陈西西原本是一个快乐幸福、迫不及待地要投入婚姻的新嫁娘，但当在华丽盛大的婚礼上处处必须接受他人指令时，她突然醒悟到自己正在一步步被扭曲被物化——从选贞洁未婚的伴娘，到拍虚假夸饰的结婚照，到明明自己有房子却要象征性地将洞房设置在公婆家，再到被人引导着去吃指涉着女性传宗接代功能的半生不熟的面条、改换对公婆的称呼、接受他人对自己的重新命名……所有的繁文缛节实际都指涉着陈腐的男性霸权话语和女性走进婚姻便必然遭遇"嫁鸡随鸡，嫁狗随狗"命运的悲剧实质。洞彻了婚姻乃是女人悲剧开始的真相后，陈西西愤怒了，毅然决然地从婚宴上逃走，"她可以永远不做新娘，但不可以一天不做陈西西"。这种逃离行为表达了对女性自我意识的决绝维护和对爱情婚姻的彻底否定。于艾香的《夜深人静》《那萦绕在心头的字》《七八个星天外》《有爱即有忧》等作品也都以爱情和婚姻为主线，剖析了女性承受着传统与理想、心灵与现实双重撕扯的精神痛苦，正面描写并肯定了女主人公主动选择"离婚"和"婚外恋"行为的合理性，向以男权为中心的社会道德进行公开挑战，其间人性剖析和历史文化探源的犀利与深刻，读来令人心灵战栗。于艾香始终坚持在家庭结构、婚姻生活、两性关系的私人空间中对男性进行深入细致的解剖与考量，因为她清楚那些置身于公共空间里的男性，通常较之女性更习惯于戴着厚厚的面具。这正如张爱玲所说，人性往往只有在较为私密的空间内，才能真正显现出鲜活的个性真实。这些被传统男权文化塑形的男性，一方面渴望得到优秀女性的爱情，但另一方面却常常对自己心仪的女人怀有莫名恐惧。他们表面风流倜傥、坚强自信，内心却充满了怯弱和不自信。他们或者根本不敢接受爱情，或者无法抵抗现实功名利禄的诱惑而放弃爱情。于是，经历过痛苦煎熬后的女性，就主动选择了"离婚"和"婚外恋"，把男人从她们的生活中像清理垃圾一样清理出去。这群主动或者被动地游离于婚姻状态的女性，已与人们传统阅读经验中的那些"弃妇""怨妇"形象大相径庭，其姿态表征着女性对男权压迫的决绝抗争。宋潇凌的《个别女人》以女主人公柳翘翘与男性持续不断的情感纠葛和身体遭逢为叙事主线，全方位展示了其从问题少女开始，历尽悲欢之后对生活和爱情彻底失望的生活遭遇和心路历程。柳翘翘先后遭受了来自男性的一次次伤害，这些伤害使她逐渐产生了对男性的痛恨和对爱情的绝望，并在日积月累中形成了对自我心灵的巨大压抑。为彻底反抗男性对女性的压制与剥夺，她最终选择用肉体出击的方式来诱惑并惩治那些花心男人，以犀利、尖锐、不妥协的姿态对男性宣战。马枋的《生为女人》对女性反抗男权社会的描写则尤为强猛和特异。报社记者、农村打工妹、画廊女老板三位女性，因为都曾遭受过男人的种种伤害而同病相怜，于是组成了一个专为教训和惩罚男人的特殊"家庭"。在这三位女性心目中，男人已经不再是她们用心、用感情去爱的对象，而只是用理智去分析、去批判、去揭露、去报复、去憎恨的对象。正是这种对男人们的厌恶和憎恨，使她们获得了揭露和打击男人，报复他们的冷漠、贪婪、自私、虚伪的巨大能量。她们周密谋划、精心设计了一连串的圈套，让贪财好色的土财主失去了一大笔钱，搅得电视台主任焦头烂额心神不宁。在这种奇诡的抗争行为中，女性力求冲出种种镜像围困，打破历史为女性设定的性客体的陈旧角色，自我指认自我命名，彻底颠覆男权中心的文化反抗的积极意义显而易见。

当山东女作家们怀着对当今生活中普遍存在的爱情极度脆弱、道德极度荒漠化的社会现象的深切忧虑，揭示反映女性在两性之战中遭受的身心重创时，她们准确地把握了精英文化已然溃败的欲望时代对于国人尤其是女同胞的巨大冲击与挤压，令人信服地描写揭示出女性悲剧遭遇和命运在当下世俗文化语境中的必然性。在商品经济大潮冲击下唯物欲为重为本能为要的语境中,"爱情"已沦落为一种实现急剧膨胀的性欲望的手段和工具,成了首先被异化的对象,而女性则被供为"爱情"的首席牺牲品。女性们处身这种欲望恣肆、陷阱遍布的生存环境,实在难以逃脱为爱而牺牲的劫渊。路也的《饮食疗法》描写了两位青年知识女性万紫和千红因爱而遭受重创的悲剧经历;于艾香的《夜色迷茫》叙述了中年女性丁焕丽被丈夫无情抛弃的悲剧故事;郑建华的《太阳的手》则反映了农村姑娘月亮从农村到城市,总是摆脱不了被欺侮被伤害的悲剧命运。马枋的《婚之外》描写了三个女人爱情命运的坎坷悲苦:孟菲因为结婚初夜未见处女之血而引起了丈夫的猜忌,一本记录着初恋情思的日记更是给她的婚姻蒙上了阴影。丈夫对她既冷漠又不信任,随便找一丁点儿理由就冷嘲热讽时时挖苦,让孟菲感觉不到爱和家的温暖,一直生活在委屈和压抑中。于是,心灵孤寂无助的她只能沉迷于上网,遭遇了一场网恋,误入了一场感情风波。孟菲为此非常后悔,坦诚地向丈夫忏悔,却伤害到婚姻本已脆弱的神经。家庭的形式即便依旧存在,但婚姻已经没有丝毫爱和激情。敢爱敢恨的红叶和心机很重但不乏善良的凌荷,也都苦苦地追求着爱情,但同样都过着与真正的爱情始终隔膜的生活,在男人的无情伤害中逐渐走向叛逆与反抗。于是,被生活欺骗过的女画家凌荷在情人与金钱之间采取了游戏的态度,"设计"了别人也"设计"了自己;遇人不淑的红叶在恋爱的起点就怀上了身孕,恋人却一走了之,她只能独自面对一切难堪。三位女性遭遇不同却殊途同归的悲剧性结局,证明了一个惨痛的事实:女人的天空是昏暗的,女人的生存空间是逼仄的,女性个体在男权社会的压抑和遮蔽下,只能在平淡的婚姻和内在的情欲之间备尝撕裂的痛苦。这是女性们一个永恒的悲剧性宿命。

当山东女作家们以对当下物欲膨胀的都市生活之敏感与体验,生动细致地描写表现着女性陷身于物质时代欲望之海中的种种困窘时,理想生活永远只在别处、幸福欢乐永远只在别处就成为她们笔下女性身处的唯一现实情景和最真实的心理感受。于艾香的《生命的咒语》《情感记事》《七八个星天外》,马枋的《倾听时代》《生为女人》,路也的《我们的节日》《我是你的芳邻》《现实与梦幻之间》《幸福是有的》,宋潇凌的《个别女人》,

郑建华的《太阳的手》，张海迪的《绝顶》等小说都可为例证。这些小说中的女性，艰难地挣扎在竞争空前激烈的工作与令人灰心疲惫的婚恋双重压力下苦不堪言。一方面，她们作为职业女性必须从事紧张的工作，参与残酷的社会竞争，与男人们承担同样的社会责任和义务，却到处遭受性别歧视阴影的笼罩，不仅经常比男人们更多地面临下岗失业的威胁，而且时时会坠入被男人当作花瓶当作玩偶当作商品的陷阱；另一方面，她们被传统男权主义的女性价值观所要求和限定，在恋爱过程中努力扮演善解人意温婉优雅的丽人角色，在婚姻家庭里努力当好贤妻良母，把自己的智慧和灵性消耗在委曲求全体恤恋人、相夫教子操持家务的琐碎生活中——然而这恋爱或家庭却不能给她们丝毫安全感和支撑力，任何一点诱惑和刺激都能轻易击碎当下都市中的爱情誓约和婚姻之瓶。面对这一切，女性不得不付出较之男人们更多的精力和体力，同时也收获着较之男人们更多的辛酸与无奈。宋潇凌《个别女人》中的女主人公柳翘翘，时时承受着来自男性世界的沉重挤压，求职的艰辛和工作中时常遭受的性骚扰，使她备尝俗世生活的挫折与创伤，只能在心头无奈地咀嚼抑郁和幽怨。路也《我们的节日》中的"我"，虽身为受人尊敬的大学老师，但生活工作经历同样浸透了辛酸和苦涩。就连评职称，女教师所承受的磨难都要比男教师多得多——你若评不上，会有"女的就是不行"的议论；你若轻松过关评上了，会有"还不知她用了什么手段"的恶意猜测。你是沉入水底或浮出海面都不行都不对。于艾香和马枋也都在小说中发出了"做女人真难""做女人太难"的悲叹。尽管几乎所有女性都怀着自己做命运主宰者的意愿并努力地奋斗过挣扎过，然而等待她们的却是一个共同性的惨痛结局——不管她们如何苦苦挣扎，如何顽强抗击世俗岁月和历史的洗劫，她们所渴望的理想爱情与理想生活都永远只在别处。自我救赎的无望已成为女性们难以逃脱的梦魇。

作为作家生命体验和女性意识的承载者，山东女作家笔下的女性形象大致可分为三类。第一类是激情如火的理想主义者，主要以张海迪的小说《轮椅上的梦》中的方丹、《绝顶》中的安娜等为代表。众所周知，文学之于张海迪，长期以来一直就是她抵抗苦难命运、敞开自我心灵、完成自我救赎、努力提升自我生命价值和意义的最有效的武器。方丹，既是张海迪创造出的一个文学形象，又显然重叠着张海迪自己的鲜活影像。她双腿瘫痪命运多舛，在生活中饱受磨难，但始终不肯向命运屈服，以顽强坚忍的意志与毅力勇敢地搏击人生风浪，最终找到了志高品洁的人格精神和念兹在兹的生命意义，撑起了自己的一片生活天地。深入骨髓的理想主义气势和精神，成为这位身残志坚的女青年不做生活的弱者而奋力进取的原动力。安娜则向读者呈现了理想主义者另一种高贵可敬的生存姿态。为充分验证和创造生命的价值和意义，她决定和一些男登山队员们一起攀登梅里雪山绝顶，向自我生命极限挑战。"梅里雪山"作为小说的中心意象，既是一座实指的山，更是一座虚拟的山。在安娜心中，"梅里雪山"是一个巨大的象征，是一座精神的山、灵魂的山、信仰的山，能指向人类不可企及的某种精神高度。攀登梅里雪山绝顶，已成为安娜完成对于自我和现实的双重超越与双重征服的一种神性宗教。安娜最后倒在了向顶峰登攀的途中，与雪山融为一体，成为雪山迷人魅力的一部分，以肉体的消亡获得了精神的永生。通过塑造这些理想主义女性形象，张海迪力图对随意践踏理想、瓦解崇高的当下世俗烦恼人事拨乱反正，为广大女性乃至广大人生寻找一种生命热情的凝聚方式，寻找一条信仰危机的拯救途径，寻找一种精神的高度与力度。

第二类女性形象是一批愤世嫉俗特立独行、颇具"另类风格"的人物，主要以路也小说中的女主人公为代表。作为既不被容于现实也不屑于与现实人群苟同的孤独个体，她们清高自许孤芳自赏，不愿意与世俗现实同流合污，拒绝男权文化男权话语的遮蔽，彻底抛弃了女性传统的被动德行和温良恭顺，哪怕是遭人误解也在所不惜。不论是《饮食疗法》中的万紫与千红、《大把大把的风声和歌声》中的千蕊，还是《我们的节日》《我是你的芳邻》《现实与梦幻之间》中的"我"，或是其他小说中叫各种名字的女主角，都是以瓦解和抵抗世俗为己任、伶牙俐齿四处出击、笑骂由人我行我素的年轻知识女性，她们与现实生活和男性世界之间有着不可调和的矛盾。《剧终》中的米群始终与周围环境和同学们格格不入，面对毕业分配时同学们的明争暗斗搏击拼杀，米群无动于衷，仿佛是一个事不关己的旁观者。她最大的嗜好是"吃"，"吃并快乐着"成为她生命的唯一要义。

在一大盘香蕉和一个单位之间,她宁愿选择香蕉(本来有一个好单位想要米群,但当单位派人来考查时,她竟然只顾埋头大吃特吃桌上的香蕉而根本顾不上与考察人说话,结果这个单位重新选用了别人),最终她坦然接受了被分到毫不相干的造纸厂做秘书的结局。《别哭》中的朱点,在经历了初恋情人、前夫、偶遇电话情人的背叛与伤害后,公然宣布将一尊男性雕塑视作情人,惊世骇俗地宣称"在这颗星球上,挨着一尊雕塑比挨着一个男人更让我觉得心里踏实,我并不认为一个男人就比一尊雕像更可靠更值得信赖"。《南瓜小姐》中的卜吕,更是一个被世俗世界遗忘也完全忘掉了外部世俗世界的奇异的女人,她与世隔绝,终日只与南瓜相伴与南瓜交流,视南瓜为最亲最爱的伙伴。具有荒诞意味的是,卜吕最后竟莫名其妙地怀孕并生下了一只南瓜。路也通过塑造这些思想另类行为偏激的女性形象,宣告了对男权社会的挑战和决裂以及与世俗的势不两立。

第三类女性形象是一些心理有某种病态疾患的人物,主要以于艾香小说中的女主人公为代表。《非常欲望》中的李鸵鸵在贫穷、屈辱和痛苦中长大,形成了一种极度敏感而又极度脆弱的病态人格心理。为掩饰自卑,她总是以与众不同的言行举止独标孤傲,但扭曲的心态与个性使她无法真正获得和拥有普通女孩的快乐与幸福。结婚后每天生活在委屈、怀疑、妒忌中,内心难得片刻的安宁,坠入疯狂便成为她必然的结局。《有爱即有忧》中的高伊君是个广受关注和好评的公众人物,作为"热心大姐"栏目的主持人,她常常为众多的读者排忧解难,提供婚恋心理咨询和帮助。但她自己却是一个有着严重心理疾病(受虐癖)的人,终日挣扎在追求/逃避、喜爱/厌弃的精神怪圈中,面对真爱不敢去爱,明知是陷阱却糊里糊涂地踏入,一次次婚恋所收获的都是无聊和伤害,最终死于不明原因的一场大火。显然,这些女性的心理病态和人性扭曲,是与当下的时代本质密切地联系在一起的——是病态的环境造就了这些人物的病态心理,是这些荒唐乖张的女人,印证着当下这个荒唐迷乱的社会,二者是互为参照互为依存的。通过塑造这些女性形象,于艾香深刻地洞开了在物欲横流和男权压迫的双重挤压下,广大女性的人格心理被严重异化、扭曲的残酷真相。

经由上述三方面思想意蕴的书写和三类女性形象的塑造,山东女作家们以自觉而清醒的女性主体意识，真实地还原了处身物欲时代中女性生存的艰难与荒诞。这种艰难与荒诞一方面源自当今人们精神存在与世俗存在的尖锐矛盾，另一方面也是世纪末中国病态生存景象的投射。因此，她们既描写了笔下的这些女主人公人格和人性中的病弱基因在一个特殊文化环境中的潜滋暗长甚或急剧膨胀，又揭示了商业时代的社会氛围和生存准则是怎样逼迫着女性们逐步撤离清高而诗性的理想和幻想——女性的艰难与荒诞不过是现实艰难与荒诞的一个表征。同时，她们还揭示出了知识女性恪守爱情理想、追求生命意义的清坚决绝。这就使山东女作家们这些描写揭示女性日常婚恋生活的小说，具有了社会批判和文化批判以及人性启迪的价值与意义。

从文本形式来看山东女作家们的小说创作，其艺术探索既有着鲜明的相似性，又有着同样鲜明的相异性。由对女性命运和女性生存价值与意义的关注所决定，"写实"成为于艾香、张海迪、路也、马枋、郑建华们小说创作的基本手法。她们对城市中的普通人尤其是景况与她们相近的知识女性的日常生活方式，表达出强烈而深切的关注，真实而具象地描写刻画着饮食男女的生活细节及其情感体验。她们自觉地与当下盛行的文坛时尚保持一定的距离，既没有"美女作家"们"上海宝贝"式的叛逆偏激和颓废放纵，也没有"小女人作家"们软语呢喃式的矫揉造作和甜腻发嗲。她们以认真而严谨的创作姿态，在小说中真实地呈现了自我的女性体验，描绘出身边都市生活的内在肌理和女性生活的日常情态。但她们在思维方法、结构形式、描写技巧等艺术表现手法各方面的努力，已有效地突破了传统的单一线型寓意格局和注重因果关系的思维模式，呈现出文体的自由舒放和结构形态的灵活多姿以及创作手法的繁富生动。这使她们的写实并不拘泥于真实的再现，而是呈现出一种表现与再现融会贯通的深化特征，较冷静的客观叙写达到了一定的心理深度，而主观性较强的气氛渲染又使作品注满浓郁的感情色彩。

由中国古典文学的深厚泽被所致，山东女作家小说创作的结构图式，较鲜明地烙印着传统小说的风格特色。她们大多都是演绎故事铺叙情节的高手，能把一个看似简单明晰的故事文本，处理得既有丝丝入扣的逻辑性，又有情节发展的说服力，还具有较典型的戏剧意味，带给读者一种生动曲折、引人入胜的阅读快感。而且她们又个个都是成功地塑造人物形象、立体地雕绘人物思想性格的高手，既能生动传神地画形绘态，又能鞭辟入里地揭示出其微妙复杂的内心世界。同时她们还都能灵活自如地综合借鉴象征、意识流、精神分析、变异荒诞等现代主义艺术技法，并善于在叙写中注入创作主体的主观情绪与感受，有效地拓展了小说文本的内在意蕴空间和思维延伸的弹性与张力。

山东女作家们在文本形式、艺术技法、语言风格等层面的个性化追求，在其代表作中呈现得十分鲜明。张海迪的《绝顶》是一部具有独特艺术魅力同时也充分显现了作者才华的长篇小说。其主要的故事框架是按物理时空顺序描写肖顿河、安娜等人攀登梅里雪山绝顶的事件过程，但其间又在故事的纵式发展中截取了几个横断面，以倒叙、补叙、插叙的形式交织进多条事件线索，大故事套着小故事，故事连着故事，小说情节的铺排推衍可谓错综复杂一波三折，处处充满悬念又处处给人惊喜，使读者看得津津有味。小说人物性格丰满而又生动，无论是安娜还是肖顿河，或是小川原兵和安群，每个形象都是个性鲜明独特的"这一个"。小说中场面和景物的描写，饱含着强烈的象征性抒情意蕴，那白雪皑皑千里冰封的梅里雪山，那自由翱翔的雄鹰，那迎风招展的火红旗帜，都在作者主观情感的导引下超越了单纯景物实体的意义，呈现出象征中的精神价值。它们作为登山队员们生命形态的对应物和参照物，映射出他们执着的理想精神和孤独高洁的灵魂，能指着坚忍顽强、充实硬朗的生命质感，是作者对这种人生价值深刻感悟与理解的生动表征。小说的语言杂糅了朴素沉实、飞扬灵动和绚丽繁富等多种质素，时而像火一样闪动，时而又像水一样流淌，具有诗性的节奏、弹力、飘忽等审美特征。

马枋和郑建华的小说构式，也十分讲求故事情节的曲折性、完整性和人物性格的鲜明性、立体性，或按照人物出场先后和事件发展的时空顺序，叙述一个有头有尾的故事，或采用"楔子"引出事件的矛盾，然后以花开数朵各表一枝的平行交织方式，层层深入地推进展开故事情节，或以倒叙手法先交代人物事件的结局，然后转回头去再从故事的开端写起，这其间叙述的时空顺序，虽然有局部断裂和荡开或某一横截面内的打碎后重新熔铸，但并不影响整体上的情节清晰与故事完整，读来令人感到顺畅轻松。在小说语言方面，她们有意追求一种俗白顺达而又生动绵密的风格，文字表达策略以平朴从容的叙事语句为中心，目的主要是描写、陈述和说明而非抒情，显现出一种平实温和、善解人意、富有人情味的日常化特点。

相比之下，于艾香似乎并不把演绎一个生动曲折的故事作为小说描写的重心（虽然她通常能把情节铺叙得细密曲致环环相扣），因为她更热衷于深入刻绘剖析都市知识女性们在现实人生中迷惘、痛苦、绝望的内心世界，常以女性主人公内心自我与外在环境矛盾冲突的心理历程——如自我感知、自我欲求、自我追忆、自我选择、自我审省考辨为情节线索结构作品，运用想象、梦幻、追忆和真实经验交织杂糅的叙事方式，揭示女主人公"外在自我"在现实生活压抑下的扭曲变形与"内在真我"构成的矛盾性，以及由此而产生的灵魂迷惘与痛苦，构筑起一个多纬度的女性主体经验空间，并由此洞开了现实社会的真实质地和女性命运的悲剧意蕴。文本中对人物内心世界的描写，随意识流动呈大幅度的跳跃，时空也常常无规则地高频转移。同时，传统意义上的现实历史时间被放弃，而代之以女性心理时间和与之并存的心理情节，显现出"心态剖析小说"或曰"心理跟踪小说"的鲜明特征。《非常欲望》和《有爱即有忧》等作品可作为典型的例证。于艾香小说的语言精练冷静而又富有思辨性。

路也的小说则更多地呈现出一种孤绝的倾听自我和诉说自我的独特写作姿态。作为一个较充分地显示出女权意识和女权话语特色的青年作家，她自觉逃避普泛化、秩序化的社会情状和生活形态的记叙与描摹，极为关注个人情感亲历与私人化生命体验的直接传达，只凭借内省式个人记忆和私人经验从事写作。她常常采用第一人称"我"直接抒怀的独白话语方式或与自我交谈的对话方式，淋漓尽致地展示、剖露、宣泄、张扬女性内心自我的种种隐秘，表现出一种灵魂抒写和表达的真实性与深刻性，如《我是你的芳邻》《现实与梦幻之间》等。虽然《饮食疗法》《大把大把的风声与歌声》《剧终》等许多小说采用的是第三人称叙述故事的全知全能视点，但由于这个叙述者本身就与她所叙述的故事中人物有着相同的个人经验，即作者路也与万紫、千红、千蕊的经历和资质大致相同，因而这个叙述者就以故事经验的体现者身份，进入了所叙述的"他人的事"，与被叙述者万紫、千红、千蕊同在。文中人物们对外部环境的感受体悟、对自我心灵的内向审视，既是她们自己的，同时也是作者路也的，这样就在客观化的叙事外表下，表现出一种主观化情绪化的叙事品格。路也小说的语言也涂染着浓郁的主观情绪色彩，诗人特有的神奇吊诡的想象力和才情在新奇的比喻、戏仿的各种经典文学语言、化用的红色革命话语多元化新奇的搭配、编排间滑行飞翔。这是她《幸福是有的》中的几个语段：

> 婚姻对每对夫妻来说都好比是二万五千里长征，大多数夫妻都从江西瑞金出发，爬雪山过草地，盼望着最终到达陕北吴起镇。而你永远不能到达目的地去胜利会师了，你将像石达开那样在大渡河全军覆没。

> 一鱼而泯千仇，鱼能化干戈为玉帛，鱼能轻而易举地将乾坤挽回。你已经和他在餐桌上签订了一大堆丧权辱国的条约，比如《微山湖鱼馆条约》《大观海鲜城条约》《谭鱼头酒店条约》等等。

从上面所引的这些奇形怪状的话语结构和一往无前的话语气势背后，我们可以真切地感受和把捉到路也急切而焦灼的精神律动，揶揄、嘲谑、戏仿、反讽随意铺排而又旁逸横出，令人目不暇接，可谓嬉笑怒骂淋漓酣畅，但时有过于尖刻之嫌。

我们对山东女作家们小说创作的褊狭与局限也应该给予实事求是的考辨论析。其思想意蕴方面的缺陷表现在路也和于艾香的小说中，主要是对以女性叙事姿态抗拒外部世界、反叛男权文化的写作立场的顽强坚守。这种意在颠覆男权的写作立场固然表征了女性写作的一种纵深探险，但同时也显现出了常常以偏激的个体私人经验涵盖普遍的女性经验和人性经验的一种褊狭。她们丢掉了理应秉持的平和从容的心态与公平公正的尺度，用一种男／女二元对立的固定思维模式，先在地拒绝也切断了与男性对话沟通的可能性，企图以女权话语覆盖或遮蔽男性的生命感受与生存体验，甚至有意放纵女性的某种自恋自慰、自我陶醉的个人情感。这种褊狭在路也的小说中尤为明显。她笔下的女性大都以男性的对立角色自居,以纯洁清高的诗意化生存抵抗污浊平庸的世俗并挑战男权,而男性们则无一例外地既庸俗苟且又卑琐可笑,是女主人公同时也是作者本人嘲讽和攻讦的对象。这种由女性对男性的误解与隔膜所呈现出的极端化对抗与反叛是不应提倡的,因为从男女两性关系的本质来看,女性与男性是互为依存的,男女之间的和谐平衡才是人类生存的理想境界。女性绝不可能将自己从男人与女人共同创造的历史中彻底剥离出来,与社会、与男性截然对立,女性也绝不应该以女权中心取代男权中心,制造新的不平等。说到底,个人经验范围内的女性理想、女性认知、女性追求、女性意识,是难以与深度的历史和不断变动的现实以及复杂的人性构成真正平等之对话的。要想在私人话语与公共空间、个性体验与人类生存、女性本位与社会群体之间建构起真正有意义的女性写作文本,要想成为历史、时代、个人多重意义上的优秀言说者,路也们必须胸怀更为广博的对时代发展和人类命运的大关心、大钟爱与大悲悯。

　　思想意蕴的局限性表现在郑建华和马枋的小说中,则是创作主体在当下世俗人生中投入太深,作家与笔下的女主人公灵魂互通情感相连,甚至完全站在同一地平线上,对现实生活中的世俗化人情、世故、风习多有妥协、认同甚至赞美,难以进入一个更高的理性境界,缺乏透视当代生活的深度与批判精神。说到底,文学不是为"现实"而反映现实的,文学是为追求"理想"、实现"理想"而反映现实的。文学不仅应当是一面真实映照社会人生的镜子,还应当是一盏引导人生和人性向真向善向美的灯火,成为人类生存的一个精神路标。一切优秀的文学艺术,都负有提升人的生存境界,把人从物质性、生理性提升到精神性,再导向自由诗性高度的伟大使命——也就是说,文学的终极目的是寻找世界的彻底性而非通俗性。要想真正成为当代都市和都市人灵魂的优秀刻绘者,郑建华们需要更开阔的审美视野、更深刻的批判意识和更精警的哲思力度。

　　山东女作家们的小说创作在艺术形式范畴的缺陷,主要是故事结构框架、情节设计、语言风格的模式化倾向。很多作品单独看都很精彩,但放在一起看就给人一种似曾相识的熟悉感。人物性格的走向呈现着定型化的特征，彼此间复制的痕迹较为明显，缺乏陌生化的创新性，很难唤起读者的阅读期待感。而且其叙事技巧、语言表达策略和词汇的选择具有高度稳定的一致性，历时性的翻新和共时性的多向尝试都较少，不同程度地带有惯性写作之嫌，路也近期的小说创作似乎已露端倪。有的女作家力求小说形式的创新，却又因过分偏重文本的本体意义而设置了太多的迷津来故意阻断和搅乱叙述秩序，小说的形式与内容的比重失调，致使形式掩盖了内容，阻碍了读者的介入，读起来颇觉吃力，于艾香的《有爱即有忧》即是一例。

王国维曾在《人间词话》中说过："诗人对宇宙人生，须入乎其内，又须出乎其外。入乎其内，故能写之；出乎其外，故能观之。入乎其内，故有生气；出乎其外，故有高致。"这番肯綮之谈至今对作家们仍有积极的启示意义。因此，如何在创作中确立超越个体女性经验的形上维度，如何在更高更纯粹的审美意义上找到笼廓自己的语境，以实现认同中的警醒与批判、批判后的认同与超越后的投入，应是山东女作家的小说创作步入更高更好境界的重要一环。

二

进入新世纪以来的山东诗坛，一批优秀女性诗人的靓丽身影构成了一道五彩缤纷的风景线。捧读她们那或雄阔浩瀚，或低回哀婉，或锐利冷峭，或风轻云淡，或唯美智趣的诗作，我们不仅可以感受到其悲悯仁厚的博爱情怀和飞扬灵动的敏俏才华，更可以沉浸于单纯与复杂、厚重与灵俏、尖锐与柔软、凌厉与温婉、朴素与繁华、规约与放达相融相成的诗情诗境之中，畅享远空、低谷，尘世与乌托邦的诗美之魅。

对深远厚博诗美的追求贯穿于东涯的诗歌创作中，主要体现在其开阔大气的诗歌运思方式上。作为一位以诗来安身立命，以诗来承担并呈现苦难的生存，进而力求超越的女诗人，东涯用生命和灵魂去抚摸、经验、感受大海的一切,那辽阔的风景、宏大的气势、激情的喧哗,那沉静的柔蜜、收获的欢乐、死亡的恐怖,以及岸边土地的质地和温度,都是她生活中和生命里所经历与经验过的,构成了其诗歌存在的基石和源流。她将惯看的美好和丑陋并置,用一个个蕴意丰富、色调迥异的语词连缀,在悖论和荒谬中聚合催生语义的延异,营造出一种浩大的态势和宏阔的镜像。开阔大气的诗歌运思中蕴含了诗意表达的无限可能性,将完美的理想与孤傲的现实对峙,用勇武的意志与坚硬的生存抗争,笔下流淌出的诗歌韵致在悖论的反噬中达到奇妙的平衡:"我排斥谎言,却在阴雨天戴着面具／出现在公共场合——／有时礼貌性的微笑是以谎言的命题出现／这种逃避捕猎者的装死方法适宜推广"(《我在海岛》),"风掠起她的长发／她的彩衣,使灰暗的事物／更加灰暗"(《如果》)。充满悖论的语言赤裸裸地将残酷的现实撕得粉碎,使生活以最本真的面貌出现在世人面前,外表的华丽面具下是血淋淋的肮脏与破败。在失却了纯真与美好的现实面前,诗人保持了深刻的清醒,以无声的呐喊与现实抗争,但仍心存感激与温暖,在缺憾中寻找美好与永恒,带给读者的是强烈的震撼与艰深的思索。

  《谎言说》是一首具有振聋发聩意味的诗作:"世界上没有谎言,这句话在本质上／构成最真实的谎言／很难想象,一个没有谎言的世界／该是多么重口味／我愿意相信所有的谎言／都是善意的,都是情非得已／这构成另一个谎言揭示存在的无奈／事实上,在假象环生的时代,忍辱负重／是怯懦的谎言;傲慢是偏见的谎言／曲高和寡是孤独的谎言;艳丽／是轻浮的谎言;窒息是死亡的谎言／捧,是杀的谎言;相敬如宾／是同床异梦的谎言;荣耀是荒谬的谎言;精神疾患是获判无罪的谎言／不管你相不相信,'我爱你'／有时是欲望的谎言……／谎言虚构了体面的人生,很多人／愿意活在谎言中,因为有人说／'假如说出真相,婚姻不能维持两分钟'／又有人说:'事实很有可能让人悲伤'"。一连串的语词与事物以悖谬和矛盾的方式呈现,看似错乱的文字与悖谬的语言组合产生了一种极具陌生化与异质感的诗意空间,诗歌的更深层寓意与思想蕴含于诗歌背后,真切地撕裂并揭示了掩盖于生活表象之下的赤裸裸的本质与真实。具有相似效果的诗歌还有《错误》:"我一生都在犯错;我的性别／决定了出生的错误／我的死亡决定活着的错误／我孤傲，任性，这对爱情犯了错／妄想成为诗人，我对诗歌犯了错／其实我淡泊，平和，热爱／固守内心的尊严，这对现实犯了错"。诗人一针见血地指出世界与生活的本质，将赤裸裸的现实彰显于日光之下，使罪恶与谎言来不及躲避与掩藏。

东涯的文字像是挺立在蔚蓝色光影下的一排排哨兵，整齐、凌厉、刚硬、勇武，直刺苍穹，站在太阳痛苦的锋芒上。她的目光奋力抵达并穿越灰烬、绝望、厄运、葬礼、挽歌、灵柩和消亡等充满悲剧气息的事相，同时又指挥滩涂上的贝壳，娓娓讲述之于潮汐、船舶、风帆、海鸥、鱼群、礁石、水手的清朗故事，其意象方阵一半是海水一半是火焰，一半是阴冷一半是明亮，相克相生的奇妙情思看似信马由缰，却深刻呈示着世界和生存的悖谬本相。诡异的语言组接与拼合，一连串充满矛盾与悖论的修辞，由事物的表象一针见血地直刺事实本身，使残酷的现实赤裸裸血淋淋地暴露于强光之下，巨大的压迫感与不忍直视的无力感，产生出令人窒息的艺术效果。比如《失语症》："我需要时时面对无处安放的虚空／我受伤，逃亡，隐居海岛……／在孤独的海洋里，享受零重力……／我更喜欢礁石、浪潮、海鸟和斑斓的／海洋生物，它们干净，纯粹，没有私心／杂念和防备的围墙……我需要参加一场葬礼／需要写一首诗被大河传诵……"无法摆脱的焦虑纠结着希望又勾连着狂妄，这样一种复杂涡旋的情绪从文字间呼啸而出，诗句的力道遒劲浑容，敞开了诗思诗境诗美最大限度的可能性，将孤傲个体与芜杂现实的龃龉撕裂挣扎的种种自由自在裸裎，读后给人以强烈的精神震撼。

诗评家孙基林曾说，是童年时代关于海难和死亡留下的悲伤的乡村记忆，构成了东涯那种悲剧性的心理原型，驱使她常常要去书写创伤、苦难和死亡，希望能在这些事物的内里和背后，获得世界与其生命存在的本质和深度。从这个角度上讲，东涯是一个诗性的思想者，她不断地感受和思考自我、命运、事物、事件、各色人等及场景，不断地思考和感受大地、海洋、社会、人生、苦难、死亡、形而上、乌托邦，以及一切生命中不可承受又不得不承受的重和轻……她希望用诗去构建这一个世界、事物和人的全息感应图，让世间万有包括不同质的诸多存在之物纷纷来此交会、撞击、互否、融合，甚至不避在莫名难辩的混杂、荒诞中所含混着的迷惘、挣扎甚至绝望、不知所踪，由此呈现或表征出她丰富、繁复、不乏杂乱而又浑融如一的精神世界。

而路也的诗歌运思则是沿着日常生活的内在肌理，自然、舒缓而洒脱地展开。她不是一个凌空蹈虚的舞者，其艺术想象力始终植根于平实沉厚的大地。她将描写的角度无限压低，尽量减少宏大的抒情色彩，无论腾挪旋转还是跳脱飞升，既流淌着日常的温暖与爱意，又有点石成金的凝聚和化生之力。亲近她的诗作，你会不由自主地感喟竟然有人能将世俗写得如此优雅高贵，如此可亲可敬。她让我们再也不敢忽略天天面对的日常生活，再也不敢轻视平时不屑的琐事细故，而只能或者必须尊重甚至敬畏，因为凡俗平庸的生活里既蕴含着"辽阔的感伤"，又发散出哲理的睿智和精警。

路也的诗作以自由跳荡的想象和鲜活淋漓的抒情，细微而具体地镌刻生命的气息和纹理。比如那首《抱着白菜回家》："我抱着一棵大白菜／穿着大棉袄，裹着长围巾／疾走在结冰的路面上／在暮色中往家赶／这棵大白菜健康、茁壮、雍容／有北方之美、唐代之美／挨着它，就像挨着了大地的臀部／……／我和我的白菜似在上演一出歌剧／天气越来越冷，心却冒着热气／我抱着一棵大白菜／顶风前行，传递着体温和想法／很像英勇的女游击队员／为破碎的山河／护送着鸡毛信"。由一棵从集市上买来的大白菜，联通起了北方的健康茁壮和盛唐的雍容繁华，以及抗战时期穿行在枪林弹雨中的女游击队员。粗看这大白菜和北方和唐朝和女游击队员之间实在没有什么关联，但细想这些物象意象间，精神品格和风度气象还真有内在的一致性，这一系列看似无关联但内在质地相同的远取譬，使日常化书写跟文学烈度高度契合，素朴而不失典雅，具象又通联起抽象，让你恍然大悟：原来布帛菽粟自有意味，咀嚼不尽历久弥新，这日常情事里，竟藏匿着这般丰富的人生信息。

"江心洲系列"是诗人精心构建的一个安放灵魂放纵情思的江南桃花源，这是一个只可能在诗歌版图上找寻到的坐标位置，是一个经验化的诗歌王国，也是路也一次成功的灵魂出走与自我放逐。"给出十年时间／我们到江心洲上去安家／一个像首饰盒那样小巧精致的家／江心洲是一条大江的合页／江水在它的北边离别又在南端重逢／我们初来乍到，手拉着手／绕岛一周／在这里我称油菜花为姐姐芦蒿为妹妹／向猫和狗学习自由和单纯／一只蚕伏在桑叶上，那是它的祖国／在江南潮润的天空下／我还来得及生育／来得及像种植一畦豌豆那样／把儿女养大／把床安放在窗前／做爱时可以越过屋外的芦苇塘和水杉树／看见长江／远方来的货轮用笛声使我们的身体／摆脱地心引力／我们志向宏伟，赶得上这里的造船厂／把豪华想法藏在锈迹斑斑的劳作中／每天面对着一条大江居住／光住也能住成李白／我要改编一首歌来唱／歌名叫《我的家在江心洲上》／下面一句应当是'这里有我亲爱的某某'"（《江心洲》）。在这个近乎完美的诗意空间，诗人将江南情结、生命情怀、古典情韵与日常生活经验细腻地杂糅调和在一起，然后统统纳入她自由无拘天马行空的诗境当中，为自己构建了一个和谐清新的精神家园。油菜、芦蒿、猫狗、豌豆、芦苇塘、水杉树、货轮、造船厂，这些具体的自然意象使得这个子虚之镇乌有之乡显得生动明丽而又情趣盎然。江心洲因为一场情意绵绵的爱情而显得温情脉脉，既充满中国古典诗歌的典雅优美，又具有中国民间歌谣的朴素生动。诗人放心地从她厌倦的循规蹈矩的世俗生活中出走，把自己的灵魂放逐于江心洲。

对整个世界都充满深沉博大爱意的生命观，使路也的爱情有别于那种繁华俗世中一般的爱情，她与山山水水相爱，与花草树木相爱："整个江心洲，没有一棵树不会作诗／整个江心洲，没有一朵花不会谈情说爱……"（《阳台上》）。江心洲是路也专门为自己搭建的一个爱情秘密花园，这里充盈着浪漫自由的气息，她珍视每一段无端的欢喜，对一个浪漫自由的女人而言，她的爱情随时发生："我要把女儿生在江心洲／生在一棵紫楝树下，一簇野菊花旁／我用乳汁喂养她，大江在身边日夜奔流／她是我的美丽的独生女／4/4拍的啼哭惊飞白鹭／她的姓氏里有三点水做偏旁／名字是这岛上的某种植物，笔画里有草字头／我喊她的时候，露珠闪烁，风吹草动／大江在身边日夜奔流／春天大片油菜花会当成她的布匹／秋天的果园就是她的首饰店／夏天在她的头发上留下缕缕草香／冬天里阳光缠绕着她的细腰，那是世界尽头……"（《女儿》）。紫楝树、野菊花、大江、白鹭、露珠、油菜花、果园、草香、阳光等自然意象将江心洲装扮得花团锦簇生机盎然，诗人希望在此地孕育一个女儿来延续自己的生命，吸纳天地自然之神韵，浸润四季万物之精华。女儿，抑或是诗人的乌托邦理想，在江心洲呈现出一种醉人的原始风貌，读来令人心旷神怡。浪漫飞扬的童话式叙述，新奇而充满生命力的幻想，亲切而任性的叙述语调，自在任意的篇章结构方式，共同将江心洲这个牧歌童话式的江南诗境描绘得风情万种令人神往。路也用流畅的诗行构筑了一座绿色的"江心洲"，丰富地还原了生活的意义，还原了诗歌的本质，同时也丰富地还原了自己。

在诗思的延展和诗情的铺排上，寒烟和阿华则走上了截然对立的两极，一个剑走偏锋刻意追求冷峭凌厉，一个则平和冲淡执意恪守唯美清雅。

寒烟笔下的诗歌一如她的名字，有直奔深渊与死亡的犀利与决绝。初次接触它的人，都会惊异于这种天凝地闭、冷峭孤寒的诗风。犹如在冬日遭遇一场狂风暴雪，那么冷锐尖利，那么突如其来，却又在意料之中。那种闪电般锋利的语言瞬间就会将人们击中："'喂，这儿有一个人'——／一个生命，在那样的年代／像一颗泣血的种子／叩问死寂荒漠的大地"。生命在诗人笔下就像一粒种子那样渺小微弱，活着可以称其为一个人，死了还可以说这是一个人吗？在那样的年代里，想要继续维持生命，是何等艰难！要有怎样的坚韧，才能于死寂的荒漠之中寻求生机！再如"头顶的铁砧在唱／早于清晨的第一道光／头顶的铁砧在唱／晚于夜晚的最后一个哈欠／从早到晚，它在唱／它在唱……／厄运，在我身上确立它的教义"（《头顶的铁砧在唱》），诗人警示我们，这种"头顶的铁砧在唱"的危险，存在于早于早晨又晚于夜晚的时间段（这是随时随地每时每刻的时间段），悬在头顶的达摩克利斯之剑在我们每一个人的生活中时时刻刻存在着，命运的强悍使柔弱的个体根本就无路可逃、诗人为我们营构出来的意境让人不寒而栗，仿佛生命中处处充满了危机，但细细品读，现代人面向现实的哲学情思便会迎面扑来。

作为一个先锋气质较为浓厚的诗人，寒烟的诗作一直行走在追求一种有难度的抒情之路上，想从她笔下捡拾温馨与快乐绝非易事，因为疼痛和创伤才是她酝酿诗情的活水源头。与当下盛行的小清新之风背道而驰，寒烟用分行书写建构起的诗歌世界，是一个处处弥漫着痛苦、沉郁和绝望气息的场域。在娱乐至上甚至娱乐至死的当下语境中阅读寒烟或许是一种痛苦，但是读懂寒烟后却使我们的心灵享受到一种奇异的快感。这种快感不是轻舞飞扬的舒散，而是一种尖锐凛冽的疼痛，之后方是淋漓酣畅的快意。她操控着语言与意象的炼金术，湿淋淋的才华似乎能够沿着花瓣滴落，比如《伤口》："如果我有一个伤口／那肯定是世界从我这儿拿走了什么／那年冬天，我带着半颗心／走向大海／不是去寻找另外半颗／只想碎得更彻底，像一个末路狂徒／／因此，大海的闪光才被我看成／一万把斧头的锋芒／一个伤口里有挥霍不完的黑夜／每个黑夜都是被眺望固定的尽头／大海泛滥我全身的血气／让我安静，让我着迷——／只有这更大的伤口才能把我安慰／只有这儿才有为伤口保鲜的盐"。把大海比作一个伤口，这本身就是一个极其形象出奇的比喻，然而这个比喻还有衍生：大海这一伤口为什么一直汹涌而永不愈合？只因为海水里有永远保鲜的盐。一个人，竟想拥有一个大海般巨大的被腌渍得永远新鲜的伤口，其心中该是汹涌着怎样的创痛？咀嚼并珍爱着这种创伤的诗人，其灵魂该是怎样强大？其担当该是怎样勇毅？全诗在最后把一个被抛弃的苦恋者的痛苦无奈和清坚决绝骤然放大了无数倍，使这首诗成功地抵达了抒情的中心地带。

寒烟的语言是一种凡中见奇的语言，蕴含着一种内家功夫。在她的诗歌里，几乎没有新颖的现代的峭拔奇崛的词汇，就意象而言，眼泪、骨头、大海、车轮、坟茔、太阳、墓穴、墓石、暗夜、痛苦、深渊、乌云、苦难、闪电、寺庙、旷野、乞丐这些带有明显阴郁色调的意象构成了她的诗，就连给出的定语都充满着慌乱、疼痛、孤独、虚无、苍凉、惊悸和绝望，紧扣苦难密密匝匝地绕圈：悲伤的沙漏、泣血的种子、死寂荒漠的大地、被虚无劫持过的心、江湖屈膝的姿势、黑簇簇的夜篱、残畸的肉躯、灰黄的落叶、婆娑的泪影、匍匐的信徒、干枯的茎管、落光了叶子的树、月光冷寂的澄莹、阴郁的僧侣、秋天的悲苦、老迈松弛的世界等等。

寒烟诗中还常常在感叹一种重复、一种复制、一种机械性的存在感、一种命运轮回的无奈，然而经过诗人加工后，或许我们从中品出的不仅仅是苦难，还有坚毅。虽然生活夜以继日地不肯停歇，"此刻，西西弗斯滚落的巨石／又从彼此重合的生命中轰鸣而起"，然而"当敛尽我们毕生光线的碑碣／向着来世的塔尖挺矗／我们崩散为微尘／返归星云翻卷的混沌／在无尽的轮回里／蕴蓄，喷薄……"（《玄武石》）这是一种多么旷达的情怀，生活的重负下诗人想到的是生命的永恒，这种悲毅中的坚定是一种怎样的旷世情怀？同时，重复又是一种生活中苦难的复制："我知道，你像我一样，每天／都徘徊在这进退两难的门槛／每天，都在快要撑不下去的／那一瞬间，忍耐的极限／又被可悲地抻大了一点点"。如果只读到这里，或许会被诗人每日不堪忍受的重担所淹没，然而，寒烟的诗中不仅有对苦难的渲染，更可贵的是对坚毅的无限扩大，而这种坚毅又走向了另一个极端："那一天，那场死亡的大火／来，将每一块骨头／从那被捆绑的整体中／解散——／'每块骨头，都该是自由的'／骨灰静静的遗言，谁能听见？"（《看守》）诗人通过死亡之火向世人宣誓，生命应该是自由的，哪怕被死亡之火吞噬，连骨头都变成骨灰，骨灰也要发出最后的抗诉——"每块骨头，都该是自由的"，更何况是我们个体的人呢？诗人特别强调个体的独立与自由，尤其当她将俄罗斯白银时代的诗人当作修习、致敬和对话的镜像之后，诗歌写作获得了更高的升华。那首《遗产——给茨维塔耶娃》曾震撼过无数读者："看着你的照片，我哭了／我与我的老年在镜中重逢／莫非你某个眼神的暗示／白发像一场火灾在我头上蔓延"。她像飞蛾扑火一样，以自己的命运去契合她的精神镜像，具有以血以泪摄人心魂的力量。

　　相比之下，阿华的诗则来得静美清雅，不造作、不浮华，明明灭灭的烟火气息中有着宁静朴拙的真味，良善、干净、平整、舒散，像是秋塘月升时候飘摇的蒲苇，在贫瘠之地潜滋暗长，却开出了最洁雅动人的花。她用文字编织自己的东篱，耕耘自己的"梨树小镇"，虽然它"远离闹市／地处偏远／但稻穗饱满／谷物金黄／堤坝上面常有葵花开放"，长满了"红柳和沙棘"。阿华有着江南女子的水样情怀，骨子里却有北方女子的执着笃定，她踽踽独行在诗歌的边缘，用轻灵飘逸的长短诗行找寻另一个自己。在琐屑的现实中诗意地活着，是阿华刻镂在诗歌碑铭上的誓言，不轰轰烈烈，却自有傲格掷地有声。她用诗行起造的属于自己的乌托邦，穿透了都市欲望魔障的烟霭，让人获得了一种难得的安详惬意。

当都市的僵硬和冰冷已经逐渐消泯掉人类童心的时候，阿华执着于对乡野生活的怀恋和叹惋，并用它来对抗和消除这种因为僵硬和冰冷的感觉所引发的对于生活热情的漠然和忽略。因此，我们就在她的诗歌中辨认出了大量饱含着诗人内心梦想和怅惘以及忧伤的意象。那些关于旧时光、生活帖、梦境、季节、街道、庄稼、路人的描写，既是一种对于现实的描摹，又是诗人以纯朴的心灵对于某种过往生活的追忆和营造。在《旧时光》一诗中，阿华将乡村记忆的碎片像拼图一样逐渐汇拢，用一种梦境似的优雅和宁静的忧伤，展现它的丝丝缕缕，抒唱心里的哀怨和惆怅："再也不会与美相遇了，在二月／或是三月，我的眼睛一次次／被玫瑰刺瞎，那饱含着情欲的花朵／让一切死去的事物，又在春天里复活／／再也回不到旧时光了，五月／或是七月，天空涌起薄薄的晨雾／但我想南方的乔木，想得天花乱坠／／八月，大眼睛的蜻蜓，四处乱飞／我心头的莲花，一朵落了，另一朵／过得醉生梦死，闪电擦过时，有微微的凉／／十月，树叶落地，柿子泛黄／隔着一个尘世和一层薄土／心里的秋风，一阵阵地吹／／十二月，大雪纷飞，满地银装／一切都静了下来，万物开始／酝酿，孕育，奢华里带着说不清的孤寂／／可我喜欢这孤寂，当我成为一个异数／与这个世界背道而驰，我愿意／从你的世界，从此销声匿迹"。伤感未酿成悲切，失望未抵达绝望，这种弥漫着淡淡的荒凉气息的忧伤之情，同样缓缓流淌在其他如《已经是下午了》《我不知道我为什么哭了 》《失眠》等许多诗中。

　　正是这种轻盈与沉重、冷静与多情的奇特融合，使阿华笔下的乡村生活生长出饱满与鲜活的内容。仔细辨识她的营造，我们会发现，阿华在时间和空间两个维度上，徐徐铺陈开来一个乡村的过往和现在，不管是一幅深远广阔的风景，或是一些细微的场景，其中都体现着诗人对于乡村生活以及那些难以割舍的亲情的依恋。《花楸树》一诗用简洁的白描写出了花楸树的敏感温柔，传递出人世间温暖的爱与奇迹："这真是奇迹，这落叶小乔木／会和云团一起长大／幼时生绒毛，夏天开白花／秋天的时候，它就把／一串一串的果实，藏在绿叶间／火红，耀眼"。也许在阿华心中，乡村生活的意义，就在于对某种场景的琐碎体察以及由此而获得的生活情趣。尘世病了，诗人何为？也许，阿华注定只能用外在的平静审视着内心的汹涌,并坚守着她作为一个诗人的本分,正如她所写的"我从没想过,要像候鸟一样／飞向南方／作为一个敏感的人,我在风中长大／但内心有阳光,也从不怀疑人生／我把鸣笛当成是天使的小号／把桃花看成是半遮面的美人／我的纸张上面／全是关于故土的溢美之词／／差不多每一个热爱乡村的人／都是浪漫主义者／但我不想附庸风雅／只想借助文字的力量／说出一个事实:／完美的生活它曾经发生过"(《十月的堤坝上面开满了我的野葵花》)。在依稀可见的情感踪迹中,包含着伦理的价值,没有大张旗鼓的赞扬,没有撕心裂肺的痛哭,诗人似乎在刻意隐藏什么。于是在这个时空场所里,乡村中的植物和动物都成为某种感情的纽带,营构出诗人对于故土的怀恋以及对生命的感悟。这种恬静安详的氛围,这种小而美的艺术境界的追求,体现出一种"以轻就重"的艺术构思。阿华匠心独运地选择了"清逸"而非"沉重"的艺术表达去接近最富有诗意的世界,正是这种作为美学风格的"轻"与"柔",体现出其诗歌独特的审美价值。

  李林芳的诗与阿华有相同之处,但又有不同。李林芳的诗作不矫揉造作,不虚情假意,不故弄玄虚,不高高在上,她对于生命的理解是深邃的,表达较为内敛。她将诚恳平和的笔力直抵存在本真与生命经验的深处,以成熟的语言与修辞,通过点缀着叙事元素的极富画面感的视觉呈现,连缀成一串一串的诗行,其间纠缠生长着丰饶的物、鲜活的景、真挚的情,展现出美好、纯粹、平和的价值诉求,更有一种坚定与深远的气质。

  爱、家园、大地是李林芳诗歌创作的永恒母体,她用诗笔建构起的那一座安身立命的美丽家园——"艾涧",既是她成长之路上的一个具体实地(她的故乡艾蒿涧),更是她喧嚣生活中安放灵魂的一座"心灵别墅",或者说是她精神空间扩大提升后的一个归宿。艾涧的溪水能够"映照年华日月冲刷生活表层的垢质",能"闪着孩子的眼波 把石头打磨出灵性",能"将大地和大地上的事物／一一还原",能让我"洗濯一路的疲惫 污渍 风尘 碎屑"(《溪水》);诗人在艾涧里可以还原成最本真的农妇,"我粗糙的大手掠过锅灶／看看农妇的戏法吧 把玉米饼子还原太阳的颜色／刚刚走下晒场 在碾盘上压过在簸箕里掮过／谷子就是光屁股的小米了／在锅里还哼着稻草人乌拉拉的歌谣／豆角 茄子是沾着露水摘下的／

新嫁娘一样矜持的红辣椒／渴望着三寸金莲迈下窄窄的阡陌／就让一块风里浸过雨里漂过烈日下晒过的石头／承载这顿早餐吧／自酿的米酒把艾洞的早晨熏醉了"（《炊烟》）。一如荷锄而归的陶公陶渊明，诗人在"归园田居后"从自然和事物中寻找到了人生的真谛，寻找到了与生命相对应的生机与活力。

李林芳善于运用讲故事的方法叙事，以对话、独白等多种叙事技巧表情达意。如《雨从南山上下来》，诗人在诗歌中摹画了雨落的过程，"我"是故事的叙述者。故事叙述了主人公"那个人"踏雨而来的盛大出场产生的惊叹，场面犹如君王礼乐天下，宏大庄严、风度翩翩，让"我"蠢蠢欲动，最后叙述者话锋一转，指出"他"就是"你"，"你"就是艾洞，因为艾洞的美景才招惹的雨，将艾洞的美生动有趣地表现出来。在《红背心》里，诗人用叙述的手法讲述了作为木匠的远方表哥的辛劳一生："一整个上午，他蹲在西墙下，静止的光影里／斧子寻找着年轮的纹理／尺寸之间游刃有余／一棵年老的楸树就要成为我的书橱／／截留了阳光的香气和明月倒影的老楸树／他的锯子去年秋天就探入它的内部／它的伤疤，沉积，心结都被剖开／坦陈了一个冬天，风干成大写意的纹饰／他心里有墨斗，手上有刨子／从年轮的内部掏出云朵，蝶翅，鸟羽……刨花飞舞，我的魔术师／头发微卷，叼一支纸烟／眯缝着清澈的眼睛／我眼睁睁看着正午来临／眼睁睁看着燃烧的刺目的红背心／在时光里渐渐泛白……直到光线下沉，终于带走了颓废的中年木匠／肺癌。撇下了老父老母，两个瘦弱的女儿／泛白的红背心和／一地刨花"。从整首诗看，时间从上午到中午再到下午，似乎讲述了表哥一天时间的劳作，但细看时间节点与空间节点并不相称，上午到中午是表哥的青年时期，下午是表哥的中年时期，在时间上发生了跳跃，而空间上也相应发生了跳跃。用一天讲述一生，红背心这一意象代表了青春和热情，泛白的红背心则隐喻着时光的流逝和人到中年的渐趋衰老，在令人唏嘘的同时，获得了现场的亲临感。

可以说，这些山东女诗人的诗歌创作各有千秋。东涯的诗是海鸥翔集远空中的一角青蓝，汇聚了云的明澈、海的幽蓝和礁石上碎裂的船桨与风帆，在矛盾悖谬罅隙中的观望有着男子骨骼的沧桑伟岸；路也将尘世当作诗歌的原乡，她爱俗常的阡陌百径，爱粮食和蔬菜，爱暖老温贫中的半块红薯，由此自然也爱着明天以及明天的明天，是一位热爱尘世的理想主义者；寒烟则是荒野窄径中哀伤赶路的行者，她逃过了世俗油腻的尘垢，在自己起造的矮墙下看残月，看厉风，看陨失在泥土中残破的车轮，既是伤怀者，又是站在诗歌尽头的思想者；阿华则是从梨花小镇走出的拈花诗人，她爱纯净、自由，以及一切包蕴着美与善、洋溢着温暖的字眼；李林芳用最朴素真挚的情感，在诠释天人合一的理想诗歌境界时，更持有一种旁观的态度与参与生活的对立，使诗歌呈现出叙事上的亲临感。这几位山东女诗人在诗境、诗思、诗情延展上的迥异格调和个性追求，丰实了山东诗人群落的创作，也让中国当代诗歌有了更多的可能性。

用柔韧抵御尘世的荒寒

——方如小说论

翟丽丽

方如自2007年开始,先后在《黄河文学》《作家》《青年文学》《雨花》等刊物发表小说近五十部,主要作品有《声铺地》《看大王》《史诗的飞机场》《穿越时空遇上你》《子夜广场》等。她的小说以中短篇为主,近几年的作品无论是内容、思想还是形式都跃上了一个新的层次,达到了一个更高的境界,成为山东文坛上一颗耀眼的星。

方如的小说质地细腻,隐藏在这些文字背后的是作者独到的视角、沉潜的思想以及丰盈饱满的感情。她极善于运用文字为思想发声,在这个坚硬的城市,柔软的文字就像是水泥地上的花朵,开出一片没有风的蓊郁的森林。她喜欢将视角集中于都市生活中的普通人身上,在支离的日常琐事中,用一种沉静的态度细细观察揣摩,不追求生活的大喜大悲与大彻大悟,而是在纷繁团绕的叙事中,描写小人物时隐时现的悲喜和无常,其叙事方式灵活多变,浸润着作者的才思。她不断驻足观看,将生活的最细部无限放大,从而折射出她对爱和恨、喜与乐,对人生、对生活的冥想,并且在对生活里无处不在的苦涩、忧伤、彷徨、无助的点染中将生活赋予个体的含义细细打磨,直至深入骨髓。她的文字柔软轻盈,犹如一颗颗经过泥沙磨砺后晶莹的雨花石,斑斓而圆润,繁复的纹路曲折盘旋,因打磨而微热的石体本身却熨帖着内心最隐秘的角落,给你最温暖最安心最坚定的慰藉。这就是方如文字的力量,韧如蒲苇,却又坚如磐石。

一　于烟火气中升腾起暖意

方如小说的叙事资源大多取材于日常生活，因而具有浓郁的生活气息和鲜活的质感，仿佛夜幕四合时，家家户户烟囱中升腾起的袅袅炊烟，在落日的余晖中勾勒出温暖的光景。就题材来看，方如喜欢以寻常家庭中平淡无奇的家务事作为小说的重点，但并不着意于刻画家长里短的琐屑纷杂，而是喜欢在这种弥漫着尘世烟火气的热闹温暖中抽丝剥茧般挖掘出潜藏于后的温情。在安静妥帖的叙述中，可看到作者对亲情、爱情的珍视，对人生变迁的冷静心态，以及对这些变迁给人性带来的变异的深刻理解和同情。

方如将视角着眼于瞬息万变的生活，却在变化中抓住了恒久不变的东西——亲情，因此对亲情不厌其烦的言说是她小说的一大主题。读她的小说，会让你惊觉人世间存在着一种可怕的信仰，这种信仰会击溃所有合理的逻辑。

《别麟儿》《离峨眉》和《号令一声》其实是同一个家庭故事的姊妹篇。三个故事分别从三个不同的视角来审视这个重组家庭——一个改嫁的女人把两个没有血缘关系的家庭连接在一起。《别麟儿》中的母亲为儿子取名惠麟，"麟"字就出自白娘子儿子的名字。母亲临终前，看着自己的儿子，终于说出了这个一辈子埋藏在心底的秘密。传说中白娘子被法海关进雷峰塔，挥泪与儿子分别，于是才有了《白蛇传》中白娘子哭别儿子的唱段。可是，神话终究是神话，再炉火纯青的演技也不能淋漓尽致地表现这种骨肉分别的彻骨哀痛。现实生活中，改嫁的母亲只能眼睁睁地与自己的亲骨肉分开，强忍泪水，继续将不是亲生的儿女当成自己的骨肉至亲，小心翼翼地伺候，一心一意地养育，心中那份对自己骨肉的挂念再也没有向旁人提起。直到临终之际，看到日思夜想的儿子终于赶来陪在自己身旁，才梦呓般地说："当妈的，哪有情愿离开自己孩子的呢……"惠麟的母亲在别人口中是一个不折不扣的坏女人，狠心丢下自己的孩子跑了，还当了别的孩子的后妈，甚至惠麟的大嫂和自己的媳妇言语之中也毫不掩饰对这个女人的厌恶和不屑。可是，在她倾吐心事的那一刻，所有的误解和怨怼都烟消云散。就像小说开头作者说的那样："这世上的女人有很多种，可一当上妈，她们的面目、心性，就会越变越像。"作者是慈悲的，她没有用刻薄的语言去评判这位并不称职的母亲，而是在惠麟妈弥留之际，让母子之间的嫌隙消解，使这位母亲平静而了无牵挂地离开。

"号令一声"本是《锁五龙》中单雄信的唱词，在小说中成了改嫁后的母亲唯一一次听到丈夫唱的戏。《号令一声》讲的是因戏结缘的一对理想主义男女，为了心中的爱情和信仰，在那个不寻常的年代做出了大胆的人生选择，年轻的母亲抛下自己年幼的儿女，改嫁给了心仪的男人，成了别人口中的后妈、狠心的女人。本以为奔向幸福的女人会过得更快乐，可是，女人嫁过去没几年"就瘪了，蔫了"，没有了往日的神采。这个曾经在村里名气响当当的俊俏姑娘再也没有把自己挚爱一生的职业捡起来，甚至再也没有向旁人说过那段骄傲的历史。她在那个新家中活得卑微低下、小心翼翼，即使自知进门四十多年，依然没有走进儿女心里，她还是全心全意，小心伺候。在作者笔下，她并不是丢下自己孩子不顾一切的狠心母亲，只是一个普普通通的为了儿女尽心尽力的妈。小说《离峨眉》则是从惠麟姐姐惠英的视角来讲述自己的亲生母亲。母亲改嫁时，惠英还小，周围人的风言风语让她一直觉得母亲是一个蛇精。在一次和奶奶去看望母亲后，小小的惠英才知道母亲不是大人口中的妖精，而是一个普通和善的女人。在惠英的认知中，总感觉"妈是自个儿彪，才让那老头给灌下了迷魂汤"，所以，她对老头心生厌恶。后来，惠英去看望母亲时，原本一直有意回避的老头却像一个孩子般兴冲冲地跑来告诉母亲电视上要放京剧《白蛇传》。年过花甲的两位老人像志趣相投的年轻人一样兴致勃勃地黏在一起讨论唱腔、身段，两人你一言我一句，倒充满了温情与甜蜜。原本就不喜欢戏曲的惠英困了，挨着母亲便躺下了。可是躺下以后的惠英像回到小时候一样贪恋母亲的怀抱，本能地只想和母亲靠得更近一些，好像靠得近些便能弥补儿时失去母亲的遗憾。醒来时她隐约间听到母亲和老头谈论儿女，老两口都在絮絮叨叨地忏悔因为年轻时的鲁莽举动伤害了各自的孩子。忽然之间，惠英铁齿铜牙地抱怨了这么多年的委屈顿时没了着落——"妈不像是妖精，老头也不像是会灌迷魂汤的魔鬼，那么，难道她惠英该怨恨的是戏？是那两条不老老实实待在峨眉山，偏要跑到人间来惹是生非的蛇精吗？"作者独具匠心，事情的前因后果都被她妥帖细致地包裹在三个相互独立却又彼此相依的故事中。在这个大故事中，作者已经模糊了善恶是非的界限，只是凭借惯性把这个充满恩怨纠结的故事原原本本地呈现在读者面前。细细品读后，我们已经无暇再去谴责这个不负责任的母亲，而是被这段割舍不断的血脉情分所打动，在这段爱恨纠缠中，虽然亲人之间都在互相伤害，但也在相互扶持，患难与共，相濡以沫。"感情充实了生活，而生活则丰满了感情，感情和生活最美、最现实、最普通也最恒久的交叉点莫过于家庭，于是家庭拥有了隐秘的魔力。"无论世事沧桑，我们不经意间共筑的这种亲情永远是割舍不断的，它像司空见惯的空气，呼吸之间，微不可闻，却能让我们更惬意、更舒心也更坚定地立于人世。

如果说《别麟儿》《号令一声》和《离峨眉》是在讲亲情的持久和温润，那么《柴米夫妻》则是讲述年轻小夫妻间爱情转化为亲情的相知相守。孙小米和柴东东是一对结婚四年的年轻夫妻，四年对于这对小夫妻来说，时间并不长，却也足够让琐碎的生活消磨了他们对爱情的憧憬。刚结婚时，孙小米还会体贴地为丈夫烹制早餐，可是渐渐地，精心准备的早餐开始被前一天晚上打的豆浆替代。当耐心消失殆尽，数不清的不耐烦便接踵而至。小米偶然间发现了丈夫的短信，发信人是小米的大学同学兼闺密候丽艳。只是丽艳至今单身，她现在背着自己，单独和丈夫联系，让小米顿时警觉。小米气势汹汹地准备质问丈夫，可是最后关头，她却退缩了。第二天，小米和丽艳见面，得知一向爱情至上的丽艳只因为条件合适就嫁给了一个离过婚的男人，这让小米十分触动。她开始审视自己结婚的这四年，两个曾经陌生的人闯入彼此的世界，他们相互体察、理解、适应，直到今天，她清晰地看到了彼此的变化。小米喜欢这种变化，这变化让她觉得这四年多来的庸常、琐碎、曾觉得勉为其难的日子有了意义。方如喜欢在小说苦涩的韵味中为我们放一颗甜甜的糖，让我们在力不从心时，感受到徐徐散开的清甜，顿时充满元气。就像作者说的那样："纯粹的爱情，充其量，也只能算是生命中的一部分吧？不是每个人都有福气遭遇到的吧？无法和生命本身等量齐观吧？"所以当爱情华丽转身，只剩下生活的苦涩和琐碎时，但愿我们还有耐心去经营一段细水长流的亲情，用它来慰藉在尘世流浪的你我。

与小说中弥漫的温情同时并行的是作家对"家"的认同和理解，方如肢解了我们寻常意义上的"家"，丰富了它的内涵。所以，"家"并不只是代表组成社会的最小家庭结构，"家"还代表了故乡甚至是我们的精神栖息地。也就是说，方如强调了"家"对于我们不寻常的意义和作用。

小说《过火的山林》则显示了方如的一种情怀。对于魂牵梦绕的故乡，每个人都有一种落叶归根的庄重仪式感。小说开篇，作者就问道：那个你最初来的地方，你的出生地，你度过最恣意、也最迷茫的年少时光的地方，对你又意味着什么？和表弟在网上闲聊，讲到了大兴安岭最近的大火，就是这场大火让"我"踏上了返乡的旅程，同时让"我"陷入了对1987年那场震惊全国的大火的回忆中，故乡熟悉的味道，平淡地在带着线索踪迹的记忆中慢慢隽永。"我"仿佛看到了"五户平均"的一模一样的平房；看到了个子不高、瘦弱、永远言笑晏晏的于老师；看到了在那个特殊年代，和家里决裂，义无反顾地走向开发建设大兴安岭的浩浩荡荡的人流中的年轻母亲；看到了心灵手巧的张婶、每天都穿漂亮衣服的好友张盈和那个再也没能走出那场山火的大眼睛的盲流……在那一瞬间，故乡、亲人和"我"的年少时光终于在脑海中全部苏醒，它们变得那么清晰、生动，可感可触……发生大火的那天晚上，救了整个林场的人的救命河，在此后的岁月中成了"我"记忆中无法泅渡的暗流，它以无可避免的强大姿态时刻提醒着"我"是大兴安岭的孩子，无论走多远，流年如何经转，"我"的身上永远带着火的印记和被时光雕琢过的异常清晰、难以言明的记忆。

《他乡》则讲述了一个老人对故乡的执着念想。早春三月，万物复苏，可是华君总是似有若无地闻到一股说不清道不明的味道，总感觉哪里有些不对劲儿。她把父母从东北老家接了过来，可某天中午接到母亲的电话，说父亲拿着钱离家出走了，因为得知老朋友胃癌晚期确诊，他忽然吵着要回东北老家。本以为父亲是一时兴起，母亲并没在意，可是直到中午，出门散步的父亲也没回来，这才让母亲乱了方寸。小说最后，谜底揭开，父亲是去给病重的老朋友汇款了。只是父亲的一席话也点醒了一直在奋斗的步履匆匆的华君。父亲说："总有一天你会知道，人过日子是要有归属感的。这样飘来飘去，扎不下根儿的日子简直就是受罪。"在小说中，父亲是任性的，其实他只是一个没办法回家的老小孩，明明看到了故乡摇曳的温暖的灯火，可是无论如何都无法靠近。即便是和自己的女儿生活在一起，离开了故土，父亲仍然感觉在不断漂泊离落。华君此时才恍悟，原来那股莫名的味道，像极了东北故乡每年天气暖和以后酸菜腐烂的臭味。她在离家多年以后，第一次在异乡察觉出：原来，故乡也是有味道的。

中国人讲究安土重迁，哪怕再坚定地下决心在异乡扎根，没有固守住故乡那一方熟悉的山水，每天睁眼看不到早已烂熟于心的街景，听不到早已镌刻进脑海的方言，仍然没有那种落叶归根的归属感。相比于隐退幕后的都市背景，方如笔尖营造的北方塞地生活确是她回忆的一条纽带，成为记忆的载体，它们已经幻化成故乡的符号，每天日思夜想，萦绕舌尖，轻声默念：不过是故乡。

与沉浸在琐碎温馨的小幸福中的普通人并行的，是方如作品中生活在斑斓的都市中却陷入精神漩涡的知识分子。如果说故乡是我们空间意义上的牵绊和归属，那么精神的归属又是什么？小说《子夜广场》从另一个角度切入，给了我们一个疑问，也让我们静心沉思。电台主播欣然自杀，很多年以后，"我"和母亲开始着手"调查"欣然自杀的原因。面对这个年纪轻轻却用自杀来结束自己一生的姑娘，大家众说纷纭。同事说她性格孤僻，事事苛求完美；朋友说她是一个理想主义者，用死亡来对自己的青春做一个最浪漫、最纯净的注解；领导说她是不胜其负，把自己当作坚不可摧的救世主，去背负人世那么多辛酸苦楚。其实，欣然遗书上的那句话，便是她对这个世界最后的告白：我不知道我是谁，这世界也不给我答案。她的死亡应该归因于精神上的无家可归。《子夜广场》这档节目为她营造了一个虚拟的异常温暖的世界，让她全身心投入，她在这个世界中成为主导，有很多温馨的情感交流。可是，每当节目结束，回到现实世界，她就显得无所适从，台里复杂的人际关系，积郁心中无法排遣的郁闷、压力，让她患上了严重的抑郁症，最后无法完成"辛莉莉"和"欣然"的转换，迷失了自己。空间意义上那个实实在在的故乡会让我们有一个温暖的依靠，无声地提醒我们不远的地方总会有异常温暖而熟悉的灯光照耀着我们回家的路。可是当心灵失去了根，开始漫无边际地在世间飘荡，我们该如何找回那个已经迷失的自己？《肖申克的救赎》里的老布，在出狱后写给朋友的信中说："我不喜欢这里，我厌倦了成天担惊受怕，于是，我下决心不再逗留。"他的离开，没有一点悬念，瑞德说是因为他被体制化了，那么体制化的后果就是他与社会脱节，缺少一种归属感。老布和辛莉莉其实都是精神上无家可归的人，他们想要皈依的不是空间形式上的一块砖一片瓦所能给予的安全感，而是想要有个更笃定地立于人世间的理由。

方如小说的动人之处在于她像一个精灵一样，喜欢洞悉人心灵深处的微澜。她的文字带着些微夏日阳光的气息，使凝固的空气开始变得和缓。她反复咀嚼个体存在的悲欢来表现对生命的关怀与同情；她或是在正面通过出场人物的感慨，或是在侧面通过未出场人物的不幸，强调了家庭对于"狼狈"的个人的意义。在方如的笔下，有时候"家"已经超越了寻常意义上的那个空间形式，而可能是你魂牵梦绕的故乡，甚至是你孤独的徜徉于这个世界的一个心灵寄托，给你渴求已久的归属感。这种在烟火气中升腾起的暖意，是方如小说中无法消弭的存在，它们仿佛揉碎在空气中，变成触不到的尘埃；它们仿佛浸润在光影里，藏了香，馥郁，焚了人心。

二　如水般柔软而坚韧的女人

方如是一位女性气质浓厚的作家，她有着超出常人的细腻敏锐的感触力，能在最细枝末节处发现生活的褶皱，耐心而不露声色地将这些引起生活微澜的褶皱细细抚平，没有大开大合的气势，却在从容敷叙、旖旎婉转中包含着不露痕迹的气魄。她借助人物形象将自己对生活的理解、对人生的体悟和对命运的叩问细细铺陈，驱遣一支圆转俊逸之笔，点染人物风姿神韵，异常敏感地捕捉人物深层心理的稍纵即逝的闪光，妙手拈来，风姿绰约。

方如在小说中着力塑造了一组形态各异却又有着惊人相似度的女性群像，她善于深入人物内心深处，体贴地站在故事中人物的立场来摹写生活。其小说中的女性形象大致可以划分为两大类型：一类是都市中的女性，另一类是来自乡村的普通农妇。

都市中的女性是方如比较偏爱的一类女性形象。这类女性虽然生活在城市中，可是她们中间鲜有左右逢源、翻云覆雨的女强人，所以这类女性注定平淡平凡甚至平庸。可是作者将视角聚焦在她们身上，细腻地探寻每个女性身上的迷茫、困惑、艰难以及成长带来的阵痛。读过文章，你会惊喜地发现，纵使生活的每一步都走得如此艰辛，但是她们依然在认真地活着，像样地活着，慢慢地付出，慢慢地得到。

爱情是一个亘古不变的主题，对于它，我们都有着难以言明的期许。有时候爱情像是一株长在心上的罂粟花，带着一种令人窒息的美丽。它在心口摇曳生姿，制造了一个蛊惑人心的假象，可我们还是义无反顾地横冲直撞。张小娴说："爱情，原来是含笑饮毒酒。"将爱情比喻成毒酒，我们明知它有毒，可还是心甘情愿地一饮而尽，这就是爱情的神奇之处，仿佛有了它，世间所有的抑郁不满都会退却脚步。它像是炫目的烟火，恍然一瞬间，惊艳了你的岁月。

方如笔下的女性形象对爱情都有着一种执着而理想化的求索与探寻。小说《凭吊少女雪茗》中的少女雪茗真的如同她的名字一样，纯洁如雪，散发着似有若无的芬芳。发生在雪茗身上的是一个老掉牙的师生恋故事，少女喜欢上了自己的高中英语老师，而英语老师已经是一个有家室的中年男人，甚至从来不曾许诺给女孩一个可以幻想的未来，可是少女依然爱得执着、炽烈、全心全意。英语老师自私贪婪地享受着这场突如其来的新鲜浪漫，并在周围人的风言风语中选择自保，大声斥责雪茗是个不知廉耻的女孩。这让女孩心中建构起来的对爱情的浪漫幻想轰然倒塌，女孩最后飞奔向马路上呼啸而过的卡车，结束了花朵般的生命，也碾碎了本不该存在于尘世间的纯真的爱情。作者选择在情人节的晚上来缅怀这个生命被永远定格在十八岁的犹如天使一般的女孩，其实有着特殊的含义。少女时代的纯洁爱情观与此刻"我"坐着的西餐厅中周围人物质化的爱情观形成鲜明对比，方如借"好友"之口道出了自己对爱情的态度："真正的爱情其实只是生长在天堂的作物，它是不会轻易到人间来的，是因为尘世中的我们，已经丧失了爱的信心和能力。所以即便它来了，也很容易就转眼夭折。"作者的态度是悲观的，快消时代，爱情作为一种奢侈品，带着一种温柔清恬的气息，让人们心生幻想却又可望而不可即。我们曾经无数次地憧憬，却因现实的挤压错落成另一番滑稽的模样。而雪茗却不一样，她说，世间万物均需无怨无悔。所以，这个勇敢地活在当下的少女应该从来不曾后悔爱上那个畏首畏尾的没有责任担当的男人。她和我们每个人都不同，她心存爱人的勇气和能力，费尽心力，一心一意地追逐着爱情。作者从来没有站在道德制高点上去批判这场不伦的恋情，而是用自己的方式去悼念这个为爱疯狂的女孩，同时也是祭奠我们现如今已经逝去的纯洁的爱情。她的文字强装着轻快，可是，读来却像是浸到水中的海绵，缓缓沉落。

在方如小说中，对爱情有着憧憬的女性并不少见。《穿越时空遇上你》中，吴家慧是个精神上有洁癖的女子，对婚姻无比珍视和敬畏。迟迟不肯和乔走进婚姻殿堂的原因就是她对那个十年前曾经与自己有过短暂交集的男人念念不忘。有人说：世上没有未完成的事，只有未死的心。于家慧而言，建军曾是她的寄托和信仰，也是她漫长的青春期里一个无法割舍的情节，所以家慧费尽心思地和建军取得联系，从某种意义上说就是在对自己那场无疾而终的爱情做一次郑重的告别。《欢颜》中那个离过婚的单身母亲，宁愿在陌生的城市带着孩子独自打拼，也不愿原谅丈夫出轨的行为，不想回去继续那段没有爱情的貌合神离的婚姻。

所以，统观方如小说中的女性，不管她们年龄多大，不管她们如何历经磨难，在爱情里她们仍然是一个个天真的带着愿想的孩子。她们渴望爱情的滋养，如同固守在黑暗中安静而执着地等待黎明，或许等到阳光直射进眼眸的那一刻，她们会把所有的爱在一瞬间聚集眼中，涌动着，洗却了悲悯，变得无瑕。

如果说爱情是方如小说中女性所追求的一个共同的主题，那么她还把目光投射在一个个经历过失败婚姻的女性身上。《史诗的飞机场》中，主人公史诗是一个受过高等教育的知识女性，她急于找到一个能让她移民的人，于是答应了徐刚的求婚。即使出国以后，史诗依旧看不上这个身材矮小、长相普通的男人，婚后不久便和小自己十几岁的小男生出轨。后来，无意中撞破真相的徐刚愤怒地结束了这场婚姻，而史诗为了找到在异国他乡生活下去的依靠，毅然决然地嫁给了五十岁的老房东。这个从小迷恋飞行的姑娘，喜欢飞行过程中带给自己的兴奋感和眩晕感，但是她清楚地知道，无论飞机在云端飞行时那种美景如何虚幻到让人信以为真，降落后总归需要回到现实。史诗是方如笔下为数不多的犯过错走过弯路却依然果敢有勇气的女人，即使年过三十，仍然有魄力，有勇气把一切推倒重来，并且迅速从不快中跳将出来，寻找新的根据地。史诗这个人物形象并不完美，她有明显的性格缺陷，自私、狭隘而且自恃清高。但是，我们却又不得不欣赏她作为一个女性的冷静和理性，因为她对现实有着最清醒的认知。有时候她更像是一个赌徒，在权衡利弊后，懂得用最少的筹码去赢取最大化的利益。方如沉静地书写着故事结局，结局并不温暖，却也给了小说主人公一个最为圆满周全的归宿。

《欢颜》中作者却用另一种视角来审视离婚女性的感情生活。小说描写了一位离异的母亲，遇见了和自己有相同境遇的男人。方如跳脱出都市小说的俗套和浮夸，用一种平淡的笔法将两颗心相遇的故事向我们娓娓道来。同样经历过失败婚姻和事业上的不如意，他们的遇见已经不像少男少女般怀揣着青春的悸动，而是生发出了同是天涯沦落人的离落感。在这个陌生的城市，他们之间产生过遥远缥缈的温暖、共鸣、慰藉和鼓励。他会因自己签下一单生意而欢欣鼓舞地第一时间打电话与她分享，她也会在他生病的时候体贴地照顾，为他忙里忙外，只是谁也没有勇气迈出一小步来结束这场尴尬的相遇。故事最后，现实的酸涩使他收拾行囊，准备回乡与前妻复婚。他屈从于现实的苟且，但于她而言，更愿意把这段时间男人带给她的温暖和慰藉当作一场梦，梦醒了，她深吸一口气，与过去挥手作别，用一个最温和笃定的笑容为这个故事画上一个最完满的句号。

作者用一种悲悯的眼光观察着都市中这些踽踽独行的女性，她们经历过失败的婚姻，对人心和人性有种本能的恐慌与不信任。好在，方如还是用一支意兴淋漓的笔揉碎读者的心，让我们看到了她们令人难以置信的韧性与执着,看到了她们对爱情的信仰、对婚姻的忠贞。她们在经历渺茫以后,对未来仍有清醒而固执的坚持,纵使走过了弯路,终会和过去和解,与自己和解。在和缓流动的岁月中,她们选择将棱角磨平,以一种敦厚温婉的姿态面对来路。

朱迪丝·维尔斯特在《必要的丧失》中这样描述成长:人的发展之路是由放弃铺筑而成,我们终生都通过放弃成长着。关于成长,每个人都有不同的感悟和体会,方如将视角聚焦于城市中那群正在经历着成长阵痛的女性,她们每个人都在不可避免地经历成长的蜕变,在化茧成蝶的过程中,她们在呼吸着生命的疼痛,或欣喜,或沮丧,或游移不定。

《现场》描写了一个刚刚走上工作岗位的女生面对职业选择时的迷茫与坚定。刘涓涓在面试中因为出色的文笔而被何姐拍板定下,可是,刚刚大学毕业的她,面对一切都很生疏。一场突如其来的台风将这个毫无经验的姑娘推向前台,负责现场采访。毫无疑问,采访结果让追求完美的何姐大发雷霆,犀利的言语也吓哭了这个初入社会的小女生。事后,何姐邀请涓涓到自己的小宿舍中做客,对她讲述了自己走到这个位置之前那些孤独打拼的日子。自始至终虽然没有一句道歉,可骄傲的何姐用自己的方式抚慰了一个内心在经历风暴,对前景观望游移的姑娘。刘涓涓像我们周围很多普通人一样,会退缩会恐惧,会对周遭的一切茫然无知,她甚至都不知道新闻记者是一个什么样的职业。可是在慢慢成长的过程中,她们会以一种缓慢而坚定的姿态顽强地坚守着,就像暴雨过后墙角的一朵蔷薇花,艳丽而明净地盛开着。

《空调病》里的小职员孟凡平和飞飞互相看不上,原本同事关系十分冷淡,却因为一次意外亲密起来。办公室聚餐时,两人偶然间撞破了经理的丈夫公开大胆的婚外情,两个本来井水不犯河水的小姑娘都开始同情还被蒙在鼓里的经理。正是因为经理的缘故,她们的心都变得柔软、感伤。仅仅一顿饭的工夫,让两颗心谨小慎微地慢慢热络,两个姑娘在进公司后学到了人生的第一课。她们都悲哀地认识到,人和人表面看起来似乎遥遥相对,可其实又能相距多远?谁敢保证有一天经理的故事不会发生在自己的身上呢?人活着,虽然看起来千奇百怪,但应该都是走在大致相同的路上，彼此之间到处都是提醒和参照，经理年长些，或许，她不过是走在了前面。小说将笔触着重放在这两个初入职场的年轻女性身上，她们慢慢地在工作中成长、成熟，也开始学会了世故与圆滑。可是，当一件突如其来的事情让她们原有的世界观崩塌的时候，两个本来疏远的姑娘还是习惯抱团取暖来抵御这股凛冽的寒风。她们总归是未深谙世事的姑娘，总是在一次次迷惘与失望以后才会学习着强大。

《宝宝和贝贝》则讲述了一个即将成为后母的大学毕业生面对这种突如其来的强迫性组合，其内心的迷茫和困惑。宝宝研究生毕业，爱上了自己的老师，许老师离异多年，还有一个十一岁的孩子贝贝。宝宝从来没有觉得贝贝会成为她和许老师之间的障碍，直到两个人真实相处后各种矛盾接踵而至，宝宝才发现问题的严峻。作者匠心独运，小说的主人公宝宝和贝贝分别是两个家庭中的宝贝，只是当宝宝开始成为贝贝的守护者，她是否做好准备承担随之而来的一切艰难和泥泞？她是否准备好为了家中的另一个宝贝心甘情愿地放弃自己？这种发自心底的诘问其实是作者在审视这些成长中的女性，她们总是感觉自己已经坚强到可以独当一面，可是，当有一天真的要开始独自面对人生的时候，她们是否已经做好准备来迎接人生的各种节点和变故？

方如塑造了城市生活中各种经历不同的女性形象，而当她将视角转向农村中那些天天与泥土为伴的妇女时，却是用一种近乎虔诚的圣洁的姿态来歌颂她们。《看大王》里，喜平嫂是一个标准的农村妇女，因为喜欢唱戏，她从不在乎其他人的眼光，经常和自己的老伴儿还有寡居的大哥三个人搭伙儿唱戏，这也成为乡野村妇茶余饭后的笑料。喜平嫂大胆的举动让强势的儿媳妇心怀不满，牢骚满腹，甚至有时候和婆婆发生硝烟四起的战争。后来，儿子和媳妇都进城务工，喜平嫂要照顾年幼的小孙女，再也没有工夫唱戏了。最后一次看到喜平嫂，她已经眼神暗淡，再也没有了当初唱戏时那种精到流转的目光，只有在教孙女学戏时，那个神采奕奕的喜平嫂才会回来。喜平嫂身上总是带着一种久违的沁人心脾的感动，唱了一辈子梅派青衣，她连梅派青衣精髓的边儿都没有摸到，可是这并不妨碍喜平嫂对京剧的热爱与执着。她甚至将这份执念转到了孙女身上，把自己的寄托移植到后辈人身上，让孙女来承载自己在漫长的岁月中心心念念累积起的那份坚守，成为另一种生命的延续和张扬。是啊，我们都不会因为梦想太过奢侈而放弃做梦的权利！

《别麟儿》里那个为了爱情狠心地抛弃自己的亲骨肉改嫁他人的母亲，我们在《号令一声》中知道其实这个女人生活得并不如意，一辈子小心翼翼、温和待人，可是却自知并没有走进一心一意侍奉了大半生的这家人心里，即使死后，都不能与这个仰望了一辈子的男人同穴合葬。她硬生生地切断了与自己骨肉的联系，却在日后生活的每一天尽心尽力悉心想念，从未敢忘，望他们平安无忧。方如写出了这样一个很难用是非去衡量的女人。《过火的山林》中的张婶在火灾中保全了全家，于是在灾后，张家成了整个林场的餐饮供应地，张婶无私地将家里的粮食拿出来让劫后余生的林场居民果腹。还有《人间四月》里那个强忍着悲痛自尊自爱的母亲……这些都是方如小说中出现的乡野村妇，她们并没有受过高等教育，可是却摒弃了都市中的扬厉浮躁，沉淀在心中的是一份敦厚温和。自然造就了太多美好，而这美好往往被忽略，孤寂凉薄地存在，正是有了她们，才得以让人世间这份难得的温情抚慰人心。

方如运用娴熟的笔墨为我们塑造了一系列柔软坚韧的女性，她们或许纯真炽烈得犹如天使，为爱奋不顾身；她们或许是被生活折磨得筋疲力尽的单身母亲，虽然艰难跋涉，仍然一步一步走得坚实笃定；她们亦或许是乡野间的普通农妇，固守着一份简单的信仰，在泥土中闪耀。她们对这个世界抱有善意，明明知晓人的顽固，也未尝期望自己有什么本事能够改变什么，只是，期望别人转身时报以一个明媚的微笑，或者是留给世界一个坚定的背影。方如笔下的女性总是有一种魔力，哪怕再不可饶恕，我们都会在心底为她找一个辩解的理由。因为，作者用笔为我们细细铺陈，让我们看到了世界对待她们的不公、生活给她们的重负、环境带给她们的桎梏，也让我们看到了她们的反抗。

三　于无声处多角度体察生活

小说是以塑造人物、描绘环境、讲述故事来反映生活、表达思想的复杂叙述体系，是一门叙事艺术，叙事性是它的主要特征。方如的创作并非传统意义上的"旁观"感知方式，而是主要来自作家自己的生活经验，对个体主体性地位和自我心灵存在方式的重视，使她有了言说个人生活经验的强烈欲望和要求，这就决定了她的叙事策略与传统文学有了根本性的变化和不同。英国著名理论家洛奇在《小说的艺术》一书中说："确定从何种视角叙述故事是小说家创作中最重要的抉择，因为它直接影响到读者对小说人物及其行为的反应，无论这反应是情感方面还是道德方面。"方如在小说中极其善于采用多种视角，这种尝试有利于从不同的方面来展现人物的思想、行为以及性格的方方面面。

第三人称全知全能视角是方如小说中较为普遍的叙述视角。小说《我把我唱给你听》中，小艾米出生在英国，白天她跟着奶奶在家，看英语电视，讲的是上海话；晚上父母回来，又怕她将来不会汉语，就教她讲普通话；而一开始送日托，又需要开口讲英语。从小就面临过于复杂的语言环境，以至于造成了语言系统的失衡，小艾米患上了杂乱性失语症。全知视点的叙事者有全部的自由，可以在叙事的时空中自由行走。他可以深入人物内心，让我们看到母亲在面对这个生病的六岁孩子时的小心翼翼与无微不至，让我们看到父亲在机场送别母女时的不舍和对女儿病情的灰心丧气。我们甚至可以在这种全知零聚焦的视角中，看到小艾米心中难以抑制的说话的欲望。其实，作者借助了一个对周遭复杂的语言环境惊慌无措的孩子来表现移民群体的一种失落的归属感与面对异域环境时强大的压迫感。就像贝贝哥哥说的那样："你不会是想说自己是欧洲人吧？就凭自己这张脸，问到天边，也不会有人相信你的啊！那，你想说自己是中国人？也不行啊，你根本就不合格，因为你连中国话都说不好，算是什么中国人呢？"孩子无心的一席话，却道出了移民群体的一种尴尬境地：虽然身在国外，但是无法完全融入异乡，保留着黑发黄皮肤的种族特征，却已经忘记母语的平仄发音，这群人对自己的身份认同产生了疑惑。好在故事最后，这个已经很久没有开口说话的小姑娘咿咿呀呀地唱起了胶东老家的儿歌，让这群精神上没有根的人群，终于记起了回家的路。如此运用第三人称的还有《欢颜》《宝宝贝贝》等。作者站在一个俯瞰众生的上帝视角，展现城市生活中女性艰难的成长和对人物命运的同情与体恤。她自由穿梭于纷繁交错的故事线条中，展现生活的尴尬与无奈，在洞悉人物内心深处的伤痛后，给予最温和的慰藉。

除此之外，第二人称也是作者尝试写作的一种视角。在《我和你》中，就有这样的叙述方式："我傻在那儿，忘了衣服……只顾着去看她，看她，看着，看着……天，艾米，你知道么？在那一刻，在她盈盈闪亮的目光里，我分明发现，自己竟看到了你！"故事中，艾米是一个因为混杂的语言环境而患上杂乱性失语症的小女孩，"我"是一个兼职帮助艾米矫正口腔的中国留学生。在自己结婚生子后，"我"才体会到小艾米以及她母亲的处境，因此"我"开始后悔当时的莽撞与冲动，完成了心灵上的救赎。这里的第二人称不过是叙述者设定的一个听众，与叙述视角毫无关系，故事本身的叙述视角仍然是第一人称。事实上，讲述"你"的故事的叙述者只能是"我"，也就是第一人称，但因为叙述者把叙述的接受者作为故事中的一个角色来对待，从而使得现实的读者与虚拟的叙述接受者二者之间的距离拉大，形成一种叙述者参与到故事内容中的反常阅读体验。

如果细细体味，在方如的很多小说中都存在着两个叙述视角：一个是为我们徐徐展开故事内容的叙述者"我"，他或以主人公的角色充当生活事件的参与者，或以一个旁观者的姿态来为我们讲述一个他目睹的事件。另一个则是方如的"我"，这个"我"居高临下，无处不在，沉静地审视着周遭的一切。《过火的山林》中，"我"是那个在火灾中幸存的孩子，也是作者回忆故乡的一个引路人。跟随这个"我"，我们穿梭在东北那片葱郁的林场中，从"我"出生开始，顺应着生命成长的年轮，不徐不疾地展开故事情节，讲述着生活的变迁，人物的命运、情感。而另一个"我"则跳脱出这个回忆，以一种平和的心态、一种穿透生活阴霾的眼光、一种成熟的艺术审美，反顾审视中所体现出的对过往的充分梳理和温馨的追怀。《凭吊少女雪茗》里，"我"以雪茗的儿时好友兼同学的身份，见证了他们爱情之花的滋长、茁壮以及在流言蜚语中的迅速枯萎，甚至眼睁睁地看着雪茗用一种惨烈的方式结束自己的生命。"我"尽量在以一种平静的心情把这场无疾而终的爱情向我们娓娓道来，尽管强装镇定，可是依然会在故事推进的过程中分出枝杈，来给这个为爱情奋不顾身的姑娘一个客观公正的评价，甚至有时候会难掩心中的悲戚。作者以成年人的眼光来回望这场爱情，清醒地认识到他们爱情的不合时宜却依旧固执地相信雪茗曾经拥有过本不该存在于尘世中的爱情，以她自己特有的方式来完成对这个纯洁如天使般的少女的凭吊。这种由小说情节事件的参与者的"我"和以一种上帝视角俯瞰的"我"所构成的双重叙述视角，将不同的时空组合为一体，形成了小说既可以顾后，又能自由瞻前的叙事态势，同时也产生了读者阅读时的离合效应。当我们跟随前一个"我"沉浸在精心构筑的小说世界中时，后一个"我"不知会在什么地方站出来，把我们的注意力从情节和人物那里拉回到作者身上。这种不断地融进去又时而自如地走出来的小说解读，实际上已经昭示读者，作为小说叙述者和充当事件参与者的"我"，和小说中俯瞰一切的"我"循环往复叙述的是穿越不同时态的同一个生存圈，是从不同的叙述视角搭起的共同的世界。

叙述方式不仅直接影响着作品的叙述线索，而且直接影响着作品的结构形式。结构形式不是抽象的存在，而是具体地体现在不同的叙述方式之中，叙述方式是否恰到好处，直接关系着结构形式是否完美、妥帖。完美的叙述方式和结构形式，都是为作品的思想内容服务的。除了对叙事视角的尝试，方如还从叙事结构角度进行了大胆的尝试。

小说《樱花》写了单身的未婚妈妈在生活中一边慢慢成长，一边学着释然，与过去和解、与自己和解的故事。小说里，作者以零聚焦视角来缓慢叙述吴樱在五年的漫长岁月中踽踽独行，成为一名远近闻名的婚礼司仪，并以现在进行时的方式叙述了她主持的两场婚礼。第一场婚礼，吴樱主持得异常顺利，但是新娘的母亲一直神情紧张。记忆的闸门瞬间开启，时空转换，吴樱回到了十年前，当母亲得知还在上学的女儿怀孕后，顶着烈日去学校看她。那时的她年轻气盛，坚持要把孩子生下来，母亲拗不过她，只能默默尊重她的决定，在那些最艰难的日子里，成为她坚强的后盾。作者也开始揭起记忆的伤疤，把那段不堪回首的经历慢慢呈现在大家面前。全文就是在现实与过去的交叉中循序渐进的。最后，作者把两个时空的节点聚集在一个场景中，现在的吴樱与以前的男朋友因为一个意外相遇，只是物是人非，所有人都回不去了。两条线索盘根错节地纠缠在一起，使得两个有因果联系的故事最后以一个完满的面貌呈现在读者眼前，又将这两件事共同聚集于一个时空点中，来展现主人公的成长与成熟。

这种时空交叉的结构在小说《镜中岁月》中也有体现。小说总共分为8个小节，在第0节、第2节、第4节、第6节以第一人称写信的形式向好友梅红倾诉自己对从小便心生崇拜的女播音员刘英的敬仰之情。虽然现在这位德高望重的女播音员缠身于一桩丑闻当中，但是"我"仍然坚定地认为女播音员是无辜的。与此同时，在小说的第1节、第3节、第5节中，却以第三人称的方式，讲述了报社编辑梅红驱车前往 x 市，采访目前被传得沸沸扬扬的八卦新闻女主角刘英。两条线索同时行进，直到第6节，故事的主人公刘英的形象才逐渐清晰明朗。她是个敬业、勤恳并且负责的女人，为了家庭和孩子，坚决不和出轨的丈夫离婚。于是，丈夫气急败坏地想出一个办法，让自己的妻子出丑来达到自己的目的。故事行进到第7节，梅红和写信的人晓云见了面，作者终于结束了两条线索并行的叙述方式。这种镶嵌式的结构也出现在《我和你》中，小说以第一人称的方式，为我们讲述了"我"在英国留学时一次意外的兼职经历，让"我"遇见了"你"。"你"是一个因为周围语言环境过于复杂而患上儿童孤独症的小姑娘。"我"的工作就是陪"你"说话并且每天坚持做口腔按摩操。而"我"因为当时年少冲动，伤害了"你"。当"我"意识到自己的错误的时候，也已经成为一位母亲，尤其是在经历了丈夫车祸身亡等一系列打击以后，"我"愈发认识到自己的自私、无能，也愈发为自己的丑恶行为感到抱歉，并为之忏悔。小说的故事内容简单明了，作者却别具匠心地运用一种嵌套式的小说结构，将这个故事轻拢慢捻地讲出来，尤其是在对"你"进行忏悔的外故事中，层层嵌套进一个"我"经历生活的磨难，成为一名母亲的内故事。

两个故事遥相辉映,才能完整清晰地展现整个故事脉络,使得小说的主题得以扩展,人物形象更加丰满鲜明。这其实是方如对小说本体思考在文本中的外化,体现了她的主体意识的强化和对小说问题的自觉探讨。

方如的作品有一种诗化小说的气质,这得益于作者以诗人的眼睛观照自然,观察世界,富自天成的绘画性。除了对事物明澈如镜的感受之外,她还善于驱遣抒情笔墨,不用重笔勾勒,也不用白描技法,而是像水彩画一般设色渲染,但见一片片清新俊逸的色彩。在《穿越时空遇上你》中,家桢站在温德米尔的青年旅社窗口看到:四周湖光山色在氤氲雾气中起伏翻涌、若隐若现,而每逢天光不同,又可见光影幻化,如梦似幻。因其地势高,就远离了琐碎热闹。因其云雾大,就抵达了天上人间。置身其中,由不得你不生出一股苍茫的身世之感,这感觉如漫天雨雾笼罩,丝丝缕缕渐渐浸润进内心,任凭你想躲也躲不掉,逃也逃不脱。此时的家桢刚刚和乔有过一场激烈的争吵,怒火刚刚平静下来,看到眼前的美景,可是似有若无的哀戚还是随着漫天的云雾涌动。这一切的描写与温德米尔的辽阔邈远、人物的踌躇不定交融映衬,错落有致,于浩渺中见浓密的愁思,于静谧中显得韵味悠长。

除此之外,作者写景状人都采取动态描写法,着墨不多,却立见情致。《看大王》中,站在"戏台"上的喜平嫂是光鲜的,"而她的站姿呢,则在那儿较着劲儿:高高翘起的兰花指在和手腕较着劲儿,手腕在和肩肘较着劲儿,肩肘又在和腰身较着劲儿,腰身还和站成丁字步的双腿较着劲儿……这么较着劲儿,她竟然就硬生生地把自己已明显粗笨的身材,摆出了一种弱柳扶风的婀娜形态,摆出了一副翩翩欲飞的轻盈韵致……"寥寥数笔,就将一个农村妇女努力学习戏曲但却掌握不了戏曲精髓的神韵描摹尽致,动中写人,笔力神到。方如的语言属于典型的回忆型语言,追述往事的冷静使行文中包含了一种回望故事的沧桑,又带着一份过来人的"通达",体现在具体语句上就是冷静而悠长的句式和看似平平淡淡却字字落实的词汇。方如从来不把笔墨花费在清浅的柔情脉脉中,而是于着墨行文之间溶解了丰富的生活经验,显示了作者生活积累和艺术把握上的底气十足。她清莹圆润的笔墨使小说在低吟浅唱之处,用一种委婉纡徐的抒情风采融合了对人生及心灵的执着而深邃的剖析,以充分的审美眼光谛听着现实生活中小人物的悲欢离落。

但是方如小说的创作局限也比较明显。方如的写作似乎有意避开宏大叙事,即便是处在这样一个波澜诡谲的时代,也不会选择宏大的题材,仍然是从个体心灵入手。这当然与作家的个人气质有关,因此,方如并不是一个擅长宏大叙事的作者,当她赋予小人物命运感的时候,以一种自我熟知并可以把握的方式,娓娓道来,细致绵密,从容裕如,风姿绰约,这种写作风格跟其他很多70后作家是十分相像的。谈到70后作家,朱文颖曾说:"70后是被遮蔽的一代人,这是奇怪的一代人,没有声音,没有领军人物,甚至也没有过多的抱怨……70后就像整整一代的'哈姆雷特',永远在犹豫,永远在寻找自己的位置,永远缺少抛开一切大步向前的决心。对于强大的扑面而来的现实,他们既没有足够的力量去阻止和破坏,但也不是急不可耐地投射认同。这是历史夹缝里尴尬的一代人。"生于70年代的方如正是属于这尴尬的一代人,她身上有这一代人的通病:不谈论历史,甚至是逃避政治。因而,方如的小说没有历史,缺少一种历史的纵深感。作为一位作家,应该有所担当,当然我们看到方如会在作品里面写到人性,写人性的善恶。人性是在社会现实中发展呈现出来的,是具象的,当它脱离历史大背景的时候,这种人性就是无所附丽的,甚至是平面化的,无法完整地折射出这个时代的大背景和历史的大震荡。我们生活在一个政治缺失的年代,但是脱离了政治的束缚,我们不可以缺少历史责任感和使命感。所以方如创作中这种去意识形态化,在一定程度上削减了其作品的深度。我们并不是吹捧有政治关怀的作品一定是好的,但是涉及政治关怀不仅会让作品有含量,还体现了一位作家的社会认知和对社会角色的认同。

从这个层面上说,方如的创作其实在一定程度上是一种轻写作,基本是作家个人经验的言说或者个人对于社会的认知,因而她的小说缺少一种在生命可承受之轻处对现实人性考量的深度。不管是关于精神的叩问还是灵魂的探访,都像是缺少一把火力的温水,纵使能够带给读者温暖的慰藉,却少了一种能够灼伤读者的情感爆发力,少了可以直接抵达心脏的疼痛。同样是书写生活在城市中的女性甚至是书写离婚女性,叶弥在文章的处理上就更见功力和风致。在叶弥的《小女人》中，作者从那些家常的普通小女人身上揭示普通女性的真性情和真命运，其叙事主题便是通过普通女性的凡俗人生获取了意义。凤毛是一个离过婚的女人，离婚不到半年，又遭遇下岗，而此时前夫已经有了新欢，所以凤毛迫不及待地去寻找她生命中的稻草。叶弥清醒而沉静地审视着现实生活中女性主体性的迷失，也就是在一次又一次的找寻中，小说完成了从伦理叙事角度对普通女性生命内涵的开掘。凤毛这样的女人在我们日常生活中是很普遍的，不光是因为她平凡，还因为作者把她纳入了平民生活的日常图景中。凤毛的乐趣其实很简单："到银行里去存一点钱"，"下馆子或自己做一顿清淡可口的晚餐"，"到商场去给自己或女儿菲菲买一件衣服"，"和自己的男人睡觉"……这些琐碎微小的乐趣背后其实氤氲着社会底层角落的雾气，泛杂着嘈嘈的生活喧嚣。而作者将女性经验慢慢推进到这些被忽视的社会角落，从而在美学意义上重建了底层人生，临摹了女性主体性丧失的疼痛。凤毛离婚是具有自主选择权的，因为盲目追求幻想中的浪漫而主动放弃婚姻。可是当她失业以后又开始后悔离婚，为了能够找到生活的依靠，只能将寻找一个好男人作为目标，她将改变自身命运的筹码押在男人身上，这一举动本身就暗示了凤毛命运的困顿。所以凤毛的命运就如同小说开头那个在细雨中拼命撞击玻璃的灰白色蝴蝶的意象，徒劳无功而结局凄清。所以，凤毛这个女性形象凸显了作家对下层女性生存现实的冷静审视与深刻反思。

方如的小说也会经常涉及离婚女性，《樱花》就描写了一位未婚的母亲独自抚养孩子的故事。吴樱大学没毕业就发现自己怀孕，面对懦弱没有主见的男朋友，倔强的吴樱毅然决然地生下孩子，靠自己的力量独自抚养。这个草率的决定很大程度上是因为年轻气盛，但是在小说中她是一个虽然无助依然自尊的女性。她从来不接受任何人的施舍，为了抚养女儿，开始学着做婚礼司仪。所以，经济上的独立让这个女人以和男性平等的姿态审视两性婚姻，她会在喧嚣热闹过后独自咀嚼着爱背后的深刻含义。由于孩子父亲的缺席，女儿成了吴樱的精神寄托，她会在失去女儿的噩梦中被惊醒。意外与前男友重逢的时候，看到前男友身旁娇羞傲慢的新婚妻子，面对来自这个陌生异性的明显的恶意，那一刻的她隔着大起大合的艰辛岁月，隔着起起落落的生活变迁和成长代价，心中叫嚣着的屈辱、怨恨和悔恨无法抑制，汹涌而出，彻底地撕碎了她的伪装，将她的脆弱生生地展现在读者眼前。

我们可以发现，两位女作家的着力点是不同的。叶弥让我们看到了纸醉金迷的现代社会真实尖锐的生存图景，"这既是一种弱肉强食的现实秩序，也是一种新型的、物质化的历史主体对弱者生存权的强制性褫夺。它所折射出来的，仍是一种被'文明化'表象所遮蔽的历史主体在普通平民内心中的异化趋势；它所要否定和消解的对象，仍是现代性历史进程中的某系异质化成分"。方如让我们看到的则是现实社会中女性的柔韧与成长，小说中虽然也描摹了现代人生的苍白，但是方如还是用清逸的笔法轻轻带过，着眼于都市生活中的女性成长经验的言说。与叶弥相比，方如少了一种深入故事肌理的缜密幽暗处来探析人性的深度，以及在矛盾冲突的交叉点上审视现代人生存境遇的普遍荒诞与苍凉。因此，同样是着眼于世俗的日常化生活，方如和叶弥都试图融入生活，以求达到对生活的理解与认同，而不是以上帝视角俯瞰众生，指手画脚地批判。同样是对小人物细致入微的描写刻画，叶弥的叙述比方如更深刻，更能表现小人物生活的艰辛与无可奈何，也正是在这种走进去的叙述中，更能体现生命本真的况味。

方如有着女性浑然天成的敏感，她在"人情练达"之外，多了一份女人的细腻和柔软。她于生活的艰涩处，执着于寻找人生的一抹亮色；她于众声喧哗的物化空间中，独自咀嚼着人性的凉薄底色。方如不追求华丽的辞藻，而是带有亲和力地用中性的镜头来摄取其视角中普通人的情感角落，捕捉心灵震颤的瞬间，娓娓道来的语言使文本温暖而充盈。这位作家又是温和宽厚的，在她的笔下，从来不会出现任何极端甚至偏执的人物，即便某个人物让我们心怀芥蒂，但是作者总是会在细细铺陈后，让我们心甘情愿地给他／她一个赦免的理由。方如用她朴素温暖的语言为我们筑起一座坚实的堡垒，让我们在物欲横流的今天，仍然愿意保持着一份纯净、保持着一份良善行走于人世间。

参考文献：

1. 温奉桥、张波涛：《于灰色中看到诗意——方如小说创作论》，《百家评论》，2014 年第 3 期。
2. 肖涛：《方如小说简论》。
3. 候雁北：《文学创作：构思、结构、表达》，陕西人民出版社，1988 年版。
4. 洪治纲：《无边的迁徙》，山东文艺出版社，2004 年版。
5. 张立、孙宏波：《迷失的蝴蝶：叶弥中篇小说〈小女人〉探析》，《当代文坛》，2009 年第 1 期。
6. 华全红、祖琴：《被捉弄的女人：读叶弥的〈钱币的正反两面〉》，《合肥学院学报（社会科学版）》，2010 年第 3 期。

附　录

方如，本名候春茹，1972年出生于内蒙古大兴安岭林区。现居山东青岛。先后从事过教师、电台主持人、电视新闻记者、企业人力资源主管等工作。1999年开始陆续有诗歌、散文等文学作品发表。2007年开始，先后在《黄河文学》《作家》《青年文学》《山花》等杂志发表中、短篇小说近二十万字。有小说被《小说选刊》《青年文摘》转载。入选花城版、漓江版小说年选。获山东省泰山文艺奖短篇小说奖。

方如小说作品年表

2007年

　　短篇小说《史诗的飞机场》，刊于《黄河文学》第4期。

　　短篇小说《现场》，刊于《黄河文学》第8期。

　　短篇小说《声铺地》，刊于《作家》杂志第11期，《小说选刊》第12期、《青年文摘》2008年第11期转载，入选花城出版社《2007中国短篇小说年选》、漓江出版社《2007中国年度短篇小说》，获山东省政府首届泰山文艺奖短篇小说奖。

　　小中篇《穿越时光遇上你》，刊于《都市小说》第11期。

2008年

　　短篇小说《空调病》，刊于《雨花》第2期。

　　中篇小说《星米》，刊于《青年文学》下半月第5期。

　　短篇小说《凭吊少女雪茗》，刊于《当代小说》第7期。

　　短篇小说《欢颜》，刊于《山东文学》第8期。

短篇小说《镜中岁月》，刊于《西南军事文学》双月第 5 期。

中篇小说《途合》，刊于《山花》A 版第 12 期。

2009 年

短篇小说《和谁一起去远方》，刊于《鸭绿江》第 1 期。

中篇小说《车来车往》，刊于《广西文学》第 4 期。

短篇小说《宝宝和贝贝》，刊于《雨花》第 4 期。

短篇小说《限宽门》，刊于《四川文学》第 8 期。

中篇小说《樱花》，刊于《山花》A 版第 11 期。

中篇小说《伦敦桥下 ABC》，刊于《文学界》第 11 期。

小中篇《山山相望》，刊于《黄河文学》第 11 期。

中篇小说《表哥逸事》，刊于《鸭绿江》第 12 期。

2010 年

短篇小说《他乡》，刊于《广西文学》第 1 期。

中篇小说《过火的山林》，刊于《西南军事文学》第 2 期。

中篇小说《心在说话》，刊于《芙蓉》第 2 期。

短篇小说《我把我唱给你听》，刊于《青岛文学》第 3 期。

短篇小说《看大王》，刊于《十月》双月第 3 期，《小说月报》第 7 期转载。

小中篇《夜晚去西塘》，刊于《十月》双月第 3 期。

中篇小说《宴罢》，刊于《大家》双月第 2 期。

中篇小说《忘年会》，刊于《广西文学》第 12 期。

2011 年

小中篇《人间四月》，刊于《文学界》第 6 期。

短篇小说《节拍器》，刊于《山东文学》第 6 期。

中篇小说《柴米夫妻》，刊于《青岛文学》第 11 期。

短篇小说《我和你》，刊于《作品》第 12 期。

2012 年

短篇小说《号令一声》,刊于《天涯》双月第 2 期。

短篇小说《怨偶》,刊于《作家》第 10 期。

短篇小说《别麟儿》,刊于《作品》第 11 期。

小说集《看大王》入选中国作协"21 世纪文学之星"丛书,由作家出版社出版。

2013 年

短篇小说《一霎时》,刊于《西南军事文学》双月第 1 期。

中篇小说《清秋和小寒》,刊于《芙蓉》第 2 期。

短篇小说《李玉别传》,刊于《青岛文学》第 5 期。

中篇小说《甜的猫》,刊于《黄河文学》第 8 期。

中篇小说《表情纹》,刊于《广西文学》第 10 期。

中篇小说《子夜广场》,刊于《黄河文学》第 12 期,《小说选刊》第 12 期转载。

散文《一寸一寸的欢喜》,刊于《散文》第 6 期。

2014 年

中篇小说《异邦三季》,刊于《西南军事文学》双月第 3 期。

短篇小说《暴雨将至》,刊于《芳草》双月第 3 期。

2015 年

短篇小说《归乡记》,刊于《十月》双月第 1 期,《长江文艺·好小说》第 8 期转载。

短篇小说《离峨眉》,刊于《天涯》双月第 3 期。

小长篇《玫瑰和我们》由山东文艺出版社出版。

小长篇《背叛》由北京日报出版社出版。

灵魂的隐喻
——杨袭小说论

王晓艳

杨袭，生于 1976 年，生活在共和国最年轻的土地——黄河入海口的东营。2008 年始先后在《十月》《大家》《中篇小说选刊》《小说月报》《作品》《时代文学》等发表作品一百二十余万字。其创作一直稳定且保持较高的艺术水准，引起社会的广泛瞩目和肯定。

如果要对杨袭的创作进行一次整体的评价，那么首先想到的是这个词——独特。一如她独特的名字。很少有人会以"袭"字为名，更鲜有女子名为"袭"。"袭"在现代汉语中，可以组词"突袭"，是指军队发动突然进攻的意思，而杨袭的出现，于山东文坛亦像一场特立独行的突然袭击。

很多评论者都会对女性写作不由自主地贴标签。也无怪乎如此，当代女性的书写类型化严重，对于女性情感的书写，本该是见微知著、管中窥豹的，却在不停的放大镜式的精描细写中越走越窄，尤其是女性婚恋题材更是被写了又写，情感危机一波未平一波又起，女性写作在一定程度上成了中国婚恋报告，与当今电视上泛滥的"婆媳剧"本质上并无区别。而杨袭的特别之处在于她的不落窠臼。她虽以女性写作者的身份出发，也在书写当今的女性生存境地，却并不流俗，无论是故事还是主题总让人耳目一新；她虽以女性的视角和想象去创作，但作品并不是当下流行的自怨自艾、矫揉造作的"女性文学"。杨袭从不拘泥于其女性作家的身份，而是将创作视野投射到更为广阔的当下社会，乡土题材、城市题材并驾齐驱，生活的困顿和精神的危机亦不曾被她忽视。杨袭以其过人的才华和深刻的思考，让一个个独特灵魂在世俗生活中摆渡。她用手中的笔孜孜不倦地描绘着自己的创作版图，讲述着这片独特土地上的男人、女人，这片土地上的浮尘和浮沉，不知不觉中把自己也写成了一个特别的存在。

一　写作主题之承袭

说到杨袭的名字，根据《古代汉语字典》解释，"袭"属形声字，从龙，从衣，衣亦声。"龙"指"蛇"，"衣"指"外衣"，"龙"与"衣"合起来表示"蛇衣"，本义是蛇所蜕之壳，又发展出"传袭""沿袭"之意。从杨袭的作品亦可以看出其明显的承袭，但她的承袭并非来自脚下以齐鲁大地为代表的东方，却颇有几分"西学东渐"的味道。对此，杨袭毫不讳言地说，"博尔赫斯'拯救'了她对文学和灵魂的思考"，并表示"如果说冥冥之中，有一个作家在等你，对我来说，他就是博尔赫斯，也只可能是博尔赫斯"。而在博尔赫斯所有的作品中，最让杨袭震撼的是《永生》。

在《永生》中，博尔赫斯通过"我"的神秘身份以及寻找永生之城的所见所感，表现了迷宫般存在的人生。"我"是一个奔走在沙漠里寻找永生者秘密城市的人。在荒漠中，"我"遇到了寻找永生的秘密河流的骑士，看到了一座小型的宫殿迷宫，还有城市的地下室迷宫。在墓穴里，"我"见到了野蛮的穴居种族，他们不会说话，以食蛇为生，有时会像狗一样相互感染。"我"为了寻找永生者，离开了墓穴，其中一个穴居人跟随了"我"，"我"给他起名叫阿尔戈（Argos），即奥德赛的老得快死的狗。在一个大雨倾盆的夜晚，阿尔戈说出了"阿尔戈，尤利西斯的狗"等话语，使"我"惊讶无比。因为先前"我"曾试图教他说话，但每次都失败了，他像一个倒塌的狮身人面像一样伏在沙地上，好像丝毫不理解"我"教给他的语音。但此时他说出的话让"我"困惑，于是就问他还知道多少《奥德赛》的事。虽然他运用希腊语很困难，但他的回答却让"我"大吃一惊，他说："很少。比最差的史诗吟唱者还要少。自从我上次创作《奥德赛》以来，已经有一千一百年了。"

于是，"我"明白了：他就是永生的荷马，而穴居者就是永生者，骑士所要寻找的永生者的河流就是那条多沙的小溪，而那个久负盛名的永生者的城市早已在九个世纪前被摧毁，在它的对面，他们又建了"我"见到的城市。他们建了城市，却居住在洞穴里，因为他们在玄思中，几乎感知不到物质世界的存在。在这里，荷马就是人生迷宫的隐喻，他创作了语言的迷宫本文《奥德赛》，却在人们探寻他的迷宫时，早已忘却了自己的迷宫，过上了返璞归真的穴居生活，于是他成了永生者。诚如文章所写的那样："荷马创作了《奥德赛》；有了无限的时期、无限的环境和无限的变化，不创作《奥德赛》是不可能的。没有人是某人，一个永生的人是所有的人。就像科尔那里奥·阿格里帕那样，我是神，是英雄，是哲学家，是魔鬼，是世界——用一种啰唆的（long-winded）方式说，即我什么都不是。"

同样的道理在小说主人公"我"的身上也体现出来。"我"曾是罗马军团的执政官马克·弗拉米尼奥·鲁夫，参加过埃及战争；1066年秋天，"我"参加了斯坦福桥的战役并战死；伊斯兰教历7世纪时，"我"誊写过水手辛伯达的七次航行和青铜城市的故事；"我"还曾在监狱的院子里下棋消遣，干过占星的行当；1714年，"我"购买了蒲柏翻译的六卷本《伊利亚特》；1921年，"我"曾乘坐孟买的轮船到过红海之滨的城市，当时"我"想到以前在红海的情景，那时"我"是罗马的执政官。从博尔赫斯对"我"的叙述中，读者可以强烈地感受到人生的轮回。而作者在文章结尾的话更是将这种如迷宫般存在的人生推向极致，文章这样写道："我曾是荷马；不久以后，我将如尤利西斯一样，谁也不是；不久，我将是众生——我将死去。"

作为《奥德赛》作者的荷马、永生的荷马、作为荷马的"我"、永生的"我"，在文中循环出现；过去、现在、未来在叙述者的笔下交错通联，共同描绘出一幅人生的迷宫图景。

在世界文学史上，博尔赫斯由于对迷宫的书写与表现而被称为"迷宫小说家""迷宫作家"，他所创作的小说被称为"迷宫小说"。迷宫纵横交织、错综复杂，表现出博尔赫斯对世界、对人生的认识和看法。博尔赫斯喜欢思索迷宫，喜欢进行迷宫游戏的创作，所以，"制造迷宫"就成为博尔赫斯文字游戏的一个重要形式。而这一点毫无疑问也影响到了一直对博尔赫斯推崇至极的杨袭。细心的读者可以在她的《去往G城的大巴》（又名《陷落抑或飞升》）中嗅到博氏的气息，文章奇诡如谜，使读者深陷其中，冥冥之中似有所得，又默然无语。

2011年杨袭创作的小说《去往G城的大巴》是一篇哲理和象征意味很浓的小说。在这篇小说中，杨袭用举重若轻的书写对爱情、生活、生命、死亡等重大主题做出了最深入的探索。

小说以第一人称讲述："我去光明城不是为了谋生。怎么说呢，这是我父亲的夙愿。他说：光明城，知道的人都向往。通往光明城的大巴，十年才会发一班。需要提前三十年订票。""我"是一个身份不明的人，十年前母亲去世了，多年以后才知道父亲只是自己的养父。为了两个父亲的"遗志"，"我"怀揣着这张养父倾家荡产买下的珍贵的车票，转过身，挥别一切，踏上去往光明城的路，登上了开往G城的大巴，开启了一段未知的旅程。

这是一段神奇的旅程，乘客们只要决定启用手中的车票去往光明城，就永远被市里"除名"了。人人都知道，去往光明城的人，没有再回原籍的，光明城是乐土、天堂，不然，不会有那么多像"我"父亲一样的人穷尽一生努力与财富，只为换一张去那里的车票。而对于光明城一无所知的"我"，放弃了亲情、爱情和二十多年来熟悉的一切，踏上了这条未知的不归路。

车厢里的人没有名字，只有编号，"我"是79号。在车上，一百名乘客上演了一幕幕荒诞的变形记。这些乘客有着不同的工作、不同的人生经历，却都抛弃了原来生活中的一切，只是为了一个信念——到达光明城。"车上的人，事先并不知道确切的行程路线和到达时间。我相信绝大多数人甚至和我一样，除了光明城这个名字，其他一无所知。等我的头发从齐耳长至肩部，我才意识到，可能，已经过了一个寒暑。""到光明城去"这个信念最初是如此坚定，而在旅途中，随着时光的飞逝、旅程的枯燥无聊，旅途的未知感却渐渐离他们而去，沦为欲望的狂欢，整个大巴都变得病态扭曲。

杨袭为我们细致描述了在开往G城的大巴上发生的一切。最初，大巴上的所有人都有着G城这个信念，他们相互之间愉快地交谈，幻想着G城的一切美好。可当大家意识到时间飞快地流逝，觉出日子的漫长、旅途的乏味、G城的遥不可及时，人们的思想信念开始动摇，内心世界开始倾斜。一开始，人们还热衷于讲自以为很吸引人，完全能博得别人好感、笑声和惊叹甚至折服的旧事，讲述得多了就索然无味了。于是他们开始毫无节制地宣泄淫欲：第二漂亮乘务员与25号先生毫无顾忌地在众人面前寻欢作乐，18号和74号与"我"之间的暧昧，最漂亮乘务员与高个子安全员之间赤裸裸的肉欲，还有那些压抑着的莺歌燕舞……人们没有了信念，只剩下了欲望，只能寄托于短暂的鱼水之欢，如同动物，为了欲望而到处寻找适合自己的异性纵欲、淫乱。连身在其中的乘客都感慨："这些人，旅程促成一个时代呀。我们衣食无忧，却丧失了斗志。人生没有坐标感，才热衷于这种苟且之事，堕落得令人痛心。"开往G城的大巴上的人们仿佛都开始堕落，因为他们已经没有前进的信念了，退化成一群直立行走的生殖器。正如小说一开始所写的："肉体在世俗中痛苦地享乐；灵魂在世俗中快乐地挣扎。"而"我"意识到，登上这辆大巴，"虽然我们坐的是车，其实，一离开家乡，我们就飘在了天上，或者说，原来的世界，已经离我们很远了。也许，我们面对的，不只是新生活，而是所有的，所有的一切，规则、标准都是崭新的，前所未有的，爱情，也逃不过去"。这时候"我"开始想念我所挥别的一切，想起那个"我"喜欢的男孩王小哨，那个人生理想是当一个"好爸爸"的王小哨，那个开了一家叫"蓝色理想"的书店的王小哨。"我"开始做梦梦到父亲，在梦里他说他并不曾想让"我"去光明城，在梦里，父亲开始忘记"我"的名字。"我"惊恐不安。这辆车上唯一的小孩子73号宛若《皇帝的新装》中那个敢说皇帝没穿衣裳的孩子，大声地质问，这车上的人谁配到光明城去？为什么你们对一个没到过、不了解的地方那么感兴趣，抛弃一切。非要到什么光明城，什么鸟地方你们知道吗？它是天堂，是地狱，你们知道吗？你们根本不知道。是的，你们不知道，你们苟且偷生，醉生梦死，其实你们是在恐惧，光明城，是个鬼地方！然而，虽然所有人都对"光明城"不再迷信，可是，所有人依旧在驶往G城的大巴上飞驰，无法停靠。

也许在杨袭笔下，G城象征着终极的光明，带有乌托邦所包含的一切美好属性，然而，要抵达这一理想国，必先得穿越黑暗的道路，而且要经受自我遗弃和世界抛弃的考验，但这个考验却并不容易通过。各位乘客从一个坚定的信念出发，随之而来的却是混乱和毁灭，丧失了理性，人生变得虚无，理想也终成荒谬。总之，开往G城的大巴一直在继续行驶，人们青丝变白发，大巴上的生活也依旧在继续。世俗生活中的每一个人也都在朝向精神乐土的道路上一边堕落，一边不甘堕落，那些在大巴上追求过、挣扎过、纵欲过、迷茫过、无助过的乘客，也许是你，也许是我。

G城到底是GUANG MING（光明）之城 还是GOOD BYE（再见）之城？开往G城的大巴能否到达？无人知晓。只有这辆欲望号列车会继续驰骋，载着你我，穿越过去与未来，没有终点。

迷宫、时间、空间、自我……博尔赫斯喜欢在不断的游戏中表现对宇宙、世界、人生的思索。他以一种游戏的方式表现着严肃的主题，因此，他的游戏不是单纯的文字游戏，而是带有崇高性和高尚性的"严肃游戏"。毫无疑问杨袭也掌握了这一技能，这辆永不到站的欲望号大巴上，也上演了一场迷宫的游戏，这旅程如谜，并没有人知道答案。但是杨袭却在这辆大巴的行程中将人的迷茫、欲望、荒诞和丑陋进行了大胆的书写，让读者自行推理，并带着迷之微笑告诉读者，不好意思，这道题并没有什么正确答案。

显而易见的是，这样的文学主题不仅是在女作家笔下，即便是在当下所有作家的创作中也是少有的，杨袭毫无疑问在进行一场冒险，所以曾有评论者称："（杨袭）这样的写法，如果在80年代，一发出来，可能会红遍全国，但是现在，不会了，因为这种写法，已经过时了。"文学主题过时不过时并没有人可下定论，但是不得不承认，在当下，杨袭的创作并没有太多的同类。这样的孤绝是需要勇气的，而通过阅读杨袭的作品，让我们相信她的勇气是有底气的，她的底气不仅来源于她的才华，还来源于她的坚持。她的坚持既体现在她对这一文学主题的探究和琢磨，还体现在她对相关西方文学主题的研读和学习。这样虔诚的学习态度在浮躁的当下是如此难得，而这份难得让杨袭的作品更显得与众不同，成为一道独特的风景。

二　笔下众生在迷雾之中

我们常用来判断一个作家是否成熟的标准之一是他有没有形成自己独一无二的文学地标，比如马尔克斯笔下的"马孔多镇"、沈从文的"边城"、莫言的"高密东北乡"、苏童的"香椿树街"和"枫杨树故乡"，都是渗透了作者精神磁场和醇厚情感的文学地标。文学地标往往显示的是作家笔下某一个地域的气象和格局。这个地标，最初可能只是属于一个作家个人的，是对自己的成长经历、回忆、幻想和情绪的确证；接下来，它可能就会发展成属于一个地域的独特的现实和梦想。在虚构的世界里，它有了自己的名字，拥有了一个又一个特别的故事，成为这个作家文本的特有标志。它不再单单是一种环境描写的烘托和呈现，而是在更大程度上的地理和文学版图的结合，更重要的是，一个作家在这里确立了他精神、心理、文化坐标的有机构成，他在文本中想要实现的艺术理想和冲动，从此可以在这里生发、弥漫开来，并且呈现出应有的审美路径和人文意义。这是属于作者独有的"乌有之乡"。而让我们惊喜的是，杨袭在其小说的创作过程中，很早就开始打造自己的文学地标，并不断地勾勒和丰富它们，为它们深深地打上"杨袭制造"的烙印。

杨袭出生于垦利县黄河口镇，这里为她的写作提供了源源不断的素材。由故乡延续而来的小说写作，带给杨袭的是一个巨大的宝库。根据黄河口镇，她塑造了一个新的文学地标："泥河镇"。在杨袭的泥河镇系列小说中，我们可以看出，杨袭的创作版图上已经有了一个大构想。目前这个版图或许仅露出冰山一角，然而却已显示出不俗的冲击力。杨袭以她独有的细密、鲜活、沉稳的叙事语言，耐心勾勒出许多年前黄河入海口盐碱滩小镇上的人以及事。在杨袭的认真耕耘下，我们有理由相信，黄河入海口的这个泥河小镇，有朝一日或许会成为文学史上独特的文学地标，与山东老乡莫言笔下的"高密东北乡"南北相望。

考上大学离乡之后,回头打量那块从小生长的土地,杨袭发现,在那片土地上,"人们生活得竟然那么艰难,那么辛苦,那么乏味,但同时又热火朝天,生机勃勃"。她想,一定有什么使人好好活着的咒语。荒凉而又不失浪漫,满布人类的情感积淀,这或许就是"泥河"的价值所在。如果说文学地标之于作者的意义是可以给自己心中的故事安排一个熟悉而亲切的背景,从而让故事讲得得心应手而又从容,杨袭就是把她对生命的理解放置在了泥河。于是,一系列中短篇小说的出现,便成为对泥河以及故乡的一种致敬,其中包括《泥河调》《风过泥河》《高塔》《八三年》《孤魂》等。

这个地方有耸立的高塔,这里的人们爱吃喷香的布鸡,这个地方的孩子常以城市为名,他们叫西安,他们叫北京。这个地方就叫泥河。可以说在杨袭的笔下,"泥河"成了其创作的典型环境,可是也有一个比较吊诡的现象,就是在如此突出的典型环境下并未有典型人物出现,甚至作品中的大部分人物都是面目模糊的。在杨袭的小说中,这个现象是非常引人注目的。

在这几篇小说中,我们经常会看到叫同一个名字的主人公出现在不同的故事里,他们或许是同一个人,或许仅仅是名字相同,他们在不同的篇章里当着主角或者充当别人故事里的过客。在这片名叫"泥河"的土地上,他们迎着渤海湾吹来的海风,上演着一个叫杨袭的作家为他们写下的剧本。可是故事谢幕后,任你怎么回忆,都很难精准地回想起演员们的真实面目,你只记得这个故事的情节,却并不记得这个人物有什么性格特点。

我们从杨袭的"泥河三部曲"之一,最早的作品《泥河调》谈起。

小说开头从悦来客栈老板娘谷米做的好吃的布鸡说起:"凡来泥河镇夜宿的人都会住镇西首的悦来客栈,因为泥河镇只这一家客栈;凡住泥河镇悦来客栈的人,都吃过老板娘谷米烤制的布鸡;吃过谷米布鸡的人,一半人以为布鸡就是发面团包了黑芝麻馅烤成的,一半人以为布鸡就是发面团包了红豆沙馅烤成的。如果不是回头客,大约,布鸡在他们心中就是这样子了。只有很少一部分人知道谷米烤的布鸡有时候是红豆沙馅,有时候是黑芝麻馅,知道的人都是回头客,在悦来客栈住过几回,并且,还得凑了谷米的巧。"接着引出小说的男主人公:"放红豆沙馅时,那是谷米在想她第一个男人云良"。谷米的男人云良是个里外能干的好男人,他与谷米这对小夫妻在泥河镇开了个小旅店,日子过得很滋润,两口子感情也好,夜里更是分外缠绵,但原本幸福的生活之路,后来却莫名地改变了方向。云良、谷米小两口的旅店与郑大同、秀银小夫妻的"大同鞋店"是斜对门,秀银是谷米最要好的"闺密",好得连那些让人脸红的事儿都可畅谈。一天,俩"闺密"河边洗澡归来,秀银发现自己的老公郑大同不告而别离家出走了。这本就是件离奇的事情了,但接下来的故事更是让人无法想象。云良在家里请好哥们海吃饭,谷米也将独自在家的秀银叫了过来。喝了酒的云良有点替海着急,而云良对海的劝解被秀银误会,以为云良在为她与海牵线,就摔门回家了。云良赶紧去劝,这一劝,云良却与秀银走到了一起,而其中原因却是那么莫名——"(秀银)空身罩的一件水落落的浅色人造棉睡裙透露的隐密一下子把云良震住了"。后面的故事走向更是让人惊讶:云良与秀银睡在一处后,想这边自己的老婆没人疼没人爱的,好哥们海也是单身,就有意无意地撮合俩人,谷米与海也就顺水推舟地睡到了一块儿。在杨袭云淡风轻的叙述之下,就这样,故事里的四个人都换了伴侣,各自享受着新的生活。

可是,离家三年半的鞋匠郑大同又突然回来了,这种幸福的平衡被打破,秀银又莫名地回到郑大同的怀抱。这样,三男两女的局面出现了,云良成为被剩下的那个,这个"始作俑者"被孤独地冻死。而半年后,海又莫名地出走,剩下了孤独的谷米。关于这个故事,笔者想到最多的一个形容词是"莫名"。如果放在八卦小报上,这样的情节设定肯定会被冠以"三男两女换偶事件"这样吸引人眼球的题目,可是杨袭并没有站在道德制高点上去批判或者谴责什么,只是为读者陈述了这样的故事。虽然杨袭娓娓道来,不疾不徐,但是读完这个故事之后,读者们的莫名其妙之感还是挥之不去。究其原因,笔者认为在于对人物形象的塑造上——读完整篇《泥河调》,我们看不到一个有个性的人。

云良仅仅是因为性的吸引就放弃了自己的幸福生活跟秀银在一起,这样的解释未免牵强，而他又为何在自己出轨后给自己的妻子和好友牵线，以及谷米竟然和海走在了一起，更是让人觉得不合乎情理。更不用说鞋店老板郑大同为何出走又是为何归来，作者丝毫没有给出任何解释。有一句话叫"性格即命运"，我们可以理解为人物的性格会推动着人物前行从而形成自己的命运路径。但是在《泥河调》中，我们不能理解云良为何会做出那样匪夷所思的选择，原因很大一部分在于这个人物形象没有"立"起来。小说中情节的跌宕起伏固然会让故事有变化，吸引读者的阅读兴趣，但是不完满的人物形象越在跌宕的情节中越显得单薄不可信。就像我们不能相信一开始能干顾家的云良为什么会仅仅因为性的吸引就挣脱了内心的道德羁绊，放弃了家庭和别人的老婆睡在了一起；谷米面对丈夫和"闺密"的背叛竟然没有愤怒，反而和丈夫的好友在一起了。在杨袭的笔下我们看不到一个个不同个性的人，只能看到一群没有个性的人。他们面目模糊，好像只是在顶着一个个不同的名字按照情节走下去，但是我们不知道他们为什么要这样。情节的推进好像只是为了让故事讲下去，并不是为了人物的塑造而设定，整个故事没有"为什么"，只有"怎么了"。

这群面目模糊的人们只是在"泥河"这个舞台上，按照情节，念着台词面无表情地表演着，看不到任何有爆发力的演技。不仅仅是在《泥河调》这个"剧本"中，在杨袭其他的小说里，我们也能看到同样的情状。

《高塔》作为《泥河调》的姊妹篇发表于《十月》2012年第2期，是杨袭"泥河镇"系列小说的延伸和扩展。黄河口镇是黄河农场驻地，杨袭的家在湾杨村，在镇子南四公里处。从南边走来，首先看见的是镇北的水塔，这是杨袭重要的文学地标建筑。"高塔"其实是黄河农场一座很高的水塔，年少时的杨袭经常抬头望着水塔，对此充满了幻想。小说《高塔》的开头这样写道："在X先生自传式的讲述中，我知道他是泥河人，乳名叫小索镇，在黄河尾间泥河镇生活了将近二十年。"在X先生也就是小索镇的叙述中，我们跟着他看到了捏着布鸡的悦来客栈谷米的独生女梅。在小索镇的回忆中，我们又重温了悦来客栈的爱情故事，重温《泥河调》中那些熟悉的名字：谷米，秀银，云良，海，郑大同。但是他们的爱情故事更像是遥远的传说，小索镇更想讲述的是和自己有关的故事，特别是关于爱情的。

年幼的小索镇爱上了那个捧着布鸡大口吞咽的梅，但是这样的一份爱恋让少年小索镇内心如此煎熬。对梅的爱恋让他惶恐，他不知道这个跟着母亲过着半隐居生活的梅会带给他什么，每天晚上，他都睁着眼，在等待中煎熬不堪。一个少年怀揣着最初的爱恋，惴惴不安地行走在泥河的大街小巷，年少的小索镇在这段不敢言说的爱情中变成了一个古怪的少年。

在成长的过程中，被爱情煎熬的小索镇始终关注着梅，他幻想能与她一起私奔，为此他努力攒钱，拼命学游泳，却注定只能是一个人的独角戏。在自说自话之中，小索镇成长为X先生，梅也由一个纯真、透明的姑娘变成了一个喝着酒、放浪的姑娘（我们在这个故事中并不能知晓原因），绝望的X先生无论是面对之后的白海冰还是杜青梅都无法再重现那样深刻的爱恋。"泥河""高塔""梅"成了中年X先生梦呓般的喋喋不休抑或醉生梦死。但是读完《高塔》之后，我们依旧无法勾勒出这部作品清晰的人物素描，X先生依旧面目模糊，整个故事仿佛罩上了一层飘浮在"泥河"上空的白雾，所有的主人公都如雾里看花、水中窥月，朦胧又模糊。

而在2016年的新作《井》中，杨袭仿佛在尽量给出关于《高塔》的注解。我们又看到熟悉的泥河，不过这次的主人公是在《高塔》中被X先生也就是小索镇深深爱着的梅。我们跟着梅走进这部叫《井》的小说，谷米依然是梅的妈妈、悦来客栈的老板娘，云良却成了看井的。寡妇谷米和看井的云良搭伙过日子，云良还带着儿子小哨，小哨比梅大几岁，看着自己的父亲走向了寡妇谷米，总带着深深的恶意，觉得自己的父亲是被谷米勾引的。所以他带着梅去看谷米如何勾引云良，看他们如何睡觉。带着深深恶意的小哨把谷米和云良的孩子豆豆残忍地杀了，强迫梅把身首异处的豆豆包进褴褓里，放到炕上，目的只是为了让谷米云良"那对狗男女发疯"。后来云良得病而死，谷米又重新经营起悦来客栈。至于豆豆，那个小小的婴孩，好像压根没有生过一样消失了，没有刑罚，没有葬礼，没有谁赠予她哪怕只言片语的哀悼。过了这么多年，梅想起来，像做了个梦，梦里的凶杀和结局那么缥缈，梅有时候都不相信亲历过。梅后来上了技校——一个坏孩子扎堆的地方，也理所当然地学会了抽烟，学会了在深夜的马路上打转，学会了用醉酒忘记自己、遥远而不快的泥河、母亲谷米和那口井。多年来，梅一直漂在陌生的城市，拒绝回泥河。有人问起她的家事，她都说，父母早死了，她是孤儿。她不想再和泥河产生任何联系。在城市里，长大后的梅遇到了长大后的小哨，小哨则莫名地成长为一个想变成女人而不得的男人，而梅为了生存"傍"上了一个半大的老头，当起了二奶。依旧是跌宕起伏让人惊诧的故事情节，可是，我们依旧看不清楚梅的样子。我们看不到她内心的挣扎、成长的痕迹，看不到她何以一步一步至此，只能去接受她所选择的结果。我们看不到曾经的小哨为何邪恶至此，在幼年的时候为何能够下手虐杀幼小的豆豆而无任何惧意和悔意。而这样的他又为何变成现在的样子，想变成一个女人。在前面作者并未做太多铺垫，小哨经历了什么，我们亦无从知晓，就在这样的只言片语中，我们看到的是已经变成长发女子的小哨，这样匪夷所思的局面实在是让人难以理解。而杨袭依旧借来了泥河上空的白雾，让我们无法看得清清楚楚明明白白。

为何杨袭笔下所有的小说情节都设置得跌宕起伏反日常，主人公却又总是模糊混沌难以看清，我想我们可以寻本溯源地从作者身上找到答案。在一次采访中，杨袭说在当下文学创作与现实纠缠的同时，作家还有很重要的事要做，就是"反时代"。在创作的道路上，与众多文学作者一样，杨袭也经历了自传式的写作、本色写作等过程，在写作中杨袭亦不断地反思、总结、思考，为了追寻文学的终极目标，有所思或遇到困惑时杨袭喜欢去读叔本华、康德等西方哲学家的著作，在阅读过程中，杨袭发现或者说她更赞同小说的终极审美与最高追求应是对生命的探讨这一理论。而她后期创作的小说几乎全都是与这种思想紧紧联系在一起的。"或许写到最后我依旧探讨不出任何结果，但我仍要继续写下去，继续探讨下去。"杨袭这样倔强地说道。面对这样的杨袭，我们似乎可以知晓"泥河"上空那飘浮的白雾从何而来：当一部作品的目的是寻求终极真理时，自然塑造人物形象就不再是作者的第一追求。人物在作品中简化成了一枚一枚的棋子，按照作者对于主题的设定，走好每一步的剧情即可，说不定有时候还是一枚开弓没有回头箭的"过河卒子"。所以读者在阅读过程中所遇到的那些疑惑或不能自圆其说之处也就不难理解了。而这样的创作目标、这样的创作方式是否得当，毫无疑问是一个见仁见智的问题。有人批判之，是因为这样的创作思路不利于讲好一个故事，不能塑造性格复杂丰满的人物角色，让人印象深刻；而赞誉亦有之，认为这样的主题先行，体现了一个写作者对自己的高度要求和追求。但是无论怎样的评说，都不得不承认这样的杨袭确是独特的。

三 独特的讲故事之道——灵魂的隐喻

纯文学写作往往通过隐喻的艺术方式来表现生命本质和生命过程，这种生命意象的隐喻形式是灵魂寄寓现实之中的一种妥协。文学写作不应该简单地呈现客观现实中的善与恶，还应该表现"人的心"。这种"人的心"的图像与生活现实、与几万年历史风景之间的关系是一种灵魂中的对称，或意象中的象征。而纯文学创作的意象隐喻，不是用什么东西去象征什么东西，而是一种灵魂境界的获取、一种生命意象的寓言。

作家残雪也曾经说："文学是一种寓言，寓言的方式是隐喻，隐喻的核心是意象。"窃以为杨袭可能会赞同残雪的这句话，因为读者经常会在杨袭的笔下读到耐人琢磨的寓言故事，看到独特的意象。灵魂抓不着摸不到，但确实又那样确定地存在着，在杨袭的作品中，我们看到她在字里行间通过寓言、通过隐喻、通过独特的意象去努力地描摹它们，《蓝鸟》和《陌生人》便是其中的典型代表。

《蓝鸟》讲述了一个未曾命名的单身女人，离婚后，前夫带着唯一的女儿已经移民澳洲，她一个人过着波澜不惊的生活。杨袭没有按照大部分通俗故事的固有套路，给她安排一段跌宕起伏的爱情故事，而是剑走偏锋地安排她与一个八岁的男孩儿相遇，这简直可以说让读者大跌眼镜。一个离婚的单身女人和一个八岁的男孩儿会演绎怎样的故事呢，难不成要写一个"人间有真情"的故事？杨袭却让读者继续惊奇——神奇地出现在单身女人面前的男孩儿，尾随着单身女人回到家，饱餐一顿以后决定留在女人家，并威胁女人如果不让他留下，他就跳楼，宣称自己的爸爸有的是钱，到时候会付双倍的饭费和住宿费给女人。女人迫于无奈只能暂且让男孩儿在家，自己去上班，但是在上班的过程中却心神不宁，假设了N种男孩儿在她家的可能，会不会在她家里搞破坏或者是里应外合引贼入室。带着这种种不安回到家，却发现男孩儿安安静静地在家等待着她的归来，甚至乖巧地给她递上了一双拖鞋。而接下来，男孩儿又给了女人一个他之所以出现在这里的理由，说自己的爸爸出车祸已死，妈妈也离他而去，他被人贩子绑架到本市，并央求女人保护他。男孩儿甚至在面对女人的询问时冷静地说"知道得越少对你自己越有利"。面对这个突如其来的理由，女人彻底蒙了，甚至开始怀疑自我。她想，孩子是想不出这样的话的，这一定是一场戏，只能是出自一个或者几个成人的精心编排，并且环环相扣，滴水不漏。 那么，他们为什么选中了她？"他们要从她这里拿走什么呢？ 一个单身女人，一没有色，二没有钱，手中也没有权力，更没有什么会被人当作把柄的丑闻或者错误。 她有什么呢？这个问题比一开始关于荒谬的问题更让她痛苦起来。"这突如其来的奇遇已经开始让女人在痛苦中梳理她近四十年的生活和人生，并绝望地发现，她竟没有任何与别人、别的女人迥异的东西。她为什么会被男孩选中？"为什么是我呢？"这个问题不停地萦绕在女人的心中。"单身女人，在又一个不眠之夜里辗转反侧。失眠对她来说并不陌生，但她已经很长时间没有为现实中的烦恼和担忧失眠了。所以，她感觉这天晚上的失眠很充实。是个有模有样的失眠。不是吗？她家里莫名其妙地挤进来一个莫名其妙的男孩，并且，现在这个男孩就躺在对面的卧室里。她至今不能确定他究竟要干什么。她已经多年没有感受过自己的好奇心了，甚至忘了自己也有好奇心。复苏的好奇让她在黑夜里精神抖擞，她急需一个倾诉对象。"而很不幸，女人的露水情人，一个庸俗的有妇之夫，并不敢在妻子的眼皮底子下倾听她的倾诉，只能敷衍地应付她，而这样虚伪的应付却让女人痛快地决定和他一刀两断。小男孩儿却又给了女人讲了第三个故事：他之所以离家出走，是因为他的爸爸妈妈都打了他。他的爸爸是一个油田勘探工程师，他妈是本市人民医院的医生。上个月一天，他放学回家，发现他妈妈和她的同事"刘伯伯"在家中卧室里。他将所见所闻告诉了爸爸，却引起了爸爸的愤怒和暴打。男孩涕泪交加地讲完之后，女人心疼地将男孩儿搂在怀里安慰。然而，女人相信了吗?"但等关上门,爬上床,躺在完全的黑暗中后,女人又不这样想了。她断定自己再一次被男孩的故事欺骗了,虽然,她找不出漏洞在哪里。她想,也许,最大的漏洞,就是没有漏洞,一个孩子的叙述,怎么说,也是应该有点毛疵的。想到这里,她不得不佩服睡在隔壁卧室的男孩严丝合缝的逻辑能力——他竟然编得让她找不出问题,不对,不对,女人想,这也许不是他编的,而是——有人预先编造了故事,对,有人预先给他编造了很多故事,男孩所做的,只是根据场景不同,选一个较合适的故事说出来而已。但是,这一切,又为了什么呢?又为什么选择了她?我一个单身女人,有什么呢?"带着这样的疑问,女人又开始了又一次的追问。然而,男孩儿为什么会出现在女人的生活中,作者并没有给出答案。故事的最后,"在抓住门把手将要把门打开的时候,女人想,看这次,他还能给我编个什么故事呢?"而我们和女人一样,期待男孩儿新的答案。

而故事为什么叫《蓝鸟》?"蓝鸟"这个词在小说中只出现了一次,是这样描述的:"单身女人在两难之间抬头时,看到了沙发上方那张简笔着色的鸟儿画,那是女儿四五岁时,当然,也是她还没离婚时,画的画。单身女人几乎每天都凝视一会儿这张画。当然,每次凝视,对女儿的想念和对旧事的伤心,总是有些五味杂陈。但是这一次,单身女人突然感觉轻松起来,她想起当时按女儿的要求用透明胶将画粘在墙上问女儿为什么是蓝色的时,女儿说,蓝色的,飞得更远呀。单身女人当时很不解,问为什么蓝色的飞得远,女儿说,很简单哪,蓝色,和大海一样的颜色呀,大海认识它呀,不会淹死它的,它要飞累了,也许会浮出一只海龟,也许,会跳起一只海豚,它不就飞得远么?单身女人记得听完后有点哭笑不得。但是,这总是个理由,她记得女儿解释完后看她点头,自豪得小胸膛挺得高高的。"为什么这个故事要以一个仅出现一次的"蓝鸟"为名呢,是无心为之还是有意而为之?笔者认为杨袭是一个聪明的作家,绝对不会如此之"无意"。而"蓝鸟"又与这个故事有什么关系,更进一步讲,与故事里的小男孩儿有什么关系呢?妄自揣测一下,窃以为文中借女儿之口所描述的能够飞得更远的"蓝鸟",那只和大海相识的"蓝鸟",会不会是杨袭所精心刻画的一个充满隐喻的意象呢?小男孩儿是不是就是那只蓝鸟的化身，借助女人的帮助和信任，一个故事接一个故事地讲了下去，就像"蓝鸟"不曾止步的飞翔……也许答案只有杨袭最清楚，但是在读这个故事的时候，至少能够引发读者的想象和好奇，这一点杨袭做得很好，也可以说是她预设的隐喻和意象用得好。

《陌生人》更是一部寓意十足的小说。一个衣衫褴褛的陌生人来到泥河，他遇到了杨袭"泥河故事"里所有曾经出场过的角色，大同鞋店的郑大同，纸草铺的刘修德，面酱铺吕西安的父亲吕呈祥，但是并没有人让他在寒冷的冬天感受到温暖，陌生人只能在寒风中踽踽独行。人们不知道陌生人从哪里来又为何而来，泥河的人们追问他，陌生人说自己是个魔鬼，而泥河的人却纷纷笑他是个疯子，陌生人只能把街口的稻草堆当作他在泥河唯一的栖身之所。而接下来发生的事情却让整个泥河陷入了绝望。

泥河人开始寝食难安，原因是突然而至让人疯狂的跳蚤，它们"有芝麻粒子那么大，趁着人们睡觉、吃饭、劳作和出神的工夫像空气一样悄无声息地将人们包围。无所畏惧地从人们掐满黑血的指甲缝中逃逸，然后死死叮住叮得上的每一寸肌肤。吸饱肚子后纷纷从人和家畜家禽的身上滚落下来悲壮地死去。牲畜和家禽不会抓挠，被叮得在圈中暴跳，直到被叮咬和暴跳到奄奄一息，才在周身痉挛中死去。平日里温顺的牛羊蹿出圈栏，在大街小巷里疯狂地乱抵乱撞，村最北边小巷子里的一户人家被一头发疯的公牛顶开了门，将男主人一角钉在了映壁上悲惨地死去，公牛也被自己撞断了脖子。一些公鸡则破天荒地飞到了村北废旧农场里的破水塔上，扇动着翅膀，爪子乱舞，发出老鼠一样'吱吱'的叫声，最后从水塔上摔到冰面上撞断脖子。天寒地冻，无法掩埋，不几天，街边和巷子中堆满了家禽和牲畜的尸体，尸体上面落了雪，像一座座小山。有人看到小雪山不断有跳蚤爬出，它们从雪中跳出来，弹跳着四散而去，循着新鲜血液的味道，奔向一个又一个尚鲜活的肉体"。跳蚤几乎要毁灭掉泥河和泥河的人们，大家陷入绝望。为了摆脱这一局面，他们决定求助魔鬼，而魔鬼表示跳蚤确实是他带来的，只有等他离开的时候跳蚤才会离开泥河，而他只能在接受命运安排的时候才能离开泥河。为了让魔鬼离开泥河，泥河的人们费尽心机，他们献上温暖的被窝、可口的食品，甚至是村里最美的姑娘，然而魔鬼并未离开。直到有一天，泥河的人们决定集体搬迁的时候，却未曾留意又来了一个陌生人，一个黑脸的男人。他好像是泥河的人，又仿佛不是，他告诉陌生人他也是个魔鬼。陌生人说：我要走了，一个村子，有一个陌生人就足够啦。而这个故事更神奇的是以第一人称"我"的口吻讲述，而这所有的故事又都是"我"的朋友跟"我"讲的。"你们村子里去过陌生人吗？"朋友问"我"。"我"说："不知道，我已经许多年没有回去了。"接下来，两个人一起陷入沉默，而这个故事则在静默中结束。

毫无疑问，在内容上，杨袭的这部《陌生人》是荒诞的，不仅仅写现实中的荒诞，更重要的是荒诞地写现实。所谓"荒诞"，即反常、悖理、虚妄，即不能给予理性的说明。世界既具有理性的一面，也具有非理性的一面，人类的存在和世界的存在都具有荒诞的一面。但人对荒诞的把握和认识本身就是悖谬的，当我们能认识、能说明一种现象时，就能够把握它，它就不再是荒诞的，若我们不能认识它、不能说明它，这时它才是荒诞的，所以荒诞是永远不可把握的，也是不可理解的。荒诞是偶然的、不可复制的，因而不能解释，只能呈现。杨袭的这部《陌生人》正是在给我们呈现一个荒诞的故事，神秘的陌生人，奇怪的村民，没有逻辑的情节，貌似混乱的故事，却能让人隐约感受到杨袭背后的用意，仿佛让我们透过荒诞的表象去探究它的本质。

显而易见，作品本质的核心，在于一种抽象、一种隐喻、一种永恒，也是一种更接近原始的东西，它是杨袭自我的生命意识，也是杨袭文学创作的理想境界。在这里，生命与本质互为表里，本质即生命，是生命的"深层本质"而非其表象。本质的东西（正如小说中，魔鬼是什么？谁又可能成为魔鬼？）作为一种永恒，有点类似死亡的体验，常常以更抽象、更隐喻、更接近原始的形态出现。生命的东西，作为与死亡相对的生的形式、活的状态，更多地表现为冲动、渴望。本质和生命的性质都是裂变，都是由灵魂与肉体、生与死等矛盾形态构成。本质由生命而构成，生命的表象蕴含着本质的规律，两者你中有我，我中有你，两者必然遭遇，必然碰撞，并形成永不休止、永无结果的纠结。当人的生命活力与生命本质遭遇的时候，更多的时候是表现为"两个对立面之间的纠缠"的心理模式，而且这种心理模式的分裂越激烈，其层次线索就越清晰，其问题揭示就越透彻越抽象。杨袭一直在作品中强调，在现代生活中，无论是本质还是生命，分裂、纠缠永远是常态，也是现代社会、现代人、现代性的基本存在形态。现代性，就是作为一个现代人人格的分裂，痛苦啊，迷惑啊，纠缠不休啊，正是现代的体现。生命与本质遭遇的裂变之美，就是生命的终极之美，而对此的刻画就是纯文学追求的最高意境。

杨袭的写作因为不是逻辑化的，没有结构，思想缺乏方向，所以生活的细节、场面、事件、故事等缺乏正常的组合，没有意义和目的，因而整个呈现给读者的是一幅分崩离析的画面，只是一些荒诞的意象，或者一些荒诞的故事（比如《陌生人》里面魔鬼的莫名出现和离去，以及他匪夷所思的所作所为）。但荒诞也是世界的本质，也是生活的一部分，荒诞的意义在于荒诞，而不在非荒诞，我们总是想对荒诞进行正常的解释，从而使荒诞具有理性的意义和价值，窃认为这是错误的。的确会有读者认为杨袭的小说在内容上是荒诞的，思想上没有中心，不能用现实来参照，因而不能理解。但如果读者敢于进行这场阅读冒险，透过荒诞的表象，卸去隐喻的武装，解读意象背后的含义，读杨袭的作品亦可成为一项有意义的探寻。

四 独具匠心的文字

读杨袭的小说犹如行走在薄雾之中，有一种陌生神秘的感觉，你明明看到一种存在，也能感受到它，但却无法触及，更无从知晓她要把你引领到哪里去，只能乖乖地跟随她的文字一路雾里观花，不知不觉将你围绕包围，掉进她所设置的情景里面，而这一切和她独特的语言文字运用密不可分。

杨袭是位艺术技巧非常高超的女作家，她巧妙地借鉴了很多国外作家笔法，糅入当代白话文的流畅，语言富有张力且新鲜感十足，使我们能够感受到主人公情绪的丰富变化、情节的跌宕起伏、作者涌动和跳跃的思想潮流，使读者有一气呵成的阅读快感。杨袭语言干净，对白高度浓缩又符合人物身份，现代因素和方言的巧妙嫁接让读者阅读起来又增加了亲近感，增加了对文本的阅读兴趣。

小说不仅仅是讲故事，更是语言的艺术，正如汪曾祺在《林斤澜的矮凳桥》中所说："写小说，就是写语言。"杨袭小说的又一个显著特点是细腻生动的语言叙述。她的叙事方式绵密饱满，兼容并蓄，至极致处，可以形成重重叠叠的文字障——但也可以形成不可错过的文字奇观。

比如《泥河调》中，描述消失三年的秀银的丈夫、大同鞋店的掌柜老郑突然回来，让已经和秀银在一起的云良突然蒙了：

老郑是在出走三年半后回来的。那时泥河镇刚落了一场大雪。

就是泥河镇想象力最丰富、最爱捕风捉影的人也没有想到有一天老郑会回来。人是擅遗忘的动物。三年半的时间虽不足够漫长，可老郑太不擅言语了，走的时候又是那样静悄悄的，不动一丝声息。除了穿着他做的鞋的人极少数的时候注意到脚上的鞋时感叹一句"可惜，多好的手艺"就鲜有人提起了。就是那记得感叹的人的感叹里，多少也带着些老郑这个人就此就这样消失了的悲凉意味。也许秀银也不敢相信，有一天，老郑会回来。老郑的归来同他离去时一模一样：没有任何先兆，一切都悄无声息。只是，他走的时候是在夜里，回来时却是白天，正午，在刺眼的雪光下，一步步，从远处的一个小黑点开始，慢慢地生出头部、四肢、五官和表情——归来的老郑，像是从泥河镇西街口对着的苍茫的虚空里一点点长出来的，直走到大同鞋店门口，才长成了个面带忧郁的中年汉子。泥河镇雪地上被他新踩了一行脚印，孤零零的，寥落而神秘地一直通向看不到头的天边。

这三年，老郑去了哪儿？为何离去又为何归来？作者一笔未写，只是在不断地给读者设置情境："刺眼的雪光下"，由点到面地勾勒人物形象，再借一串串脚印，将老郑牵引至大同鞋店门口。不得不赞叹杨袭的语言描写之生动，让读者在阅读的过程中即可在脑海中作画。而读者在这样的文字带动下，仿佛也像是在现场目睹了一切，只能和云良和秀银一起犯了蒙。这样的文字似是无理，细品之下却又觉得非常考验一个作者的文字功底。

在小说《折翅的老根》中有这样一段话:

老根蹬着崭新的凤凰牌自行车,虎虎生风让我感觉老根真要变成只凤凰飞起来,那我,就是他灿烂的大尾巴。但想起我娘赵小朵昨晚对我说的话,我的心一下子沉下去再也高兴不起来了。我盼着老根能主动跟我说句话,说什么都行,实在无话,也可以说天气很好啥的。可他啥也没说只是在前边一个劲蹬车车在崎岖的土路上颠簸,车后架的铁杆子硌得我屁股生疼,我怀疑是老根故意整我。又想不会吧,我总是没惹到他,想跟他,总不是害他吧。风从前边刮来里面掺杂着老根的味道,让我心跳得更厉害。取了东西,买了红糖往回走老根还是不说话。走到快半路的时候我越想越不甘心总感觉老根应该对我说点什么。其实老根不欠我的,当然,我也不欠他的。但想来想去,总觉和老根有说不出来的干系。反正,他是该对我说点什么,问问我的生活问问陈生梁对我好不好等。我想我一定说很好,陈生梁对我很好,生活很好一切很好。可他还是啥也不说这让我感觉他越来越比陈生梁好,我一切骄傲都比不上他的沉默。

《折翅的老根》里,陈麦穗一直喜欢着老根,可是劳动模范老根却一心求先进,难以顾及少女的心意。迫于无奈,陈麦穗只能嫁给了队长的弟弟陈生梁,可是心里却始终耿耿于怀。所以在大队里安排两个人一起进城的路上,陈麦穗的内心戏开始不断上演。而此时此刻杨袭的心理描写毫无疑问是非常到位的。那种女性面对心爱之人的纠结、犹豫、心头的小愤恨、小倔强、小惆怅、小不舍、矛盾又彷徨,通过陈麦穗的自说自话活灵活现地呈现在读者面前,让读者感同身受。尤其是那句"可他还是啥也不说这让我感觉他越来越比陈生梁好,我一切骄傲都比不上他的沉默",简直是把陈麦穗给写活了,这也是杨袭小说中难得的形象立体丰富、性格丰满的主人公。不得不承认,杨袭对文字的认真雕琢,绝对没有白下功夫,在不经意间的一字一句中,将读者的心慢慢击中。

在《时光曾经震撼过》这篇文章中,杨袭写道:"时光在风中穿行,风裹挟时光,揉皱了我们的脸颊,让激动的泪水干涸在腮边。湖面总能复归平静,我们的脸和心境却再不能光华如初。人,总是一遍遍地洗脸、涂脂抹粉、收拾心情,将最忠实于自己的东西像臭虫一样厌恶地抖落,像电喷机器一样不厌其烦地企图将人生的底色一遍遍涂抹和遮盖。在自己的心灵和别人的眼中制造虚假景象。"笔者无意夸张杨袭所营造的后现代语境,但是不得不佩服她语言的流转和千变万化。她仿佛祭起了"文字的炼金术",以缠绵繁复的意象修辞,打造自己的文字"乌托邦"。

再来看看下面的一些句子:

时光像点钞机中的纸币一样"哗啦啦"翻过去。

等待总是让时间变得极其漫长,抽丝一样艰涩,考验他的耐心与体力。

梅站在那里摇摇晃晃,像一棵即将被刮倒的树。

看似平面的吕西安事件在小索镇的千万遍揣摩、复原中变得立体,吕西安单薄而惊人的爱情经验后面其实藏着吕西安的整个人生悲剧。

世界像黑暗的海洋,谷米在浪尖上漂移或者叫翻飞,像个落寞的鬼魂。这个时候,连谷米,梅也是怕的。梅常常恐惧地发抖,怕谷米会冷不丁回过头来露出尖利的獠牙咬她一口。但她不得不紧跟着她,深一脚浅一脚,跌跌撞撞,像个球一样紧跟着她的母亲谷米。

回忆吕西安事件时,X先生像一块岁月深处的老石头。长满了青苔。

麻秋来对着空空的屋子,被抽去了脚筋一样瘫倒在地上。很久很久以后的一个傍晚,麻秋来搀着老人在麻花庄口下了车,夕阳打在他们佝偻的身上,影子软软地粘在他们身下,像两条巨型的尾巴。

这样形象、生动、鲜活的语句在杨袭的小说里数不胜数,俯仰皆拾,而在这其中值得称赞的是杨袭的想象力和对于意象的使用。时光像点钞机，回忆的人像岁月深处的长满青苔的石头，影子像粘在身后的尾巴，这样的联想能力让人惊叹，不仅为小说增色不少，而且读者在阅读过程中也会不断地为作者的奇思妙想和比喻的妥帖赞叹。

杨袭的小说气息独特，有锋芒而不外露，虽内敛却亦有峥嵘。在不动声色的叙述里，我们感受到了杨袭深刻的思想、真诚的书写和对于文学的虔诚。她的书写有韵味、沉静、内敛，既能深入又能浅出，对笔下的人物既能真实面对、冷静书写，又有同情和怜悯，充满爱意与慈悲地写出世俗生活中一个又一个独特的灵魂。杨袭的文字从不故作惊人之语哗众取宠，而是将她的思想如编织般巧妙地浸入小说中，每一个人物的塑造、每一个情节的安排、每一处环境描写，不动声色却自有打动人心的力量。

相较于同时代作家，杨袭小说的产量并不算高，但是都保持一定的水准，一直在提升，一直在寻求突破，一直以文字的力量捍卫文学的尊严。杨袭说，小说的本质应是思想，是要表达作者对这个世界的认识，而它的终极审美与最高追求则是真理，是追求真善美的东西。在这样的追求下，杨袭不停地用手中的笔写尽她对人世间的迷恋与迷惑。的确，杨袭的作品不属于通俗意义上"好看"的类型，但是在千言万语反复迂回中，形成了不容错过的文字奇观。而在她独特的创作过程中，逐渐形成了自己的风格，自溺却也自省，沉郁而又清明，在当下文坛成为一个独特的存在。作家的成熟是由她的文字来见证的，诚然，杨袭并不能算作是一个成熟的作家，但是我们可以通过她前进的足迹对她的未来更有信心，相信一个能踏实走好每一步的作家的未来必然值得期待。希望杨袭能够好生琢磨她的才华，为我们创造更多文字大观，也相信她一定有这样的能力。

参考文献：

1. 范玮：《天使的困境——评杨袭小说〈折翅的老根〉》，《大家》，2009年第4期。
2. 房伟：《通往另一种时间的灵魂——简论杨袭的小说〈去往G城的大巴〉》，《东营日报》，2011年6月21日。
3. 房伟、王伟：《泰山奖里的女性写作》，《齐鲁周刊》，2014年第44期。
4. 残雪：《解读博尔赫斯》，华东师范大学出版社，2008年版。
5. 残雪：《与唐朝晖谈文学》，《永生的操练：解读〈神曲〉》，北京十月文艺出版社，2004年版。
6. 杨袭、吴永强：《每个女人都母仪天下——吴永强杨袭对话录》，新华网山东频道。
7. 李金金：《年轻小说家杨袭——给人希望是永恒的真理》，《黄三角早报》，2014年6月14日。
8. 戴荣里：《〈纸碉楼〉所透视的深厚人性》，新浪博客。
9. 戴荣里：《光明在哪里？》，新浪博客。
10. 宗利华：《读杨袭的中篇〈高塔〉》，新浪博客。
11. 李掖平：《论张爱玲的女性意识》，《扬州大学学报（人文社会科学版）》，1998年第4期。
12. 周波：《关于文学典型问题的当代思考》，《山东师范大学学报（人文社会科学版）》，2014年第59卷第5期。
13. 张清华主编：《中国新时期女性文学研究资料》，山东文艺出版社，2006年版。

附 录

杨袭，山东东营人，1976年生，汉族，大学学历，现任职于东营市文联。2008年开始发表小说，作品见于《大家》《都市小说》《山东文学》《散文百家》《作品》《长城》《黄河文学》《飞天》《长安文学》《东京文学》《十月》等。2007年10月参加"山东省第二届青年作家高级研讨班"；2008年成为山东省作协会员；2009年8月参加山东省第六届作家代表大会并当选为委员。现任垦利县作家协会副主席、东营市作家协会副秘书长。处女作《花姐》获首届东营市黄河口文学奖，中篇小说《泥河调》获《作品》龙岗杯"七彩人生"文学奖铜奖，小说《高塔》2013年获万松浦新人奖、第三届山东省"泰山文艺奖（文学创作奖）"，长篇小说《黑夜悼词》获山东省作协重点作品扶持。东营市首届黄河口文化之星，山东省第三批齐鲁文化之星。

杨袭小说作品年表

2008年

短篇小说《花姐》，刊于《大家》第1期，获首届东营市黄河口文学奖。

短篇小说《黄河口的故事》（又名《菜狗来旺》），刊于《大家》第1期。

中篇小说《向西，再向北》，刊于《作品》第11期。

2009年

短篇小说《雪在烧》，刊于《山东文学》第1期。

短篇小说《折翅的老根》，刊于《大家》第4期。

短篇小说《时光曾经震颤过》，刊于《黄河文学》第6期。

中篇小说《经过》，刊于《作品》第7期。

短篇小说《飞花》，刊于《飞天》第6期。

2010 年

 短篇小说《画红唇》，刊于《文学与人生》第 2 期。

 短篇小说《你当我是谁》，刊于《山东文学》第 10 期。

2011 年

 短篇小说《找奶娘》，刊于《山东文学》第 3 期。

 中篇小说《去往 G 城的大巴》，刊于《时代文学月刊》第 5 期。

 中篇小说《泥河调》，刊于《作品》第 6 期。

 短篇小说《第七十一个电话》，刊于《当代小说》第 8 期。

2012 年

 中篇小说《高塔》，刊于《十月》第 2 期。

 短篇小说《重点怀疑对象》，刊于《边疆文学》第 3 期。

 中篇小说《风过泥河》，刊于《青海湖》第 8 期。

2013 年

 短篇小说《痴语》，刊于《时代文学》第 9 期。

2014 年

 中篇小说《三生蛙鸣》，刊于《山东文学》第 1 期。

 中篇小说《八三年》，刊于《作品》第 6 期。

 短篇小说《超 B 级锁芯》，刊于《辽河》第 8 期。

 短篇小说《陌生人》，刊于《文学港》第 11 期。

2015 年

 短篇小说《蓝鸟》，刊于《当代小说》第 10 期。

 短篇小说《阿叹的火车》，刊于《山东文学》第 10 期。

 短篇小说《萝藦八月》，刊于《青岛文学》第 11 期。

中篇小说《纸碉楼》，刊于《广州文艺》第11期。

短篇小说《暗夜边缘》，刊于《啄木鸟》第12期。

中篇小说《孤魂》，刊于《当代小说》第12期。

2016年

短篇小说《井》，刊于《滇池》第2期。

欲望苦酒中的迷情悲歌
——郑建华小说论

张锡杰

1954年出生的山东女作家郑建华自1977年开始发表作品以来，便以丰富多彩的都市文学创作和极具个人特色的文体风格，成为山东当代文坛上最引人关注的女作家之一。从早期的《无色花季》《情人的森林》，到后来的《月有圆缺》《灯红酒绿》《爱情快车》《痴吻》《情人的池塘》等新潮女性系列，再到晚期的《家园》《手镯》和《欲望别墅》，郑建华以一部部脍炙人口的佳作描绘着自己的文学版图，将山东女性作家的都市小说创作提升到了新的高度。尽管近年来，郑建华的文学创作数量慢慢缩减，但是年逾花甲的她却从未离开文学创作这个舞台。2014年，郑建华凭借短篇小说《空房》一举获得山东省泰山文艺奖，重新回到读者们的视线中，让读者对其接下来的文学创作充满了期待。

纵观郑建华的创作历程，我们不难发现，她的文学历程就是中国都市进程中人性变迁的一个缩写，她以自己细腻而感性的笔触塑造出一个个经典的人物形象，以深入灵魂的心理描写和情感叙事将都市变迁中人物内心的情感变化和欲望纠葛写得淋漓尽致。作为一个50后女性作家，郑建华在童年及青年经历了中国最动荡的年代，那是一段蹉跎不堪的历史岁月，郑建华亲身经历了那个时代的动荡，在青春年少的时候目睹了那个历史环境中人性的风雨飘摇，切身感受到了欲望对人性的摧残，并且感悟到了善恶变迁以及人世间的温情冷暖。

在新时期自由的文化背景下，郑建华摆脱了过去时代带给她的精神压抑，恣意地进行文学创作。残酷的人生经历让她对人性有了更深的理解，面对都市文明的冲击，她把目光聚焦到了都市中的人性变迁。她热切地关注着都市生活中人物的生存处境，在物质极大丰富的年代里，那些精神空虚的人物在她笔下被塑造成了一个个生存悲剧的缩影，如同张爱玲笔下的曹七巧和葛薇龙一样，成了一个个苍凉的手势。他们生在一个物欲横流的时代，物质生活极大满足，精神生活却陷入了空虚。欲望的洪流裹挟着他们的灵魂，将他们推入一个个深渊。他们的悲剧处境是欲望失控造成的，因此我们可以说，这些人物的生存悲剧是痛饮欲望苦酒之后的迷情悲歌，是在情感的洪水猛兽冲击中迷失的灵魂哀叹。

一 多维度的女性欲望书写

弗洛伊德曾说："人是一个受本能愿望支配的低能弱智的生物。"从这个角度看，人的欲望对其行为和心理起着重要的支配作用，同时人对于欲望似乎是无法自控的，因此在欲望面前，人类是妥协无助的。欲望源于人内心的原始冲动，它从人降生之时便埋藏在其内心，从婴儿的吮吸欲望到成长之路上对于爱情和物质的欲望，人类的一切行为都受到了欲望的影响。欲望是潜意识里的动力源泉，它催人奋进，让人在逆境中获得前进的动力，矢志不渝地追求自己的人生理想；同时欲望也是内心中的烈火，当欲望失去控制，人便会引火烧身，堕入欲望的深渊，为欲望所控制，越过道德和理性的边界，做出不理智的选择。在郑建华的小说创作中，对于欲望的描写始终占据重要的地位，从青春年少时情欲的懵懂到都市繁华中欲望的肆虐，再到中年过后欲望的消逝和人生的沉淀，欲望是郑建华小说中不变的主题，是延续在她小说创作中的重要命题。

从题材上讲，郑建华的小说创作大体可以分为三种类型。在早期的创作中，郑建华的小说带着明显的伤痕文学和知青文学的影子，这些作品的主题是青春时期个人欲望的萌发，以及个人欲望与现实的二元对立。这一时期的创作主题与她个人的人生经历有关。在"文革"十年中，郑建华加入山东建设兵团，亲身感受了建设兵团中少男少女们的情感萌动。在那个特殊的年代和特殊的年龄阶段中，人物的情感欲望是单纯而朴素的，欲望之火刚刚燃起，男女之间的情感不掺任何杂质，但就是在这样纯真的年代，情感欲望遭遇了现实环境带来的巨大阻力，爱欲表达遭遇了挫折，由此一个个悲剧诞生了。在这些悲剧的描写中，郑建华带着反思的意识，将自己的亲身经历融入文学创作之中，将那个时代背景下的人物处境描写得细致入微。

在郑建华的处女作《无色花季》中，作者以部队生活为背景，讲述了一群生活在建设兵团的青年男女的情感纠葛。在那个特殊的年代，舒宁、于芳、项雄、李默吟、丁华、薛红军、关东平、温媛媛、柳珈、燕南等年轻人被安排在了城市边缘的一个建设兵团中，他们每个人都有不同的性格特点，也有不同的家庭背景，但是在这相对封闭的生存空间中，随着年龄的增长，悄然燃起的欲望之火让他们原本平静的心灵开始躁动起来。单纯美丽的少女舒宁为了找寻爱人、守护爱情进入兵团，她的爱人项雄是一个因为暴动而被判罪的服刑人员，两个人的生存处境存在无法逾越的鸿沟，然而单纯懵懂的舒宁为了爱人甘愿来到这样一个像监狱一样的地方，并且不惜违犯兵团规定，给爱人项雄写信，私自与项雄相会。欲望之火点燃了舒宁内心对于爱情的渴望，然而残酷的现实最终没有让这对有情人走到一起。项雄因为隐瞒劳改犯李默吟逃狱的计划而受尽折磨，在他生活无望的时候，监狱管理人员于芳为了拯救项雄，谎称自己爱上了他，最终两人双双被发配到维北农场接受改造。爱人离去的时候，舒宁昏倒在地上，她的爱情梦想被残酷的现实击碎，欲望之火让舒宁忘却了自己，当爱情破碎以后，她便只剩下一具躯壳。然而欲望之火并未就此停止蔓延，它灼烧了舒宁、项雄和于芳之后，又蔓延到关东平和薛红军身上。深爱着舒宁的关东平得知自己爱情之欲无法满足之后郁郁寡欢，他的父亲与一个女学生有染，为了拯救父亲，他被迫与那个女学生结婚，然而他始终无法摆脱自己对舒宁的爱。在残酷的命运面前，关东平选择了死亡，而深爱着关东平的薛红军因为无法得到关东平的爱，将自己的怒气转向舒宁，她与舒宁的友谊在情欲面前崩塌。关东平的死让舒宁灵魂上备感自责，也让其他青年男女看到了爱情的苦涩。而在另外一段感情纠葛中，温柔贤淑的温媛媛误入歧途，爱上了不负责任的燕南，两人发生关系以后，温媛媛意外怀孕，而燕南却怀疑孩子不是自己的，他无情地折磨温媛媛，温媛媛不得不选择流产，而燕南却又对率真的丁华产生了爱情。在三个人的感情纠葛中，欲望的火焰将三个人的青春打上了伤痛的烙印，让他们纯真的花季失去了原有的色彩。

在这篇小说中，作者将个人的欲望与现实环境之间的二元对立作为书写的主要对象，这里的个人欲望除了情欲之外，还有对自由和生存的欲望。在小说中，劳改犯李默吟面对囚笼般的监狱生活产生了一种强烈的反抗意识，他在柳珈的帮助下顺利逃狱，奔向自己心中向往的自由。然而现实环境的残酷并未让他实现永久的自由，他逃狱之后不久便被抓获，最终因逃狱被判死刑枪决。他的自由之欲得到了满足，在死前依旧想着那句人生箴言——"死亡是美丽的"。为了心的解放，为了自由的欲望，他甘心选择死亡，甘心下地狱，他的死之所以安然，是因为他的欲望得到了最大的满足。而深爱着李默吟的柳珈为了奔向更好的生存处境，不择手段地欺骗，自导自演"见义勇为"的戏码，将自己塑造成英雄模范，最终她满足了自己的私欲，获得了更好的发展机会，离开了兵团。李默吟和柳珈的欲望是区别于其他人的，他们的欲望是对自由和生存的追求，不是对情欲的欲望，因此更容易得到满足，然而为了满足这些欲望，他们也付出了沉重的代价。

《无色花季》对于青年男女在懵懂花季的欲望书写带着浓重的灰暗色调，在那个时代背景中，欲望与现实环境的矛盾造就了一场场爱情悲剧和生存悲剧，那些青年男女的欲望萌发在一个特殊的环境中，他们为了爱情奋不顾身，为了自由抛却生死，为了生存不择手段，欲望的烈焰将他们的花季焚烧殆尽，花样年华最终变成了灰色青春，欲望之火从萌发到蔓延，再到肆虐，让几个青春年少的青年男女受尽折磨，让他们的青春布满伤痕。《无色花季》这部小说是作者对于欲望的第一次书写，因此带着对青春的缅怀和眷恋，并且这部作品书写的背景是十年"文革"和兵团生活，因此在主观与客观两方面因素的影响下，小说的字里行间总是充斥着淡淡的伤感情怀。如同伤痕文学中的那种忧伤一般，这种伤感或许是作者悲悯情怀的一种体现，所以说，这一时期的作者对于欲望的书写是有所保留的，相比于后来的都市小说中对于欲望的书写，《无色花季》更趋向于对青春期懵懂爱情的缅怀和回归。

而在其他几部类似的作品中，作者同样将个人欲望的书写表现得相当隐晦，将青春期的躁动隐藏在唯美而又动人的爱情故事或者童年回忆中。在《红色童话》中，作者以第一人称"我"的讲述将兵团青年李国庆和两个女孩之间的感情纠葛写得唯美动人。李国庆在兵团中是所有女孩喜欢的对象，其中最钟情于他的便是毓娜和唐小纳，两个女孩对李国庆的感情忠贞不渝，这让他左右为难。最终他选择了逃离，而在他离开之后，毓娜和唐小纳以及"我"却成了好朋友，三人共同成长，最后各自实现了自己的人生价值，这段青春年少时的爱情自此成了回忆里的一段红色童话。作者没有将三个人的感情纠葛过分复杂化，爱情也仅仅停留在互表忠贞，因此这段感情排除了欲望书写的苦涩，被赋予了情窦初开的美好和单纯。尽管李国庆最终没能与这两个女孩修成正果，但是他们之间的感情却也为他们的青春带来了一抹红色，让他们在懵懂的爱情中成长，

而在《经过童年》这部回忆体小说中，作者将大背景放置在"文革"动荡中，以一个少女的视角观照那个时代中青年男女的爱情，并且从这个小女孩对于爱情的幻想中铺陈她的成长历程。在这部小说中，作者没有着重描写爱情的唯美或残酷，而是重点表现那个动荡的时代对于人性的摧残。抄家、批斗、游街示众一系列的"斗争"为一个少女的童年蒙上了阴影，当童年的玩伴邵子银和历江涛因为批斗抄家死去之后，"我"慢慢学会了成长。"我"的童年随着两个玩伴的离世而结束了，"我"从许宁、崔梅生和历江涛三个人的感情纠葛中感悟到了爱情的滋味，也感悟到了人生的波折。当"我"人到中年回首往事的时候，对那个残酷的年代的恐惧以及对玩伴的痛恨早已经淡去，那段记忆在"我"的内心深处沉淀，让"我"对人生了有了更多的感悟。

在郑建华中期的创作中，她的笔触从特殊年代里的青春记忆转向了都市生活中的情感纠葛，这一时期是她文学创作的高峰期，也是她个人文学风格的定型期。在这一时期，她的文学创作逐渐摆脱了伤痕文学和知青文

学的影子，带有一点先锋的意味，将都市生活中人性的扭曲和欲望的狰狞展示得淋漓尽致。她将自己的文学题材立足于都市情感之上，将现代都市环境中男女之间的情感纠葛和人物内心的欲望作为书写对象，因此创作出了一系列婚恋题材小说。在这些小说中，郑建华将婚姻道德与个人欲望之间的对立关系置于灯红酒绿的都市生活中，大胆而前卫地将几千年来中国女性压抑的个人欲望毫无保留地展示在世人面前，摆脱了"文革"前后文学作品中女性端庄得体、贤良淑德的类型化形象。她大胆书写女性对于情欲的渴望和求爱不得的艰难处境，剖析都市女性的内心世界，将现代生活中复杂的人际关系和扭曲的人性展示了出来。

在这一时期的创作中，都市、金钱、消费、欲望、名利、爱情等一系列元素充斥在郑建华的小说中，她用自己独特的文学语言展示了一个伤痕累累却温情暗涌的都市世界，将新时期女性渴望摆脱道德伦理束缚、大胆追求爱情和欲望的心理诉求写了出来。她笔下的女性，不再是隐忍的代名词，不再是男性的附庸，她们是商场上的女强人，是政界的高官，是都市生活中大胆追求爱情与名利的女白领。她们大胆摆脱男性和婚姻给予她们的束缚，将自己内心的欲望暴露出来，要求物质和欲望的极大满足。尽管她们是从一个围城走入另一个泥沼，最终难逃悲剧命运，但是她们从未停止追求的脚步，从未放弃自我的本位意识，因此郑建华的叙事走向虽为都市婚恋小说的路数，却带着先锋和叛逆的色彩。

在《家园》这部长篇小说中，作者将女性的叛逆意识投射到一个叫夏含青的女人身上，讲述了叛逆的夏含青从童年到中年坎坷的人生经历。童年时期的夏含青便带着叛逆的色彩，她不容许任何人左右她的命运，为了保护弟弟夏汉阳，她伪装成男孩跟着姑妈来到了香港。步入青年以后，夏含青先是与高中化学老师钱池明私订终身，两个人在未婚的情况下生下了女儿钱秋梨，而后就在即将走进婚礼殿堂的时候，夏含青却抛下丈夫女儿，跟着流浪摄影师叶天华远走他乡。两个人一起经历了一段浪迹天涯的旅行，多年的奔波让二人心力交瘁，最终他们回到香港，夏含青与钱池明离婚，与叶天华组建了新的家庭，并且有了儿子叶青。一切看似重归平静，然而浪荡不羁的叶天华与自己公司的女模特偷情被夏含青意外撞见，愤怒的夏含青欲杀死叶天华然后自杀，结果她的计划没有成功。伤愈之后的夏含青得了抑郁症，远赴英国治疗，她与叶天华的婚姻也就此结束。情场失意的夏含青却在商场上展露出了惊人的天赋，她被姑妈派往岛城，开辟新的商业帝国，在岛城又陷入了与下属蒋文渊的情感纠葛，然而迫于现实的压力，两人的感情关系从炽烈慢慢走向了破裂，最终成了相见眼红的仇人。夏含青在岛城的商界政界一呼百应，事业蒸蒸日上，然而感情却陷入了深渊。多年的漂泊让她对感情始终缺乏信任，她在欲望和爱情之间左右徘徊，在三个男人之间纠缠着，最终因为叶天华的离世，这段纠结的感情才慢慢沉寂下来。

  在这部长篇小说中，郑建华将一个叛逆女性的个人欲望与现实环境之间的矛盾对立作为叙事的推动力，展示了都市生活中欲望对于人性的扭曲和操纵。每个人都有自己的欲望，然而并不是每个人都能展露自己的欲望，特别是女性，在中国传统道德观念的影响下，大多数人选择了抑制自己的欲望。而在小说中，夏含青却毫不保留地展露自己的欲望：她青春时期的欲望是对于钱池明的爱，她大胆抛却世人的眼光，与钱池明展开一段轰轰烈烈的师生恋，并且诞下了爱情的结晶；然而当这种欲望平息过后，夏含青选择了追随叶天华浪迹天涯，在无拘无束的流浪中尽情享受叶天华带给自己的激情，而当她被叶天华背叛时，她毫不留情地选择了报复；在商界，当她遇到蒋文渊之时，更是不顾世俗眼光，与自己的下属展开一段地下恋情。夏含青在一段段感情中享受着欲望带给自己的快感，但是她也陷入了欲望的深渊，无法得到真正的爱情。她被欲望蒙蔽了双眼，不知道自己真正想要的爱情是什么，当女儿钱秋梨问她到底爱谁的时候，她陷入了沉默。的确，她对婚姻和爱情失去了最初的信仰，当欲望的烈焰疯狂肆虐的时候，她会毫无顾忌地享受这烈焰带来的温暖与刺激。夏含青是一个矛盾的结合体，她一方面叛逆地摒弃世俗的枷锁，尽情享受个人欲望，肆无忌惮地追求情欲和物欲，从这个角度上看，她是自由的；然而从另一方面讲，她又是不幸的，她无法走出欲望的泥潭，深陷欲望的囚笼，在欲望挥洒殆尽以后，她的爱情和灵魂陷入了空虚，婚姻千疮百孔，生活凌乱不堪，因此从这个角度上看，她是悲惨的。

在《家园》这部小说中，作者对于个人欲望的书写是双重对立的。一方面，她对夏含青的叛逆给予了极大的赞扬，对夏含青大胆追求欲望的满足表示出无限的敬佩，并对现代都市人享受欲望带来的乐趣表示了肯定；另一方面，她又对都市人陷入欲望泥沼不能自拔表示出悲悯和同情。在小说中，蒋文渊的女友梅梅为了满足物欲可以舍弃爱情，而当她爱上了夏秋白以后，却毫不顾忌地破坏了他的家庭，追随夏秋白远赴香港。为了满足自己的欲望，她忘记了道德，不惜鱼死网破。夏秋白深陷梅梅带给自己的欲望之时，抛妻弃子，连工作都可以放弃，而夏秋白的妻子吉莉为了挽回丈夫，不惜勾结蒋文渊进行疯狂的报复。三个人在欲望的泥沼中挣扎着，为了个人欲望的满足，不惜伤害他人。这正如叔本华所说："欲望过于剧烈和强烈，就不再仅仅是对自己存在的肯定，相反会进而否定或取消别人的生存。"梅梅、吉莉和夏秋白三个人被欲望之火烧昏了头脑，他们疯狂的行为不仅伤害了自己，也将他人推向了深渊。

在小说的结尾，夏含青送走了叶天华，她在叶天华的墓前轻轻呢喃着。她始终不想走入婚姻的殿堂，不想再一次开始一段婚姻，她心中的欲望之火并未在钱池明身上找到归宿，她的内心对另一个男人还存有幻想，欲望之火依旧在她身上肆虐着。但是历经人生坎坷步入中年的她似乎明白了节欲的道理，她选择了平静，不再表露自己的思想，不再为了实际的甜蜜而亵渎精神家园。她放弃了欲望的表达，而选择默默坚守，这或许是作者给现代人的一个启示：欲望的快感或许可以带来实际的亲密，但是想要获得精神的家园，就必须学会默默节欲。这种经历人生波澜起伏之后的顿悟带着佛家禅宗的四大皆空的思想，但是繁华都市中，又有谁能够免遭红尘情欲的纠缠呢？哪一个不是饮着欲望苦酒拼命挣扎的凡夫俗子呢？

在郑建华的另一部作品《手镯》中，对于都市人的欲望描写更加血腥和残忍，将都市人内心的阴暗面更加深刻地暴露出来，她突破了传统伦理观念对于作家创作的束缚，将各种不堪的粗俗的情感关系展示了出来。小说讲述了白领丽人秋儿与男友雨达以及都市富婆黎婉芬的爱恨纠葛。原本情投意合的恋人在金钱面前分道扬镳，坚固的爱情堡垒经不起物欲的冲击。雨达为了物欲抛弃了女友秋儿，但他无法摆脱对秋儿的感情，为此他制定了周密的计划,然而他并不知道黎婉芬为了维护他们的感情,竟然将一个受过辐射的手镯赠送给秋儿,使秋儿患上了严重的白血病,濒临死亡。当黎婉芬知道雨达的计划之后,受到欺骗的她竟然杀死了雨达,然后远走他乡,最后只留下受伤的秋儿在纪沧海的帮助下转危为安。在这部小说中,欲望的洪水猛兽以摧枯拉朽之势席卷了两个人的感情生活,将三个人卷作一团。雨达为了物欲的满足,伤害了秋儿,自己也付出了生命;黎婉芬为了情欲的满足,更是不择手段;最可怜的秋儿在两个人的欲望之火中成了陪葬品,失去了爱情的同时,身体也受到了伤害。在这部小说中,郑建华将多角恋爱、欲望书写、高科技谋杀、悬念制造以及都市生活融为一体,为读者营造了一个阴暗恐怖的都市世界,将都市人物欲横流和情欲放纵的精神世界细致勾勒,整部作品充满了一种压抑的感觉,让读者对欲望的残忍望而生畏。

而在郑建华的新潮女性系列中,《爱情快车》这部作品在都市人的情感纠葛描写上更具突破性。在这部作品中,作者没有浓墨重彩地描述都市人阴暗的内心和人性的扭曲,也没有表现纷繁复杂、灯红酒绿的都市生活,而是以情感化的叙事讲述了一对母女与一个男人的"不伦恋",将个人的欲望以及欲望带来的伤痛展示得发人深省。人到中年却魅力不减的香港女企业家敏子结束了与丈夫二十年的婚姻关系以后独自来到大陆,想开始一段新的生活。原本不再对爱情抱有幻想的她却意外邂逅了年轻潇洒的记者高博文,两人在交往中互生情愫,最终敏子选择了开始一段新的婚姻。然而就在婚礼的准备阶段,敏子二十岁的女儿乔伊娜从美国归来,在街头意外偶遇了母亲的未婚夫高博文,竟然也爱上了这个男人,就这样,一场母女的爱情争夺战开始了。漂亮性感的乔伊娜用诡计占有高博文,而风韵犹存的敏子得知这个消息以后陷入了被动,在这场没有硝烟的欲望之战中,敏子、乔伊娜和高博文如同三颗棋子一样,任由无形的欲望之手摆布着,他们失去了自我,成为欲望的傀儡。在这篇小说中,欲望让人忘记了亲情,忘记了道德,忘记了伦理,甚至忘记了自我。乔伊娜被高博文身上散发出的欲望深深吸引,为了得到高博文,她在母亲生病的时候设计勾引高博文,忘情地和他享受着欲望的快感;高博文深爱着敏子,却又对性感的乔伊娜的勾引毫无抵抗能力，陷入了爱情忠贞和情欲放纵的两难选择。小说最终也没有给读者答案，或许在欲望和爱情面前，每个人都有自己的选择，然而无论做出怎样的选择。欲望的火焰都不会停息，因为它一旦燃起，就无法控制，不到遍体鳞伤，任何人都无法摆脱欲望的纠缠。

虽然郑建华的作品偏重于描写都市生活中人性的阴暗面和欲望的不可控性，但是作为一个女性作家，郑建华并未忽略现实人生的光明与温情，因此在她的作品中还有一些关注现实生活和人间百态的现世之作。这些作品主要集中在她创作的后期，并且以短篇小说的体裁形式出现，这或许可以看作她人到中年之后对于现实生活中温暖温情的渴望，同时表达了对现实生活中人的生存状态的思考。在这类作品中，故事背景依旧没有脱离都市生活，但是关注的重点却不在于人性和欲望，而是生活和人生，因此在这些作品中充满了温情和思辨的意识，可以看到一个作家以自己深刻的艺术感知力去感悟现实生活。

这类作品中最突出的便是短篇小说《漂亮人生》。在这部小说中，作者通过对生活中一个简单细节的描写，展现了生活中那些温情的瞬间，以浅淡自然的语言将一段简单的经历写得充满温情。小说中的"我"从清晨开始情绪就很糟糕，上了公共汽车又被人狠狠地踩了一脚，"我"的心情直接跌到了谷底。然而在"我"上车以后恰遇一个男士下车，"我"便得到了一个座位，当"我"庆幸的时候无意中听到了身后两位女士的谈话，她们在讲述自己年轻时候的经历：她们都是"老四届"，年轻时上山下乡，南征北战，大批人的命运都坎坷琐碎。"我"听着她们讲述自己年轻时候的苦难，痛苦让她们说得这样开心，"我"开始喜笑颜开，并对她们的谈话产生了浓厚的兴趣。直到下车以后，"我"依旧恋恋不舍地跟着她们到了一家时装店里，当"我"对着一套标价一百五十元的时装为难时，其中一位女士忽然说要将这件衣服以成本价卖给"我"，"我"顿时感到一阵惊喜。当"我"付完钱之后，这位女士早已经离开了商店，"我"的情绪顿时好了起来。在这段短暂的邂逅中，"我"感受到了苦难的力量，只有经历过磨难而又超越磨难的人才能这样去谈论磨难，这样一种境界或许也是作者看破欲望都市的苦难之后产生的感悟。苦难可以让人脱胎换骨，"我"

从那两位女士的谈话中悟出了生活的真谛。在日常生活的苦难中，如果有心的话，我们渐渐就会发现我们脱去的"骨头"早已经堆积如山，在苦难中可以对生活产生更透彻的感悟，这让我们活得更坦然。

在《今有春风》这部中篇小说中，作者又用《漂亮人生》中那两位女士的语气讲述了一群人到中年的同学在经历人生起伏之后，重新走到一起畅谈人生的故事，在一种怀旧的氛围中，表现纷繁复杂的生活中每一个个体的生存处境，也表现了都市生活的世间百态。一场简单的同学会，让原本天各一方的中年人相聚在一起，他们在动荡的年代里一起经历灿烂的青春岁月，成就了坚固的友谊，十几年之后，他们天各一方，各自组建家庭，各自有了事业。当他们重新聚首之时，对于青春的缅怀、对于现实人生的感悟让他们忘却了自己已然人到中年，他们忘情地歌唱，肆意地舞蹈，忘却了曾经的苦难，忘却了世俗地位的高低，他们一同缅怀着逝去的青春，一同迎接美好的明天。在这部小说中，虽然掺杂着现实社会中一些世俗的苦难和现实社会的丑态，例如懦弱的田芳的丧夫之痛，还有江道涵的求爱不得以及盛气凌人的吴天口，两个人一个在人生的低谷挣扎，一个春风得意目空一切，但是在小说中，作者依旧通过一场盛大的同学聚会表现出了对青春岁月的缅怀和现实生活的美好。

在郑建华的作品中，除了表现上述人生哲学的作品以外，还存在另一种先锋意识较强的作品，这类作品用荒诞派的创作手法表现了对现实生活中都市人生存处境的拷问，充满了一种思辨意识，这类作品的代表作是《苦笑》和《烙印儿》。《苦笑》用荒诞派的写作手法表现了都市青年茫然的生存状态，表达了作者对都市男女生存处境的思考。小说中的"我"是一个美工，在装潢设计时，"我"对自己的艺术才能毫不怀疑，然而在现实的工作环境中，"我"无法按照自己的艺术理念去设计作品。当被安排为某科长设计封面的时候，"我"完全失去了设计师的创造思维，被这个科长的意见左右着，最终完成了一件一点不掺杂个人风格的作品。当"我"陪着老院长去跟对方谈价钱的时候，因为"我"要求在作品上签名，结果对方竟然加价三十万，原本六十五万的作品竟莫名其妙地增加到了九十五万，整部作品中没有一点创作理念属于"我"，除了这个签名，"我"

不明白自己的签名竟然值三十万，更不明白自己"到底是什么玩意儿"。在这部作品中，作者用荒诞的笔调抨击了现实社会中的官僚主义作风以及都市人附庸风雅的做派，同时对当下社会中都市人的生存处境进行了深刻的反思。

而在另一部作品《烙印儿》中，作者运用了黑色幽默的创作手法，讲述了退休老编辑沈公的一段特殊经历。沈公是报社退休的老编辑，生活平淡乏味，爱好不多，却自得其乐，处在人生的平衡器上，沈公没有一丝失落感，日子一天天过着，然而他平静的生活却被外甥宝儿的一段遭遇打破了。宝儿在火车上因为车票的问题和乘务人员发生了冲突，被乘务人员烫伤了腿部，沈公替外甥鸣不平，一纸诉状寄到了省铁路局。不久两个铁路局的领导来访，赔偿了沈公的损失，并且要求沈公写一份处理意见。沈公一生未与官场打过交道，这处理意见难坏了沈公，沉思再三，沈公觉得即使打官司赢了，若宝儿在省城再遭报复，问题便更加严重了。最终沈公给省铁路局党委写了一封短信："相信组织，依靠组织，请组织决定！"写完这封信以后，沈公心中却始终不踏实，他原本平静的生活被打破了。在这篇小说中，作者用一种黑色幽默笔法讲述了沈公这段特殊的遭遇，反映了当下社会中小市民的生存处境，讽刺了小市民的懦弱，抨击了现实社会中不公平的现象。原本想安享晚年的沈公却因为与官场中人的官司闹得不踏实，一方面他渴望给宝儿讨一个公道，另一方面却又不敢把事情闹大，在这种矛盾心理中，沈公失去了原本安定的心态，这件事给他打上了沉重的烙印，让他无法继续原有的生活。

从郑建华的小说中，我们不难发现其创作的轨迹是与个人的人生经历紧密相关的。在最初的创作中，作者回忆自己的青春岁月，内心懵懂的少男少女在特殊时代里展开一段段刻骨铭心的爱情，这个时候作者对于爱情和欲望的书写是保守而克制的，作品中人物内心的欲望来自成长过程中的躁动；而在之后的作品中，作者将创作视角转向都市生活，通过一系列的作品展示了都市生活的纷繁复杂，表现了个人欲望对人性的摧残，特别是在婚恋题材的小说中，作者对于个人欲望的书写是奔放的，这一时期作品中人物的个人欲望如江水一般肆虐，无法控制，人物也被欲望裹挟着，陷入欲望的深渊；在后期的创作中，郑建华一系列现实题材的作品展现了现实生活中的温情或世间百态，显露出作者对于现实人生的悲悯情怀，当我们回首往事，一切都将是美好而温暖的，这一时期作者的创作思维和作品中的人物一样慢慢沉淀下来，欲望的书写慢慢淡去，人生的感悟却慢慢深刻，因此作品中多了一些温情和思辨意识。

二　女性视角中的欲望书写和人生观照

作为一个女性作家，郑建华的都市言情小说总能以女性特有的艺术感知力去观照现实人生和人性欲望，她总是创造出一个个鲜活丰满的女性形象，然后通过她们的人生经历或生存处境去观照当下人的都市生活，在这些女性形象身上透射出作者对人性深层欲望的书写和对现实人生的感悟。从女性主义角度来讲，郑建华笔下的女性形象代表着当下都市生活中绝大多数女性的生存处境，她们像一面面镜子一样折射着这个社会的方方面面，也深刻地揭示了欲望对人性的扭曲和摧残。从时代变迁到都市生活，从现实人生到欲望书写，郑建华作品中的每一个女性形象都是一个时代的缩影，都是都市生活的缩影，都是当下女性形象的缩影。

在女性形象的塑造上，郑建华注重对女性内心欲望和心理变化的描写。她将女性内心深处对于爱情和物质的强烈欲望毫不隐讳地展示在读者面前，因此她笔下的女性形象都是欲望的个体，她们一方面享受着欲望带来的快乐，享受着物欲横流的都市生活，纵情于灯红酒绿的名利场，在情欲中畅游；另一方面她们却又被欲望左右，无法摆脱人性的弱点，在欲望的泥沼中越陷越深，最终求爱不得，陷入无尽的悲伤。这种对立式的书写让郑建华笔下的女性人物处在情欲的撕扯中，而且永远无法摆脱欲望对她们的纠缠，就如同古希腊悲剧中的俄狄浦斯王一样，一面渴望摆脱命运的悲剧，一面却无法走出自己的命运安排。

郑建华以女性特有的直觉去书写女性的躯体和内心世界，摆脱了男性话语对于女性的压抑和束缚。她不再以男性的视角将女性的躯体和欲望看作情欲和淫邪的象征，也没有将女性释放自我欲望看作一种卑贱的行为，而是带着同情悲悯的情怀去观照女性的生存状况和女性在欲望中挣扎的悲剧命运。在传统的男权社会中，女性的偷情、出轨、纵欲、裸露躯体都被看作是放荡的、邪恶的，而在新的女权主义的观念中，女性可以大胆地释放自己的欲望，尽情地享受欲望的快乐，自由地享受性爱的温存，她们摆脱了男权主义的压制，获得了自己的权利和自由，她们掌握自己的命运和思想，可以将被压抑的欲望和人性释放出来。

因此，我们可以看到郑建华小说中女性人物的第一个特点就是性感和美丽，这些女性人物身上带着女性最原始的欲望冲动，她们有完美的躯体，有着令男性着迷的外表，从中年女性到花季少女，每一个女性都光彩照人。她们就像一道亮丽的风景线，在男性的目光中摇曳，她们展示自己的美丽和躯体，让自己身体的每一寸肌肤、每一丝秀发、每一个器官都散发着女性特有的美丽。而作者也从不吝啬笔墨去描写这些女性人物美丽的躯体，她用大量的细节描写将一个个女性写得如诗似画，美丽动人。

在《家园》这部小说中，女主人公夏含青就是一位有着十足魅力的女性，她浑身上下散发着女性特有的魅力，一米七的身高，匀称的四肢，健康的肤色，从一出场就光彩照人。她让小说中所有的男人着迷。年少时候的她浑身散发着阳光和活力，欲望从她性感的嘴唇中流露出来，而当她步入中年以后，作者写到她的躯体时，将她塑造得自信而奢华，她带着中年女性的风韵，让蒋文渊深陷其中不能自拔。在这部小说中，作者时不时地用一些细节描写去表现夏含青的躯体，毫不隐讳地描写女性躯体特有的美，从双唇到双乳，从手指到双腿，这些细节描写让夏含青内心的欲望充分外露，让人物的精神世界展露无遗。而在另一部小说《爱情快车》中，作者一开头便将中年富婆敏子的躯体写得性感撩人，她虽已经人到中年，但浑身上下流露出一种性感，这种性感让人过目不忘，让每一个见过她的男性魂牵梦萦，她性感的躯体中隐藏着对于爱情的渴望，隐藏着对情欲的向往。而在《无色花季》和《阅读初恋》等小说中，作者更是将花季少女的美丽描写得楚楚动人。在对这些女孩的描写中，作者极尽溢美之词，把每一个少女身上透露出来的美刻画得细致入微。在女性形象的塑造过程中，作者从不以男性的目光去俯视女性的躯体,将女性的躯体描写看作欲望和情欲的象征,带着亵渎的目光去描写女性身体,而是用一种神圣的、赞美的目光去书写女性躯体的美,从女性自身的角度去书写她们对于自己躯体所散发的独有的美的感受。因此在郑建华的小说中,女性躯体的书写虽然是暴露的,是透露着欲望的,但却不是低俗的、下贱的,而是如同天使一般圣洁的,即使她们在欲望的洪流中畅游的时候,身上依旧散发着女性原始的美丽,这种美丽是不容侵犯的,是特立独行的,是令人赏心悦目的。但是这种躯体写作也存在一定的风险,这也是创作者们所担忧的。因为对于女性躯体的过度书写容易陷入"身体写作"或者"下半身写作"的误区,让读者感到这种写作不是对女性躯体的赞美,而是一种亵渎,是将女性的躯体和性爱结合起来,将女性写成性机器一般,成为性欲的物化表现。这样的写作不但缺乏对女性的尊重,显得低俗和猥琐,而且还容易让读者产生不适感和抵触心理,因此作者在书写女性躯体的时候要把握的度是最关键的。

除了对于女性的躯体描写以外,郑建华的小说中对于女性形象的塑造还通过大量的女性心理描写来完成。在她的作品中,她将女性内心对于一切事物的感触全部外化出来,将当下女性的内心世界完美地呈现在读者面前,让读者真正走进女性的内心,体味女性对于自我生存环境和现实人生的种种看法。在《情人的森林》中,子颖在听到雨迪飞以钱财换取她做自己的情妇时,作者运用了分离式的内心独白表现子颖内心的挣扎:子颖内心一个代表欲望的声音在说着答应雨迪飞,另一个理智的声音却在告诫她不要玩火,你已经身为人妻。在两个声音的撕扯中,最终欲望战胜了理智,子颖答应了雨迪飞的要求。在这两段心理描写中,读者可以感受到子颖内心的挣扎,同时也感受到了女性在欲望面前的妥协与无助,体悟到了人性的脆弱。在《灯红酒绿》和《并非忏悔》中,郑建华运用大量的心理描写表现职场女强人子慧和伊云两个人在家庭和事业双重压力下的挣扎。两个人都在职场上左右逢源,为了名利和物质不择手段,使尽浑身解数,而在婚姻和感情上两个人都面临着婚姻破裂的悲惨遭遇,作者用大量的心理描写表现她们在繁华都市中被欲望驱使着走向悲剧的深渊。而在《阅读初恋》和《红色童年》中,作者直接用第一人称来表现花季少女对于自身境遇和男女爱情的态度，并深入挖掘了青年男女在特殊环境中对于情感欲望的心理变化。

郑建华从自我对于女性躯体的描写以及对女性心理的把握去塑造女性形象，因此她作品中的女性形象更加丰满和立体。而作为一个女性作家，郑建华的小说创作还透露着强烈的女性意识，这种女性意识摆脱了传统男性话语对她们的压抑，树立了女性对于自我的全新认知，因此郑建华小说中的女性形象不再是受男性摆布的玩偶，也不再是受传统伦理道德压迫的个体，而是冲破道德枷锁和男权束缚的新女性，她们时尚前卫，大胆追求自己欲望的满足，她们勇敢地追求爱情，在事业上披荆斩棘，成为活跃在各个行业里的女强人。在爱情上，她们不受男性的摆布，勇敢暴露自己的欲望，将自己置于和男性平等的地位，尽情地享受都市生活带来的欲望满足。尽管她们依旧无法挣脱欲望的枷锁，无法克制欲望洪流对她们的操纵，在欲望的烈火中化作一个个悲剧的身影，但是强烈的自我意识已经让她们敢于释放自己的情感和欲望，这对于女性来说也是一次不小的进步。

在郑建华的小说中，对于欲望的书写是大胆而前卫的，并且体现出一种强烈的思辨意识。她一方面肯定女性的自我意识，赞美女性敢于享受欲望、体验人生、及时行乐，另一方面又对女性处境持一种悲观的态度。因此在她的作品中，所有都市女性都处在欲望的挣扎与对抗中，这些女性敢于突破婚姻和爱情的束缚，追求物欲和情欲，她们出轨、偷情、玩弄男人，对男性不再是仰望的态度，而是将男人作为自己欲望释放的出路，作为自己情感寄托的舞场。她们率性而为，从不回避自己内心的欲望，但同时她们又无法摆脱人性的弱点和现实社会的压抑，她们尽情享受过欲望之后，最终也陷入了进退维谷的境地。就如同《欲望别墅》里的章氏三姐妹一样，她们在都市生活中大胆追求欲望的满足，在职场上奋力拼搏，在情场上左右逢源，拥有一个女性生存的权利和自由，然而当她们愈演愈烈地挥洒欲望的时候，又陷入了欲望的泥沼，最终遍体鳞伤，名利、欲望、爱情、背叛、复仇等一系列元素在这部小说中交织在一起，让读者看到了一个纷繁复杂的都市世界，也让读者感受到在欲望面前人的无助与悲哀。

郑建华小说中的欲望书写并不仅仅停留在情欲之上，更包括物欲和名欲。这些小说中的女性有的在情欲中挣扎，有的在物欲中徘徊，有的则在名欲中沉浮，郑建华通过对女性生存处境的描写，为读者展示了一个充满欲望的都市环境，同时也表现了这些女性在欲望都市中的人生悲歌。郑建华的小说多是从女性的视角展开欲望书写，在她的作品中，女性占据了主体，是她文学世界的支柱，而且她也擅长从女性自身的角度去透视欲望的存在价值和欲望的危害。在郑建华的小说中，欲望是一柄双刃剑，它一方面让女性重新找到了自我的价值，给予女性生存的乐趣和情感的寄托，另一方面也纠缠着女性，让女性在痛苦中挣扎裂变，最后陷入悲伤与无奈之中。现实生活中女性的生存处境是复杂的，而由于女性自身的思维和情感上的弱点，往往容易被欲望控制，成为欲望的俘虏，从而失去自我，这也就是郑建华在小说中最终呈现的女性处境。在郑建华的小说中，女性都是被欲望左右的，她们在欲望中找到自我，摈弃男权的压制，将男性赶下神坛；她们占据了都市的主流，男人成为他们的陪衬，然而她们又过度地沉迷欲望，最终被欲望征服，在情欲中求爱不得之后陷入危难。就如同《留住一抹红》中的女白领程程，在欲望的驱使之下陷入了与上司伯年的情感纠葛中，然而已身为人妻的她无法摆脱伯年的纠缠，并且陷入了深深的自责之中，最终生活发生巨变。在这篇小说中，作者真实地表现了欲望洪水决堤之后的破坏力。程程无法摆脱欲望的左右，与伯年纠缠在一起，当她想摆脱的时候，却深陷其中，难以自拔。欲望让她满足了瞬间的愉悦，却也让她跌入无底深渊。

在长篇小说《痴吻》中，白领小姐子枫为了摆脱丈夫的专横，勇敢地离开了丈夫，来到一家合资企业工作。对于都市新生活的欲望让子枫在工作中如鱼得水，重新找到了自己人生的价值，然而她也深陷都市的欲望潮水中不能自拔：她爱上了有家室的伍天朔，却也陷入了客户逢思文和丈夫江丰的双重纠缠，最终她选择了逃避，躲到了伍天朔的家中，但逃避并不能让她摆脱欲望的侵袭，当残酷的现实让她清醒以后，她选择了嫁给自己并不爱的伍天赐，从而结束这段纠葛。不过在小说的最后，作者却也留下了伏笔——子枫的悲剧并未结束，她的故事还将继续下去。在这篇小说中，我们能够清楚地看到作者对于欲望的思辨理解，一方面释放欲望的子枫与伍天朔享受着生活的美好，另一方面欲望却将她推进了一个个深渊。

郑建华在自己的小说中从女性视角出发，展开欲望书写，将女性的自我意识融入欲望书写之中，同时又从欲望书写的角度关注人性的裂变，从而对都市生活中女性的生存状态做了全方面深层次的剖析。尽管她的作品中存在一种悲观的倾向，那就是即便女性拥有自我意识，摆脱男性的束缚，挣开婚姻的枷锁，但是她们依旧无法走出欲望的囚笼，依旧处在欲望的压榨之下，因此她的小说中多数都市女性的结局都是悲惨的。但是郑建华也在自己的作品中用一种温情的态度去体味生活中的美好，也为这些女性打开了一扇通往光明的道路，这是作者对于现实人生观照的一种体现，因此我们也能在郑建华的书中看到她从女性的视角去关注现实人生，给予女性人物极大的鼓励和关怀。

在长篇小说《王小淳的光辉》中，俏丽性感的白领王小淳在工作单位中受到领导和同事们的追捧，她无法抵御高处长的引诱，最终陷入了欲望的漩涡。然而理智的她及时悔悟，在被高处长要挟的时候，她巧施妙计摆脱了高处长的魔爪，远赴美国与丈夫相会，并且让高处长得到了该有的报应。这种大团圆的结局让读者感受到了脉脉的温情，也让女性看到了一丝希望，找到了自我生存的动力。

再如《月有圆缺》中，农村姑娘陈月亮在都市打工的时候，意外受到舞蹈教练钟立强的引诱，陷入了一场欲望的阴谋中，所幸她及时发现了这场阴谋，并且逃离了城市。然而城市的生活已经让她摆脱了农村妇女的愚昧和狭隘，她决定重返都市，并且在童教授的帮助下成长为一个合格的都市白领。当丈夫来找她的时候，她已经从一个懦弱的姑娘成长为具有自我意识的女性，她勇敢地面对自己的人生，自信地选择自己的生活，摆脱了别人带给她的悲惨命运。在这篇小说中，我们可以看到作者给现代都市女性的启示，那就是节制欲望，充实自我，自信独立地面对人生。

在《一个十九岁的男性公民》这部作品中，作者同样以回忆体的形式回顾了大林和音音两个人懵懂的爱情。但在这部作品中，女性视角下的欲望书写却区别于作者的其他都市情感小说，在这里，欲望是懵懂少年成长的催化剂，引领着少女音音慢慢成长，享受青春的美好和初恋的甜蜜。年少单纯的音音在给邻居郭妈妈送报纸的时候意外邂逅了郭妈妈的侄儿——潇洒不羁的男青年大林。两个人年龄相差无几，性格却完全不同，单纯的音音通过大林看到了一系列新奇的事物，而叛逆的大林从音音身上感受到了少女的纯真，两个人在交往中逐渐成了好朋友。恋爱的花朵在那个炎热的夏天绽放了，两个人心照不宣地享受着初恋的甜蜜，在蔚蓝色的爱情海中，两个人纵情畅游，尽情地吮吸着初恋的味道。他们彼此吸引着，一切都因为对方的存在而变得绚丽可爱，他们又相互珍重，生怕对对方有半点亵渎。最终大林还是离去了，但是音音却没有太多的忧伤，她感受了大林单纯而不掺任何杂质的爱，感受了初恋的滋味，大林带给她的爱情让她成长，让她感受到了青春的美好，就如同小说中写的那样，初恋的体验是一种最纯洁、最炽热也是最难忘的情感，这种体验使男女青年变得更高尚。大林和音音的初恋让他们感受到了爱情的美好，同时也感受到了青春的美好；或许初恋就是不问结果的，这种美丽的邂逅带来的不是忧伤，而是回忆中的甜蜜。

在郑建华的另一部作品《阅读初恋》中，作者对于欲望描写的保留性体现得更为明显，不过这部作品中对于欲望书写的保留并不只是因为作者的悲悯情怀，更是因为作者对青春时期纯真恋爱的眷恋，所以在这部作品中，作者对青年男女的恋爱书写少了一些欲望的成分，多了一些唯美和纯真。在这部作品中，作者讲述了王小地和王邻两个好朋友在建设兵团的成长。王小地和王邻因为考试迟到而失去了进入文工团的机会，被迫去了建设兵团做描图员，在兵团中，两个人因为文艺才能而成为全团的名人。此时一个叫王旗的男青年进入了王邻的生活，懵懂的王邻对王旗萌发了爱情，两个人在特殊的环境中小心翼翼地隐藏着这段感情，然而因为一次广播事件，两个人的爱情被公之于众。身为广播员的王小地为了保护王邻和王旗的爱情，选择牺牲自己，最终受到惩罚，被下放到二连热处理车间做压型工。在苦难的岁月里，王小地毫无怨言地努力工作，并且在自己的岗位上做出了成绩。当深爱着王小地的赛赛带着王小地去观看王邻和王旗用竹篮传递情书的"好戏"时，王小地被这个场景感动了，在艰苦的环境中，王邻和王旗小心翼翼地守护着两个人的爱情，始终没有放弃彼此。这里的欲望书写并非如烈焰般炽热，却带着些许温情和感动。

在这部小说中，欲望不再是潘多拉魔盒里的恶魔，也不是埋藏在灵魂深处的曼陀罗花香，而是指引人生的灯塔、成长道路上的风景，是生活的调味剂，带给人生无限精彩。这类感悟在郑建华的其他小说中表现得更为明显。

在《潇洒人生》中，郑建华通过欲望书写传达出人生苦短及时行乐、享受生活潇洒一生的处世哲学。小说讲述了终平、余娅、伊文静三个青年跟着夏老板去北京出差的一段旅程。终平和余娅本是同事关系，但是在旅途中因为一个玩笑，两个人竟莫名其妙地扮演起了情侣。到了北京以后，终平恋念自己的高中初恋，去见了初恋以后决定带着恋人出去闯荡，而余娅也选择了远赴深圳发展，伊文静选择留在北京，最后只有夏老板一个人离开北京。四个人因为一段旅程产生了复杂的情感，余娅爱慕夏老板，但是她始终无法进入夏老板的内心世界；伊文静作为夏老板的妻子，却早已经在生活的打磨中失去了对爱情的热情；夏老板是个工作狂，在社会上打拼多年，早已经形成了成熟内敛的性格，对爱人也失去了当初炽热的情感；终平作为一个青年，渴望出去闯荡。四个人聚在一起，产生了别样的"化学反应"，旅程结束以后，四个人各奔东西，各自走上了自己人生之路，没有纠缠，没有伤痛，只有无尽的感慨。他们学会了克服自己内心的欲望，选择了自己的人生，潇洒地面对自己的人生旅程。作者在这篇小说中将人的欲望写得克制而内敛，表现了人生道路上的种种可能。天下无不散之筵席，一起走过一段路程之后，友人必定会分别，然而彼此心中的情感却不会变，因此这篇小说充满了坦然潇洒的人生哲学。

从郑建华的都市情感小说中，我们可以看到欲望都市中女性的生存处境，她从女性视角审视了欲望的双面性，同时剖析了女性的内心世界，对现实社会的人性裂变表达了深刻的思考。而在欲望书写中，郑建华用思辨的意识拷问欲望的本质以及欲望与女性意识的关系，并且在欲望书写背后，给予女性以生活的启示和人生的感悟，因此我们可以看出，郑建华小说中女性视角下的欲望书写是辩证的，是带着思辨意识的。

三 情感化叙事交织女性话语的文体特征

郑建华在多年的小说创作中慢慢形成的创作风格,突破了传统都市言情小说过度重视人物的感情纠葛而忽视深层人性剖析的缺陷,同时也打破了都市文学中女性话语缺失的弊端,以自己女性作家的视角关注女性在都市中的生存处境,在语言中融入自己的情感,从而拉近了创作者与作品中人物的距离,也打破了读者与作品中人物之间的隔阂,让读者可以更加真切地感受剧中人物的处境和心理。

谈及郑建华的小说文体特征,首先应该说是情感化的叙事。在郑建华的小说中,人物情感往往作为一条重要的叙事线索或是叙事的推动力,她将人物情感的变化融入叙事,小说中人物的经历往往是和情感的变化联系起来的。例如在《家园》这部小说中,作者以夏含青与三个男人之间的情感纠葛串联起整部小说的叙事,通过夏含青的情感变化表现了一个女性从花季到中年的人生轨迹以及情感变化,并通过夏含青的经历透视这个大时代背景下,都市生活中每一个人物的生存处境。作者用细腻的笔触将夏含青的情感世界展示在读者面前,将她内心对于爱情和欲望的追求展露无遗,因此读者更能够切实地走入夏含青的内心,感受她的心路历程。而在郑建华的新潮女性系列中,所有的作品都是通过对女性形象内心情感的描写展开叙事的。在《痴吻》中,作者通过对子枫的情感世界的描写展开叙事,从子枫与丈夫的情感破裂到她与伍天朔的相爱,再到她迫于伍天朔的现实处境,最终选择与伍天赐结婚,她的情感变迁架构起了整部作品的情节脉络,推动了情节的发展。而在《月有圆缺》中,作者则通过农村少女陈月亮的情感变化展示了都市世界对一个懵懂少女的影响。陈月亮从一个懵懂的农村少女变成一个成熟干练的都市白领,她的情感和个人意识的成长让读者感受到都市生活的纷繁复杂以及黑暗恐怖。年少无知的陈月亮在舞蹈教练钟力强的指引下逐步摆脱了农村妇女懦弱的性格,适应了城市的生活,然而这富裕的生活背后隐藏着巨大的危机,她误入歧途成了钟力强的玩物,但她没有放弃反抗，最终逃离了钟力强的魔掌，回到故乡与爱人结婚。但是都市生活依旧是她的梦想，她又一次重返都市，并且在童教授的帮助下慢慢成长为一个合格的都市白领，有了选择自己人生道路的资本。在这部小说中，陈月亮的情感变迁让读者看到了都市生活背后的肮脏，也看到了都市新意识形态对女性的精神塑造。陈月亮从一个懵懂少女沦为钟力强的情妇，是受到繁华都市的引诱，然而她从误入歧途到成长为一个具有自我意识的都市新女性，又是受都市生活中新意识形态的影响，由此我们可以感受到作者对于繁华都市的对立认识。

除了以情感架构小说情节以外，郑建华还善于在叙事中加入自己的情感表达，这种介入式的叙事风格，让读者更加亲近作品中的人物和创作者，更能够感受作者创作时的心路历程，感受作者对于小说中人物的情感态度。郑建华的小说中，大多数的作品叙事都是以第一人称展开，这样作者往往能够有效地将自己内心的情感通过作品中的人物表达出来，并且让自己的情感与作品中人物情感相互交融，因此可以让读者深切地感受到作者内心情感的表达。

在郑建华的笔下，无论是表现青春期欲望懵懂的少女时代，还是中青年时期在欲望泥沼中挣扎的女性，抑或中年以后欲望沉寂的人生哲学，郑建华始终都将自己对欲望的感悟以及对人物命运的悲悯情怀融入创作，在字里行间流露着自己对欲望人生的观照和思索。例如在《月有圆缺》这部小说的结尾处，郑建华这样写道："人生的暮色降临了，但曙光呢？曙光还远吗？当然还有那颗太阳。太阳把这一天像掀一片云一样掀过去了。命运的床帐驾着她的船出海了。"在这段描写中，明显可以感觉到作者对陈月亮命运的期望，以及欲望过后的人生感悟，这既表现出作者对陈月亮坎坷命运的同情和悲悯，同时也流露出新女性坚持与命运抗争、寻求自我救赎的坚定信念。

在另一部作品《漂亮人生》中，作者直接以第一人称"我"来讲述一段温暖的遭遇，体味出了生活中的脉脉温情。作者运用了大量的心理描写，将"我"的内心世界外化出来，借"我"之口写出作者对于生活和人生的种种感悟。与其说是作者以"我"的内心情感为主线展开叙事，倒不如说作者直接展示的就是自我的内心情感。因此在这部小说中，读者可以透视作者的内心世界以及乐观的人生态度，这拉近了作者与读者之间的距离，情感上的共鸣来得更浓烈细腻。

情感化的叙事让郑建华的小说充满了人情味，摒弃了创作者"零度介入"的创作原则，让作家、作品和读者产生情感上的共鸣。在表现少女的情感萌动时，作者用单纯朴素的语言表现少女的内心世界，同时表现出自己对于青春时代的缅怀；在表现都市女性深陷欲望泥沼时，作者又对她们的境遇表示出同情和悲悯的情怀。这种将自我情感和作品中人物情感相融合的叙事方式成为郑建华小说创作的一大特色。

除此之外，郑建华的小说文体中还存在地域化和时代化的特色，这在她的作品中体现得也极为明显。

作为一个青岛籍的作家，郑建华对于岛城怀有一种特殊的情感，因此她的作品中几乎所有的故事都发生在岛城。而且郑建华善于将青岛这一城市中的生活环境运用到自己的作品中，从早期知青小说中的兵团，到后期的都市言情小说中的现代都市，每一部作品都带着青岛的影子。在《无色花季》《家园》《月有圆缺》《情人的森林》《爱情快车》等小说的故事背景也全都在岛城。在作者的笔下，青岛从《无色花季》里的古老城市慢慢发展成了《月有圆缺》《家园》中的现代化都市，城市的发展变迁带来人性的变迁，因此在郑建华的小说中，青岛这个城市是多维度的，它可以是《无色花季》中那个充满阳光的海边小城，也可以是《家园》《灯红酒绿》中充满酒色财气的欲望之城。因此我们可以感受到郑建华对青岛这一地域的复杂情感。在她的小说中，青岛一方面是她生活的地方，处处充满了熟悉的感觉，另一方面又是一个充满酒色财气的现代都市，是一个充满欲望和物质的地方。所以郑建华的小说中体现出的地域特色是岛城独有的。在郑建华的笔下，青岛就如同沈从文笔下的凤凰城、莫言笔下的高密市东北乡一样，她对这座城市带有一种复杂的情感：一方面这座现代化都市像一个母体一样孕育着希望和新生，给生活在这个城市中的人们带来无限的发展空间，另一方面它也是一座欲望之城，带着繁华都市的酒色财气，拥有肮脏不堪的一面，充满着物欲和情欲，让所有生活在这里的人陷入其中难以自拔。郑建华以女性的视角去表现一座城市中的世间百态和历史变迁，让读者也从女性视角去感受现代都市中的男男女女的生存境遇和精神状态，这是她在文体风格上的一大特色。

同时，郑建华小说的时代性也非常明显，她在自己的一系列作品中表现男女青年上山下乡和建设兵团的生活，表现"文革"时期斗争的残酷，这些事件的描写带着那个特殊时代的影子，让读者从她的描绘中感受到历史发展的脉动。而她的都市言情小说中也融入了很多具有时代特色的事件，例如《家园》中改革开放时期香港人对于内地发展形势的揣测，表现出了那个时代香港和内地动荡的关系，在《走出台北》中作者则通过两岸"三通"以后一个中年人去台湾参加父亲的葬礼这一经历，重新探讨了几十年间两岸关系的变迁，同时表现出了血浓于水的亲情。这一系列历史事件的描写表现了作者对于历史和时代特有的感知力，同时增添了小说的现实性。

从语言上来看，郑建华的小说语言主要有三个特点：首先便是唯美的性爱场景描写与欲望的外化。在郑建华的一系列小说中，她运用直白而感性的语言描写了性爱场面，这些性爱场面一方面表现了男女欲望的强烈，同时也带着一种原始崇拜的感觉；她将男女的性爱场面描写得唯美动人、不落俗套，这足以看出作者的语言功力。例如在《家园》中，作者在描述年轻的夏含青和钱池明的性爱场面的时候这样写道："两具白皙得几乎像白蜡一样闪着亮光的身子在猩红色地毯上蛇一样扭动着，伴着他们梦呓一样的欢叫，使整座别墅除了爱情还是爱情。他们弄醉了爱情，爱情弄醉了他们。那实在是一幅动人的风景。他们放纵着自己的身体和思想。让思想休息，让身体进行着本能的蠕动，像两只白色的大虫，两粒巨大的米粒，两行清晰的眼泪，两条纠缠的手帕。透明并且热烈。"在这段性爱场面的描写中，作者用一系列的比喻既隐去了性爱场面的流俗，同时将两个人抽象的欲望写得具象可感，将两个人内心欲望的释放展示得热烈非常。而在描写中年的夏含青和蒋文渊的性爱场面时，作者这样写道："他们全裸着，就如同当初他们婴儿一样在母亲的子宫里游动和喘息。两条白色的身子如同两条连体的鱼儿纠缠着，涌动着，窒息着。生命被他们反复地为所欲为地使用着，制造着欢乐，制造着欲望，也制造着阴谋。"在这一段描写中，作者将两个人的性爱场面描写得极为神圣，如同婴儿降生一般，但在最后一句中，欲望夹杂着阴谋从字里行间涌出来，让读者感受到欲望的快感和欲望的可怕，引发读者的深思。

在表现人物内心欲望的时候，郑建华使用了大量的比喻和象征手法来表现欲望的意象。郑建华擅长用文字营造一种让人心动的迷离梦幻的情感氛围，处在这种氛围中，人物的内心欲望如同泉水般流露出来，这种氛围衬托式的欲望表现，让读者在字里行间感受到欲望之火燃烧时的愉悦和快感，仿佛身临其境一般。郑建华极少使用粗俗的字眼去直接表现欲望，也不会直接用理性的词汇去探讨欲望，她的欲望书写是隐晦的，是隐藏在湖面下的暗流涌动，这种欲望书写给予读者极大的想象空间，读者可以将她的文字在脑中整合，从而想象出人物欲望迸发时的内心世界，这种欲望书写免于流俗，甚为精妙。《爱情快车》中，作者在表现处在欲望中挣扎的敏子时，这样写道："敏子来到海边，来到离海很近的礁石上面。海正在涨潮，浪正勇敢地朝岸边涌，很饱满很急切的样子，如一个男人在准备做爱。它不断地舔着它的海滩，去卷下那些动摇的砂砾，再把更雄性的东西奉献出来。夜间的海总是让人这样动情，把白日的温柔换了一个样子。君若不信，就去看夜的海，那海的神秘、骚动和阴险全都显出来了，它以为夜间不用伪装，夜本身已经伪装了它。敏子坐在它身边，实在是协调极了。"作者通过海、沙滩、夜色等一系列意象，营造出躁动的氛围，外化了敏子内心的挣扎，将她内心的欲望外化成汹涌的海水肆虐着海滩，这种欲望书写的方式让原本抽象的欲望和情感具象地表现出来，让读者感同身受的同时，也能理解人物内心复杂的情感变迁和艰难的生存处境。

郑建华小说在语言上的另一个特点便是女性话语。在她的小说中，无论是环境描写还是人物描写都是以女性话语来完成的，甚至对于欲望和性爱场面的描写，也是用女性话语来描述的，因此我们可以看到她的小说中那些充满着浪漫气氛的场景，例如海边的夜景、都市中的繁华、意乱情迷的卧室，还有充满女性色彩的性爱和欲望书写，这一系列场景的描写都是从女性特有的视角去感知然后表现出来的，这是女性特有感知力所看到的世界，是女性眼中的世界。这种女性话语的书写方式也是西方女权主义极力倡导的，就是摆脱男性话语权的囚笼和操控，以女性独有的艺术感知力和生活感知力去表现人生，表现世界。在郑建华的小说中，所有的欲望书写和情感描写，都是从女性视角出发，因此这些性爱描写在男性看来是无法接受的，但是在新女性的眼中却是高尚而自由的。女性的独立与自由首先应该表现在展示自我欲望的权利，男权社会中男性以欲望俯视女性，而寻求女性独立，必须打破这一传统，让女性以自己的视角表现自己的人生体验，展示自我的欲望和情感世界，并且获得社会的认可。在郑建华的小说中，读者可以看到一个个大胆展示自我欲望的女性形象，她们毫不隐讳地表现自己内心的情欲和物欲，同时对男性也不再是附和和依靠，而是平等地对视，独立地思考。这是郑建华小说语言上最大的特点。

同样，郑建华的女性话语最突出的表现就是对于女性躯体的描写。身为女性作家，她对女性躯体带着与生俱来的欣赏，以女性化的视角审视女性躯体，以女性化的语言通过女性展示女性躯体的美感，甚至带着一种宗教式的崇敬感。因此在郑建华的小说中，无论是花季少女还是中年少妇，作者总能用一种女性独有的话语去刻画其躯体，如同雕刻一件艺术品一样去刻画她们的躯体，带着欣赏和赞美的语气去书写女性的躯体之美。这种女性话语的表达是女性作家独有的，因为她们独有的艺术感知力和语言表达风格，小说中的语言是带着女性色彩的，而这种女性色彩在郑建华的小说中体现得更为明显。

在郑建华的小说中，情感化的叙事风格加上女性话语的表达造就了她特有的文体风格，这种文体风格贯穿了她小说创作的始终，并且成就了她文学创作的独特风格。或许从郑建华的小说创作中，我们可以看到当下都市言情小说文体突破的一个窗口，那就是用情感叙事和女性话语去表达女性所感知的世界。

四　局限与期待

纵观郑建华小说创作的风格，从主题向度到思想内涵，从女性意识到欲望书写，我们可以明显地看到一个具有全新女性意识的女作家如何用自己的文字去观照当下女性的生存处境，探寻和剖析人性中欲望的存在价值，从而为当下都市女性提供生存启示。但是在她的作品中也明显存在几个缺陷。

首先，在她的作品中，人物塑造类型化严重。她笔下的女性形象大都是风情万种的都市女性或懵懂天真的清纯少女，这些都市女性都外貌出众，无论是风华正茂还是已到中年，她们在人群中永远都光芒四射，永远都是男人眼中的美人，都是欲望的化身。从《家园》中的夏含青，到新潮女性系列中的子慧、敏子、子枫，这些女性都拥有美丽的外表，都拥有残破的爱情婚姻，都是求爱不得，命运最终沦为悲剧。这些女性都在都市中呼风唤雨，都是职场中的女强人，她们不甘心被婚姻束缚，也不甘于寂寞，都在奋不顾身地追求欲望和爱情，她们都是拥有女性自我意识的新女性，但是也都是陷入欲望漩涡难以自拔的悲剧人物。而郑建华笔下的懵懂少女都是天真无邪、不谙世事的，她们也都拥有美丽的外表，含苞待放；她们生活在特殊的年代，在兵团中成长；她们都刚刚步入青春期，都对爱情产生了幻想，就像《无色花季》中的舒宁和《阅读初恋》中的王邻和王小地；她们都是兵团中年轻的女战士，她们都处在青春期，都萌发出了简单美好的爱情，都在爱情的指引下慢慢成长。这种类型化的人物塑造让郑建华的小说在书写维度上难以有较大的突破，并且在创作上难以展现更广阔的生活侧面。

其次，郑建华的小说还存在情节雷同化的缺陷。在她的小说中，情节大都是围绕女性的生活和情感展开，所有的女性都在欲望中挣扎。她们或是出轨，或是偷情，或是沦为男人的玩物，都在三角恋或者多角恋的情感境遇中徘徊，例如《手镯》中黎婉芬、秋儿和雨达的三角恋，《家园》中夏含青、钱池明、叶天华、蒋文渊的四角恋，《爱情快车》中敏子、高博文、乔伊娜的三角恋，《痴吻》中子枫、伍天朔、伍天赐、江丰的四角恋，而在《无色花季》中，青春男女的情爱关系更加复杂。在这些作品中，所有的情节关系全都围绕着女性的情感世界展开，而这种情节安排让郑建华的小说创作落入俗套，缺乏更大的突破。

但是，近年来，郑建华也在转变着自己的创作思路。她最近发表的短篇小说《空房》将目光从都市女性身上转到了都市生活中小人物的生存处境上。或许是作者人到暮年之后，对于情感和欲望的感悟更加透彻，因此在这篇小说中她的语言更加内敛，非常注重悬念的营造，对于现代都市小人物的生存处境也采取了一种极为冷静客观的态度，没有过多的情感介入，这种风格的转变让我们对郑建华今后的创作充满了期待。

参考文献：

1. 李掖平：《女性生存悲剧的体验与书写——山东女性小说》，《新时期山东文学艺术点击》，山东文艺出版社，2005年版。
2. 陈宝云：《悲剧的青春——评郑建华的〈无色花季〉》，《小说评论》，1993年第2期。
3. 王金胜：《追索欲望时代的精神可能——读郑建华长篇小说〈手镯〉》，《青岛文学》，2008年第5期。
4. 李海燕：《王安忆城市女性欲望书写论》，《广西社会科学》，2006年第1期。
5. 刘钊：《女性意识与女性文学批评》，《妇女研究论丛》，2004年第6期。

附 录

郑建华，山东青岛人，中共党员，1985年毕业于山东电视大学汉语言专业。1970年赴山东生产建设兵团。1977年起历任《青岛文学》小说编辑，青岛市文联文学创作研究室专业作家、主任，青岛市作协主席。1995年加入中国作家协会。文学创作一级。著有长篇小说《无色花季》《欲望别墅》《家园》《手镯》《情人的森林》《新潮女性系列》等10部，中短篇小说集《滴水樱桃》《阅读初恋》，电视连续剧剧本《金色海湾》《欲望别墅》，另有不少随笔散文。曾三次获山东省精品工程奖。2014年凭借短篇小说《空房》获得山东省第三届泰山文艺奖。

郑建华小说创作年表

1991年

　　短篇小说《今有春风》，刊于《时代文学》第4期。
　　短篇小说《并非忏悔》，刊于《莽原》第6期。

1992年

　　长篇小说《无色花季》由山东文艺出版社出版。

1993年

　　中篇小说《红玫引》，刊于《上海文学》第2期。
　　中篇小说《太阳的手》，刊于《十月》第5期。
　　短篇小说《红玫引》，刊于《上海文学》第2期。
　　长篇小说《情人的森林》由山东文艺出版社出版。

1994 年

 短篇小说集《滴水樱桃》由青岛出版社出版。

 长篇小说《爱情快车》由山东文艺出版社出版。

 长篇小说《灯红酒绿》由山东文艺出版社出版。

 长篇小说《月有圆缺》由山东文艺出版社出版。

 长篇小说《痴吻》由山东文艺出版社出版。

 长篇小说《情人的池塘》由山东文艺出版社出版。

1995 年

 短篇小说《透明》，刊于《青年文学》第 11 期。

 长篇小说《欲望别墅》由山东文艺出版社出版。

1996 年

 短篇小说《我们好比种子》，刊于《十月》第 6 期。

 中篇小说《王小淳的光辉》，刊于《十月》第 6 期。

 中篇小说《阅读初恋》，刊于《当代作家》第 6 期。

 中篇小说集《阅读初恋》由山东文艺出版社出版。

1997 年

 长篇小说《家园》由山东文艺出版社出版。

1998 年

 散文《快乐是金》《童年的小姐姐》入选《青岛散文选》。

1999 年

 中篇小说《日常生活中的特殊病人》，刊于《时代文学》第 5 期。

2001年

中篇小说《性病患者》,刊于《小说家》第3期。

2006年

中篇小说《性病患者》,刊于《青岛故事》第1期。

长篇小说《手镯》由山东文艺出版社出版。

2007年

散文《小提琴》,刊于《两种境界》。

2014年

短篇小说《空房》,刊于《山东文学》第8期。

以粗粝唤醒生活的疼痛

——刘爱玲小说论

刘 晓

如今开放的话语环境提供了表达个性的机会，人们通过不同的方式对社会上形形色色的事情畅所欲言，而完全不觉自己已经沦落在"旁观者"的身份中了。法国存在主义哲学家萨特在他的戏剧《禁闭》中写道："他者即地狱。"在与他者的关系处理之中，外向的精神投向最终使得"自我"或异化在外在的物欲中，或迷失在对他者的想象之中，最终沦为"他者"的附属物。当代人在泛滥的信息中不断地关注别人，却在不自知中忘却自我，在大众的声音中失去个性，"自我"泯灭的危机由此而生。刘爱玲作为一位极度关注现实的作家，一方面强有力地将自身投入到作品中，另一方面也在尝试唤回"旁观者"丢失已久的"自我"，迫使读者们开始正视自己的现实生活。

刘爱玲自2009年开始进行小说创作，2010年开始发表作品，主要作品有《三声炮响》《逃亡者》《破落院》《父与子》《一株玉米的灵魂》《一张单人床上的想象》等。总观这些作品，对底层人民生活的关注是刘爱玲小说创作的一大特点。作家用文字描绘小人物在土地上艰难匍匐的情形，触碰他们与呼吸如影随形的生活之痛。

底层人民生活也是近几年社会关注的热点问题，而作家避免了对小人物的生活问题表面化书写，从生活的经验性体验和内在的心理根源挖掘人物或喜或悲的命运。"底层人民"只是评论者简单地给予的一个标签，归根结底作家是坚持从"人"出发而进行写作的，人处在生活中的喜怒哀乐嗔，人与他人交往过程中难以理清的关系，人挣脱不掉的环境压抑……刘爱玲笔下人物的生活显得更为沉重，不仅是由于小人物面临的更为窘迫的生活状况，还因为人物难以摆脱如影随形的心理局限。她的小说中没有巨大的逆转与变故，有的只是作家用粗粝语言叙述一种平稳却苦难的生活进程。作家也善于利用不同身份人物的视角来切入世界，老人、孩子、男人、女人……同一个世界在不同人的眼中有不一样的颜色，却都摆脱不了颜色背面的阴影。刘爱玲的作品像一块经过岁月淘洗的粗制棉布，材质是结实而朴素的，同时上面也有难以消除的生活印记，擦拭过的水渍、汤汁甚至是血迹都淡淡地印在棉布粗糙的表面，这种平淡之处的质朴却能在刘爱玲的小说中产生探寻生存深处的力量。

一 底层生活的精神苦难

"五四"新文化运动已经过去近百年的时间了，而启蒙的进程并没有停止。邓晓芒在《启蒙的进化》中提到："启蒙是人的自由本性，它本质上是公众自己给自己启蒙。"现今的社会状况和百年前大不相同，大众在生活与精神相对自由的状况下迎来了真正的自我启蒙时期。处于这个时期的刘爱玲以其70后作家独特的视角，将关心投射到书写底层小人物的精神启蒙之中。底层人物生活在大众的边缘，无论是在物质上还是精神上都与大众中心的辐射点有着永远不可持平的落差，他们自我启蒙觉醒的道路也更为艰辛。这些边缘人有的甘于现状，沉溺在自己的小环境中，有的却因为某个契机开始自我"启蒙"，这种精神的觉醒打破了自我与他人、与社会之间关系的平衡。与现实周边环境格格不入的不适感，首先是在内心进行反抗，然后终究会体现在行动上，而前者的煎熬尽管充满痛苦，却也是生活里罕见的闪光点。刘爱玲的小说贴近底层生活书写，致力于挖掘小人物灵魂之痛最深处的精神根源，她的笔锋刺破底层生活的物质困境，直击内在的精神苦难，给那些急于挣脱环境压制的人们预留一个空间去展现生命的存在。

1. 难以分离的土地羁绊

自古以来，土地是农民赖以生存的资源，即使在经济发达的今天，农民不管是在生活基础上还是在观念上，依旧与土地有着难以分割的关联。精神的苦难首先表现在自我与外界对象的艰难斗争上，在斗争中辨别自我与对象的矛盾、认清自我的局限性，从而获得全新的生存认知，然而这一过程并不容易，甚至要付出一定的代价。刘爱玲笔下的农民与外界环境——土地之间往往存在着关乎生存的矛盾，在小说中，土地不再仅仅是生存的依靠，更是难以摆脱的羁绊。

《一亩三分地》讲述了男人和土地羁绊的一生。一方面，土地给予男人恩赐，是他的生活来源，男人凭借自己勤恳的劳动，可以拒绝有钱人家的提亲，娶了自己喜欢的聋娘，过自己想要的幸福日子；另一方面，土地也给男人带来痛苦。管着村里土地分配的三角眼趁男人不在家占有了聋娘，并且拿分配土地的事威胁她。然而归来的男人终究在村里的流言蜚语中得知了真相，对土地的顾忌、对三角眼的憎恨、对聋娘的怜爱，所有感情一下子袭上这个没见过什么世面的庄稼汉的心头。他先是用沉默去反抗，后来又用伤害自己的身体去发泄。在聋娘给他装的烟袋锅中，男人得到了暂时的平静，但最后他仍下定决心，将自己精神上的痛苦付诸行动——男人打断了三角眼的腿。男人似乎成功地实施了报复，其实不然。从三角眼用土地来威胁聋娘开始，这个对土地一向敬重的男人的命运就已经成了一个玩笑。土地确实赡养了男人的一生，却也给他留下了死后仍然弥漫的精神伤痛。他这一生对待土地勤勤恳恳，却只在身后留下了不属于自己的土地和孩子。男人同土地割不断的联系成为他的精神之痛。在小说中，刘爱玲将对伦理和生存的选择这样一道人生难题摆在这老实男人面前，用男人疼痛的精神历程揭露出底层人物的困窘往往并非物质上的匮乏，而是在斗争中充满矛盾的精神苦痛。

《一亩三分地》中男人精神斗争的来源是与三角眼的个人恩怨，而《牛店村的今天》里的乡村教师仲诚实则面临着来自土地更大的精神胁迫。小说开篇，牛店村的贫穷与落后便毫无保留地呈现在读者眼前："出村儿的小土道弯成挂羊肠子,村里人像走独木桥,米半宽的木板车就要独领风骚,木板车摇摇晃晃出了村,村口的人才能进得来。"与之相对应的是牛店村小学的成立。村民们一开始对其态度是积极的,他们真诚地拍着手,期待村里能出大学生。然而随后村民的态度却急转直下,甚至仲诚实上门他们也不愿意让自己的孩子去上学了。村民态度前后不一的根源何在?牛店村是一个封闭且落后的小村庄,基本保持着中国乡村自古以来的传统,生于土地,长于土地,维护着土地,在这样的一个生活圈子中,用不到小学里所传授的知识。然而正如费孝通在《乡土中国》中所说的,"在现代化的过程中,我们已开始抛离乡土社会",在现代化的进程中,即使是这个封闭的小村落也必然要动摇。村民一开始对小学的欢迎无疑是承袭古代读书做官的传统,而仲诚实却是抱有用新的文化知识来改变村庄现状的想法,这两者必然会产生冲突。在小说中,仲诚实所面临的最严峻的考验无疑是征用村里土地庙做学堂这一环,他的这个做法当然遭到了村里人强烈的反对:"你在土地爷爷头顶上动心思,气了土地爷爷,全村的百姓还有活路没。"村民们除了想要维持自己生活现状之外并没有其他欲求,乡村教师仲诚实的精神困境不是与牛店村的村民们不可调和的矛盾,而是无法从自古以来农民对土地近乎病态的虔诚中突围。牛店村的村民们抱紧了土地之根,却没承想也不敢抬头去接触知识的缥缈,农民将自己生活的安全感寄托于土地的现实在小说中真实地显现出来。

2. 难以消解的城市隔阂

进城务工人员是城市生活中的一个特殊群体,他们从与土地的关系中脱离,来到城市,为城市的基础建设做出了巨大的贡献,但他们却始终面对着身份认同的问题。我国近几年来出台了各种相关政策来保障进城务工人员的利益,但是对于"进城者"自身来说,这或许只是一个开始。下决心走出村落的农民,也做好了抛弃土地的心理准备,而"进城者"摆脱了土地束缚的同时,却又面临更为沉重的环境压迫。

短短两千字的短篇小说《刘罗锅》以白描的手法塑造了一个"进城者"的形象。刘罗锅是一个普通的鲁西南农民,早年丧妻,为了三个儿子接受更好的教育,他推着大轮车"晃晃荡荡来到了城市",成为城市中被忽略的角色。儿子们在班里的出类拔萃给了刘罗锅辛苦工作的动力，这似乎给予小说一丝希望的光亮。但刘罗锅作为生活在城市的边缘人，与城市的格格不入仍是显而易见的，他不习惯城市人贪黑的作息，也学不来普通话，仍操着家乡方言。尽管小说从刘罗锅的角度对这些格格不入是轻描淡写的，甚至刘罗锅自己也很难察觉出细微的心理落差，但这种隐患始终存在，并且随时有放大与爆发的可能性。他的三个还在上学的儿子作为外来者，在班里学习优秀就可以在城市获得一席生存之地吗？他只要起早贪黑便可以获得城市人的认可吗？这些答案都是难以预料的未知数，未来唯一可以确定的是难以摆脱的"外来者"的烙印。结尾处刘罗锅心想着三个优秀的儿子，带着兴致，"顶着驼背，跛着脚，天蒙蒙亮就从城市边缘向中心进军"，"磨剪子，戗菜刀"的喊声也带上了几丝悲壮。

　　刘爱玲对于"进城者"的探索并没有止步于此。《刘罗锅》里的主人公尽管无法克服与城市人格格不入的生活，但还是带着渺茫的希望在城市里踽踽独行，而《逃亡者》中的沈二却因逃离城市，把自己困在了精神的死局之中。沈二在二十年前逃离沈庄去往滨海市谋生计，二十年后迫于生计的压力又选择归来。一直以来，在人们心中，家乡是让人安心落脚的地方，因此即使在外漂泊多年的人也经常会想着"落叶归根""衣锦还乡"。"落叶归根"的人因为强烈的自主归属感，归乡生存并非难事，"衣锦还乡"的人自然地会受到家乡人的欢迎，而沈二作为一个失败的中年劳动力，回到家乡后有什么样的境遇呢？首先是家乡人的不接受。小说用递旱烟这个细节暗示了多年不见的老同学和沈二的隔阂，"刘罗锅递了旱烟过来，递到半路又缩回去，'你也吸不惯这，在城里都吸带把的'。"后文借拖拉机被拒绝也成了情理之中。其次是自家人的不理解。在借拖拉机这件事上，就连亲大哥老黑也不给沈二留一点颜面，甚至还在众人面前呵斥沈二"不务正业"。就沈二个人而言，是迫切想找到一个安心之所的，他也能够舍下面子去讨好老同学和大哥，但他的内心实际上仍然是向往城市的。尽管无情的城市把他驱赶回乡下，他仍然给那辆长安客货留一个停车位；尽管身体已经回到了家乡，但当在滨海市一起闯荡的杨树问"城里就是城里，扎不下咱这荒野的土苗子？"时，沈二的回答是"不见得；也有道理"，前半句是他不甘现状蠢蠢欲动的心,后半句却是对冷酷现实的无奈屈服。沈二的精神僵局是有现实意义的。作为外来人,他很难融入城市生活,甚至被剥夺了生存空间,而他带着"'城市人'的皮"回到家乡,受到的却是排斥。无论在哪里都找不到自己的身份认同,沈二归乡的决定使得自己变成了可笑的局外人。小说的最后这样写沈二的处境:"像一个跳梁小丑,跳得筋疲力尽。"但沈二的生命存在也正是因他意识到自己生存空间的有限而散发出特有的魅力,对自己绝望才会真正意识到自我这个个体。

3. 无法逃脱的荒诞命运

尽管外界环境、他人或是自我给主人公的底层生活以精神上的苦痛纠缠,但尚且有几丝阴影是可以被抓住的。精神苦难的第三个来源是命运的荒诞,刘爱玲看到了人在无法捉摸的命运面前如此苍白无力,小人物为生存所付出的艰辛、忍耐、挣扎,往往是一场竹篮打水的徒劳无功。

《一株玉米的灵魂》的主人公"一条半"为了守护自己心灵的最后归处,不惜成为他人眼中的疯子,但命运对他的捉弄却没有因他的坚守而手下留情。小说转圜的舞台,设置在茌城铝厂附近的桥洞下,这里有从乡下进城来陪女儿辫子却舍不得花每月三五百元租房的郭女,也有疯狂地守护着一棵矮小玉米苗的一条半。刘爱玲让人物关系围绕一场地盘争夺而运动起来,小说叙述也因此富含生气。两人为了争夺地盘,一开始的关系是紧张的,却因为玉米苗的成长拉近了距离。最后一条半真正向郭女、辫子母女俩敞开心扉,竟然是借着辫子在铝厂断了一根手指的契机。一条半原本是拥有自家玉米地的普通农民,因为茌城铝厂的开发失去了土地,而灾难接连不断,在铝厂打工的时候他又断了一条腿,老来得子却因为铝厂的污染胎死腹中,妻子也因此去世了。"望望这个桥洞,望望桥洞外那片杨树,望望那宽阔的城南、城东、城西,茌城这么大,这么富裕,可他却一无所有,只能栖身在这个桥洞",而仅剩的玉米苗就是他生命的最后依托。一条半的疯癫正是他生命强有力的表现,他总能用这股生命力缓和自己的精神苦痛。失去了土地和亲人,他开始守护玉米苗;玉米苗因为肥力过旺差点烧死,他也没有气馁,而是将被郭女踩碎了叶子的玉米苗重新养活。一切的发展似乎都如一条半所料的那样慢慢地好了起来,玉米苗活了,长高了,他也可以兑现带郭女在城里逛一逛的承诺了，最后却还是逃不过命运的戏弄。就在带着郭女在城里闲逛的时候，挖掘机突然侵占了桥洞，最终掠夺了玉米苗和一条半的生命。一条半的苦痛挣扎、行而有力的行动全都在命运的可憎面目之下湮没成灰。一条半所遭受的精神苦痛比起前文的"进城者"更为复杂，后者是因为自身的意愿决心付出某些代价而造成的一种精神困境，而前者却是毫无防备地被命运拉进了生存的修罗场。

　　刘爱玲结合当下城镇化的现实进程，诉说了这些底层人物的精神苦痛。我国正处在经济转型时期，阵痛是不可避免的，实际上也有许多作家将关注点放在社会转型期势不可当的城镇化大潮上，如阎连科在《寻找土地》中就表达了对乡村文明因受到商业冲击而流失了人文精神的惋惜。刘爱玲以关注底层人物生活为切入点，担忧着他们现实的命运。在城生机勃勃的经济发展背后，却是环境不可逆转的被污染，底层人物的命运如浮萍一般找不到方向。郭女见识到城北的高楼和商铺时，心里不禁产生憧憬和向往，一条半问她："好吧？"郭女毫不犹豫地说："好！"而面对城南充满自然气息的未开发的村庄，在一条半的同样询问下，郭女却不作声了，她的默不作声显露出她复杂的心境。身为一个从农村进城的普通妇女，她理所应当地向往更富裕的生活，可面对因发展经济而造成的村庄的满目疮痍，她内心是有所触动的，却如何也想不透其中的矛盾。

　　小说结尾用蒙太奇的剪切手法叙说了玉米苗与一条半生命的最后一刻。一面是充满着暖色调的虚构画面，"那株玉米变成了一条半，紧接着，仿佛无数个一条半组成一个庞大的队伍，齐整地驻扎在桥洞下，上扬着无数双手，将挖掘机的巨掌扛在半空，塑成了一尊尊挺拔的雕塑"；一面却是带有冷峻色彩的严酷现实，"咔嚓！挖掘机闭着眼睛将巨掌插进桥面，将残破的桥身拦腰折断"。在美丽与残酷画面的对比之下，刘爱玲将城镇化进程最严酷的一面显现给读者，体现出小人物在大时代潮流中不可避免的悲剧命运。

　　《破落院》讲述了秋大从黑龙江回到山东老家，却因为上一辈的恩怨难以在家乡定居的窘境。阻碍的因素不仅有人为的，还有命运在悄然无声中给予他的心灵考验。对于前者，秋大尚且可以一搏，而对于命运的飘忽不定，在底层生活着的人们只有胆怯和畏惧。甫一归乡，秋大就打算盖属于自己的房子，却用了三年多的时间才得以完成心愿。第一次延误是时机的阴差阳错，秋大恰好错过了去村支书家的最佳时机，被秋二爷的媳妇庆华抢先抓住了户口的弱点。第二次延误是因为庆华的放火而中断，若是仅仅因为天灾，秋大或许会很快振作起来，但人祸的连续不断终于让秋大失去了安全感，"秋大突然觉得心慌，他认不得眼前的秋庄了"。尽管房子还是盖起来了，但是却"像一座畸形的空庙宇高高地突兀着夹在其间，遮了秋二爷家的夕阳红，也遮了爹娘的晨光"。心愿的达成给秋大带来的却是永久的精神伤痛，甚至最终会被他带到黄土地里去。而小说中秋二爷的媳妇庆华，这个反面人物时刻将自己的意愿落实在自己的行动上，听说秋大要回家便抢先宣告对破落院的所有权，信奉基督教便在过年的时候真的不再祭祖，看到破落院盖房子的进程加快就使坏毒死秋爷的家畜，甚至最后放火。然而她的一切小伎俩在命运面前都是微不足道的，唯一的儿子三瓣儿因她放火而受伤，成了植物人，秋爷说出了秋二爷不是他的亲生兄弟的秘密，她费尽心思所做的一切在命运的眼中就像是孩子的恶作剧，给她带来更深的精神苦痛。

底层生活物质上的匮乏限制了小人物们心灵的力量，他们只能在有限的空间里挣扎着做出反抗。然而刘爱玲又将这些底层人物的精神苦痛和为之所付出的努力置于命运的掌心之中，生活在命运的重负下缓慢前行，他们带着希望却始终不能逃脱绝望的阴影，他们的苦痛因此放大，挣扎喘息的声音浮出纸面，传到读者的心底。

二 相互依存的人物类型

人在世界上不可能是一个孤立的存在，总是会与身边的人产生关系，却又被这些关系所束缚。刘爱玲着眼于底层人物的现实生活，一方面这些小人物充满着浓重的社会属性，另一方面他们又不得不处于不同的关系当中，在生活中扮演不同的角色，而他们的属性决定着他们所坚守的一些东西必将与自己扮演的角色相冲突。这些人物处在各种关系中,如何为了自身的生存去行动,行动会受到关系怎样的限制,人物的行动是否会造成冲突,人物行动是否是基于一个底层群体的心理根源,又体现着怎样的人性,下面通过分析文本来说明小说中在复杂交织的关系中相互依存的人物类型。

1.代际关系:爷爷、父亲和儿子

刘爱玲善于描写家族之间的代际关系,小说中往往同时出现爷爷、父亲、儿子三种角色。这三种身份因为代际的差异带来了观念的不同,他们面对同一件事情的思量和行动是不一样的,但他们又处于同一个生活空间中,因此各自的行动之间所造成的冲突也显得越发激烈。

《破落院》不仅写出了两代人因为盖房子占地的恩怨纠葛,还讲述了对于秋大归乡这件事,几代人观念的差异。观念的不同直接体现在人物的行动方面,集中体现在秋爷一家。秋爷是个七十多岁的普通农民,对于儿子回家表面上并未像老伴秋大娘那般喜悦,还是雷打不动地过着每天的生活,比如每天早上上山捡生火的树叶,过年的时候坚守着老传统,准备一辈子保守着从父亲那里得知的秋二爷的身世秘密。而秋大正处在壮年,归乡立刻决定盖属于自己的房子,竭尽全力去摆脱眼前的难题。他向往回来第一年过年两家人坐在一起吃酒的日子,因此对于秋二爷夫妇的刁难,他选择像父亲一样回避;他不想卷入矛盾的漩涡,却不得不受到牵连,因此他对庆华的无理辱骂无言以对。写秋大的女儿秋月的笔墨并不多,但作家却使得这个第三代形象活灵活现地跃然纸上。秋月是一名在茌城上学的学生,她在家的时间不多,不太了解两代人之间的恩怨,对于归乡,她也并无其他想法。庆华问她归乡的感受,措手不及的回答也是她心境的真实表现:"月儿……频频点头,'有爷奶的老家多好。'"然而却也不能掩饰她心中的些许不安,"这个在山东老家过的第一个年,让她既新鲜又恐惧",生怕犯了爷爷的忌讳。对于迟迟没有盖起的房子,她也只是小心翼翼地向父亲表露自己想有个家的心愿。刘爱玲在小说中将秋家三代的角色定位拿捏得非常准确生动,展现了中国当代乡村的家庭关系。

相比起《破落院》,《父与子》中的代际关系和矛盾显得更为复杂。《父与子》中讲述了祖孙三人,两对父子关系。爷爷和爹的关系是以孙子钢蛋儿的视角叙述的,从孩子的视角看,在身材上爷爷和爹就有极大的差异:爷爷健壮高大,"个子有一米七多",而爹却"柳肩细骨,脸像柳树叶"。爷爷和爹之间的关系也是生疏的,爷爷瞧不起爹矮小的身材和软弱的性格,爹整日默默地守着他的瘦马,似乎在倔强地反抗着什么。然而爷爷对于爹也有温情,爹在山上起石头被阿狗使坏的时候,爷爷为了保住爹的面子,不惜断了一条腿。一向沉默的爹在情急之中罕见地喊了爷爷一声"爹",爷爷的反应也是耐人寻味的:"爷听了这声'爹'仰头哈哈大笑,笑得满脸都是泪"。从后文可以得知爷爷和爹复杂的父子关系来源于更为纠缠的伦理关系:爷爷违背了村规和戏子结合有了爹,而因为爷爷的一句"我不识她",戏子扔下爹跳河自杀了,这成了爷爷多年的心理重负。因此当娘说出了爹不是石墩村女人的后代,爷爷再一次面对村民的诘难时,他这一回的选择是义无反顾地大声呐喊:"水生是我儿!"随后以生命的代价为因他而死的戏子赎罪。爷爷因为村里传统的规定和心中的罪恶感,一辈子都在压抑对爹的感情,这让人不得不反思人与人之间关系的发生到底面临怎样的困局,在传统伦理的严格限定下,人的真实情感到底该安放何处?

另一对父子关系——爹和钢蛋儿的矛盾从表面上看似乎是个人性格使然,爹内向,钢蛋儿更为外向冲动,然而若是进一步对二人在家庭中所处的位置进行分析,就可以看出代际关系的线索。爹因为外貌受到村里人甚至是自家妻子的诟病,为了避免性格倔强的爷爷和泼辣的妻子发生矛盾,他隐忍地将自己的世界封闭在瘦马的身边,终日沉默寡言;而钢蛋儿一方面自小就对爷爷高大的身材和强有力的做事手段十分敬仰,下意识地模仿着后者的行为,另一方面对爹既看不起又为他愤愤不平。因此在面对娘怀了阿狗孩子这件事情时,两人有很大的行为差异,爹的选择是默认孩子是自己的,而钢蛋儿却在得知真相后第一时间告诉了爷爷,并且直到狗蛋儿出生还想着报复。代际的差异决定了二人最终的分道扬镳,钢蛋儿在敬仰的爷爷死去之后选择离家当兵,而爹抱着他对善的信任留守在残破的家庭里。小说的后半部分,钢蛋儿离家之后爹对他来信的期盼和钢蛋儿回到家急于寻爹等行为,却体现了二人之间血缘的牵绊。刘爱玲用粗线条的笔触书写了难以说明的复杂的代际关系，尽管这种关系会被生活的矛盾所打击，但血缘的牵连是他们最紧密的联系。小说结尾的那句"石河水潺潺地流，许多生命从这里结束，也从这里开始"，也似乎暗示着这种生生不息的代际关系。

代际关系的复杂之处不只是在于冲突和矛盾，还有在代际中不可避免的继承，这里的继承不是指物质财产，而是指在"血缘"之下人物行为的继承，带有几分无法掌控的无可奈何。首先表现在"罪"的继承。在《一亩三分地》中，小聋子是聋娘被三角眼强行占有的罪恶产物，他的存在使男人失去了土地和生命；《父与子》中的钢蛋儿爹遗传了他身为戏子的娘瘦弱的身材而成为村里人瞧不起的对象，也成了时刻提醒爷爷当年犯下罪孽的痛苦所在；狗蛋儿还没出生，阿狗就因为醉酒意外死去了，给这个苟合下的生命更添上了一层阴影。但刘爱玲在绝望之中给予了人物一丝微弱的希望，除了"罪"之外还有"善"的继承：小聋子在小说开头拿着聋娘的笛子思念着他从未见过的爹，不也带有一丝暖意吗？钢蛋儿爹最终容下了狗蛋儿和外生的两个孩子，不也散发着善良的人性光辉吗？

从另一角度也可以看出，刘爱玲笔下的家族代际关系不仅局限于家庭内部的伦理矛盾，还包含着社会人文问题的揭露，在这个层面上，每代人扮演的都是不同的社会角色。"爷爷"代表的是传统文化的"守卫者"，近乎固执地守护着土地以及老一辈的习俗。《破落院》里的秋爷对过年习俗执着地遵循着，毫不留情地批评着规矩不地道的二爷的儿子三瓣儿，呵斥着初来乍到的孙女秋月；《父与子》中的爷爷最后选择跳河来解脱，也是因为无法舍弃心中一直在坚守的东西，这种极端的献祭行为在年轻一代中恐怕极为少见。"父亲"的角色则是较为复杂的存在，一方面对于家乡的事物有留恋，另一方面又对外面的世界充满向往，作为青壮年，他们的行为是简单的，却仍然生活在生存压迫之下，表现为"逃离者"和"归来者"。秋大去东北兜兜转转一圈最终还是选择归来，却不得不直接面对父辈的矛盾；尽管《逃亡者》中的代际关系并不明确，但仍在壮年的沈二显然是一个典型的"父亲"形象，他有能力去改变生活的现状，却又不得不屈服，表现为在城市和乡村摇摆不定的"逃离者"形象。而"孙子"往往是年纪尚小的孩子，主要是窥视祖辈和父辈行为的"观察者"，但他们绝对不是局外人，上两辈的影响一定会在他们未写出的未来中有所体现。《三声炮响》中白曲水想要把父亲的尸骨接回家乡土葬，却遭到了儿子的强烈反对；《世界之间》中丛来被发达了的儿子丛新来接到城里，却陷入了无边的精神空虚之中，甚至被儿子送进了精神病院；《在我还活着的时候》中的"我"昏迷已久后醒来，骤然看到外面被污染的世界，不由得为来探望的女儿外孙担心："这一代人都富了！可我的孙子、孙女的身体怎么办？"家庭是社会生活最小的单位，近年来社会上正发生日新月异变化的不单是蒸蒸日上的经济发展，还有随之而来的人与人之间的差异。刘爱玲将这些由于社会变化而产生的观念差异带来的矛盾放置在一个个家庭的内部，其冲突自然表现得更为剧烈。传统文化习俗和物质发展的矛盾如何调节？如何面对空巢老人的精神世界？环境污染的问题究竟给人带来了多大的精神伤痛？刘爱玲对社会人文的关怀流于笔下，引发读者的共鸣和思考。

2. 夫妻关系：男人和女人

刘爱玲小说中的另一对人物关系是夫妻关系。在底层人物生活中，男人往往是家里的主要经济来源和劳动力，女人处于较为被动的地位，西蒙·德·波伏娃在《妇女与创造力》中这样描述女人的处境："妇女生活在这个世界的边缘，她们只通过自己的私生活，通过男人们，以一种间接的而不是直接的方式和这个世界保持接触。"由此可见，尽管是面对同一个世界，女人的处境也有一种天然的弱势。在刘爱玲的笔下，夫妻尽管面对的是共同的生活挑战，但无论是在行动上还是在心理上都呈现出差异。

《第六个》展现了韩留后和刘禅夫妻两人面对怀孕不同的反应。这是一对从家乡来到茌城铝厂打工的夫妻，从名字谐音上就可以看出二者之间的冲突：这个家庭的男主人公韩留后急切地想要一个孩子，然而刘禅也如她名字的谐音——"流产"一样，在十二年里由于铝厂被污染的工作环境而经历了前后五次流产。小说则是从女主人公的第六次怀孕开始的。面对这一次的怀孕，韩留后是像以往一样欣喜的，他不仅感到自己"留后"的使命可以完成了，还感受到了身边同事的羡慕，就算是在找失踪的刘禅时也不禁买了一本带有"宝宝"二字的书。而作为一个经历过五次流产的女人,刘禅的心情却是极为复杂的,她先是想将怀孕的事情偷偷瞒下来,后来因为在铝厂晕倒而被意外发现,她又感受到了羞耻,"她突然失声痛哭起来,她明白她掖着藏着的怀孕的事又暴露在铝厂刘六的手里,又会蔓延整个工厂,又被传成生孩子的机器……想到这些,她攥起拳头朝着自己的肚子疯狂地砸下去"。随后在韩留后的主张之下,她辞职回到出租屋中,在平静的日子里渐渐想起了她未出生的五个孩子:柳儿、安儿、花儿、明儿、悠儿……并逐渐感到了恐慌。她给每个未出生的孩子都起了名字,把他们当作五个独立的生命看待,而这些活生生的生命的逝去让她背上了沉重的罪孽枷锁和精神重担,"她越想越心慌,她不敢想象第六个会活多久"。她在恐慌中摇摆不定,一面应对旁人的欣羡,一面竟魔怔般地起了杀掉孩子的心思,"杀!杀!早晚也是死"。前后六个孩子怀孕、流产、怀孕……这种似乎没完没了的折磨,让人不禁想到了不断推着巨石的西西弗斯。人的欲望是无止境的,人一边满足着欲望,一边又产生新的欲望,从而也就有无穷无尽的痛。西西弗斯尚且可以在无休止的荒谬世界中找到自我满足的精神世界,而刘禅身为女性,所承受的却是双倍的苦痛。一方面她受到的是丈夫韩留后对于后代近乎痴迷的执着对她造成的精神折磨,另一方面她又受到女性孕育生命时的肉体痛苦。女性躯体原本是不被男权覆盖的最后一块领域,在小说中却被男人一次次加以利用。而在小说中展现的不只是女性脆弱不安的心灵,还体现了女性在脆弱背后惊人的坚韧和恢复。刘禅肚子里的孩子过了她预算的"死期",她竟逐渐变得冷静起来;郭寡妇先后被三个男人抛弃,甚至又被工厂工件崩瞎了眼睛,还能乐观地生活着。刘爱玲用女性独有的细腻去挖掘独属于女性的世界,生活在底层的女性所面临的生活考验、价值立场和所作所为,在当下社会是有现实意义的。

《爬行史》讲述了另一对年轻夫妻从小乡村为逃婚来到大城市生活,探索了年轻的打工者们在城市中的艰辛和精神的变迁。在小说中,女主人公宝然的第一人称叙述恰到好处地穿插在其中,读者可以直面一个普通女子面对生存压力在精神和行动上的反应。小说开头是魏军和宝然搬家的前一晚,然而新家并未让宝然的心感到踏实,她不得不去千方百计地寻找安全感,"她的心脏莫名地咚咚直跳,她就围着地下室门前狭窄的过道转了一圈又一圈，把脚掌用力地踏在地面上，发出结实的砰砰的声响，这种与地面的接触和声响让她心安而倍感真实"。比起魏军，身为女性的宝然更为敏感地去迎接新生活，她既对不知即将拥有什么的未来感到不可靠，又为往昔匆匆如水的岁月感到惶恐。搬入新家后，宝然的不安不但没有减少，反而开始一天天加剧。作为男人的魏军则非常乐观，不断安慰着宝然："怕什么，这是我们的家。""再说了，我们已经有三万块钱的存款了，交了这三万，我们就能拿到房证了！"然而搬家后不到两个月的时间，魏军被查出了胃癌，宝然的恐惧症反而一下子好了。这里颇具有讽刺意味的是，让女人卸下重负的是生活对她的重新禁锢，换而言之，自由成了生存不安全感的来源。

　　对于突如其来的疾病，魏军和宝然又有不同的选择。魏军坚决守住房子和手里的三万块，要放弃治疗；此时掌握房子去留关键的宝然遭受着内心的煎熬，她意识到自己不能让爱她的魏军这样死去，可又有些许不甘心，"魏军十多年的青春加上她的青春就挥霍在了三万元上，她卑微得不如一只半空里破网的蜘蛛，接下来，她就要空无一物地独自飘在这个世界上"。宝然在困境之中开始细碎地回忆自己同魏军从家乡出来、在工厂打工、结识燕子胖子的生活，"十多年里，宝然觉得他们失去最多的不是青春，而是这样日夜的拥抱，这种紧紧的拥抱被那些无法解决的现实吞得一干二净，他们几乎成了陌生人，他们之间似乎没有了爱情，只有生存的现实，只有生存"。宝然对生存、对同丈夫魏军关系的思考，让读者依稀看到张爱玲笔下的虞姬在那个夜晚觉醒的身影，虞姬在那一夜开始思索"她这样生存在世界上的目标究竟是什么"，而宝然同样身为女人，在即将失去这么多年打拼所换来的房产和男人的生命的情况下，开始对自身过去的情感与当下的现状进行审视，审视自己作为一个独立的个体究竟该怎么去生活。正是在这样的心路历程之下，宝然在魏军去世后仍然可以昂首挺胸地重新开始新的生活，"她要重新实现曾经在石碑前承诺燕子的事情，回到城市去，把那个房子留给她的欠款和留给父母的欠条全部还清"。《爬行史》探索了"从物质的欲望中找到精神突围之路"，从另一个角度来看，其中所体现的女性独有的心灵力量同样是不可忽视的。

三　自然简约的叙事风格

刘爱玲在谈到小说创作时曾经提到,"在我心里写作像培养一个孩子",其小说深入底层生活精神的苦痛挣扎,塑造生存在其中人物的内心世界。通过其七年的小说创作实践可以看出,除了在表现主题、塑造人物形象方面,作家在叙事方面也不断实验、超越,特别是近几年已经渐渐形成娴熟且独具气质的叙事风格,表现在叙事类型、叙事视角等方面,呈现出自然简约的特点。

1. 被延长的叙事时间

刘爱玲小说并没有设置繁杂的情节或转折的悬念,而往往采用倒叙与插叙相结合的叙事方法来丰富小说的叙述空间。戴卫·赫尔曼主编的《新叙事学》中提到,"叙事学关于故事与话语的区分产生的重要结果之一是,它显示了讲故事人如何利用了故事时间与话语时间的比例关系"。作家的多种叙事方式相结合使得话语时间大大慢于故事时间,以此来观察主人公在当下情景中的心路历程和行为选择。

《颤抖的世界》的故事情节非常简单,但其中顺序、倒叙和插叙的相结合大大丰富了文本,作家用三万余字的篇幅去细密地描绘主人公在短短三天内所经历的心理变化。小说分三条叙述线索进行,一条是对当下情形的顺序描述,另两条是回忆的插叙,其中一条是成年的回忆,一条是童年的回忆。一方面小说开头平淡无常地叙述着我和父亲在二十层的楼房里冷清的对话和生活:父亲评价主人公"两眼冒凶光",而"我"不屑地回答道:"凶,是活出来的!"下文自然过渡到对"我"的身份交代——作为强拆队的成员,手拿铁棍坏事做绝,眼中的凶光是做坏事留下的印记,也是活着的刺激。另一条线索此时开始插入,"我"原本也是好人,甚至曾经和同村的五咯为了保护要被拆迁的废品站和老黑对抗,却被毒打折磨,由此唤起了第三条线索的插入:在对儿时遥远的回忆中,"我"一生下来便被认为是个死胎,差点被遗弃,所幸最终还是活了下来。正是因为生存的不易，在被毒打濒死的时候想到，良知、道德和善心都是无用的东西了。"我"和五咯还是屈服了，不是屈服于金钱，而是屈服于活下去的欲望。接着当下的主线继续进行，老黑分配的新的拆迁地点是在废品站拆迁后建起来的十里铺小区，"我"被派去找神婆老姚婆卜一下拆迁的吉凶。第三条儿时回忆线索因老姚婆而展开，而老姚婆过去对我卜卦和现在对拆迁卜卦的相似言辞又把"我"拉回了当下。无论是儿时还是现在"我"对老姚婆的卦象都是满不在乎的，自身经历过濒临死亡的精神出窍，对于迷信已经不畏惧了，而这里的凶卦是回忆的一条暗线，也是对后文悲剧的一个伏笔。"我"在去强拆之前的五十六个小时里开始了自我的精神折磨，回忆了自己加入强拆队之前对住在废品站的女孩田悦的暗恋以及后者的出走；在和五咯的谈话中，回忆又转到了儿时，"我"和五咯的失误致使小秃子溺水死亡，原来罪早已经默默地潜伏在回忆里了。当下以及两条回忆线的交织吞噬着"我"的理智，"我"将痛苦发泄在同五咯的打架中，发泄在即将落在父亲头上的铁棍中。在内心摇摇欲坠的"我"真正地走向十里铺的时候，在打倒最后一个居民的时候，终于失去理智，将铁棍挥向了老黑。

从以上分析中可知，《颤抖的世界》在倒插叙结合中不断回环丰满人物形象，使得小说中人物的内心世界在一次次叙事补充中螺旋式地丰满充盈。"我"从一开始强拆队的恶棍这种单一平面的配角式小人物形象，渐渐成了为生存隐忍过去伤痛与罪孽的立体人物，三条线索交织，读来却不纠缠复杂，反而能自然地进入角色的生活情境。

刘爱玲在多篇小说中都有两种以上的叙述线索，如在《爬行史》中，一条线索以顺序来讲述魏军和宝然在城市拼搏多年，终于有了自己的房子，魏军却罹患胃癌的经历；另一条线索是以宝然的视角片段式地插叙两个人从乡村来到城市发生的点点滴滴。《逃亡者》后半部分面对八月十五的月亮，一面是眼前在家乡的遭遇，另一面插叙在滨海市过中秋节的回忆。《一亩三分地》倒叙的部分更多一些，开头是小聋子回忆男人的景象，接下来插叙男人临死前的情景，又回溯到男人和聋娘认识的过程。刘爱玲对于叙述线索的掌控使得小说的情节在没有诸多悬念反转的情况下仍然使得读者能沉浸在其中，品味小说人物的饱满形象。

2. 多变的叙事视角：内聚焦和儿童视角

叙事视角是小说结构的关键因素，它直接影响着读者的阅读体验，是连接情节、人物形象等因素的一个枢纽，对视角的把握决定了小说的整体格局。刘爱玲致力于书写小人物的喜乐人生，而这人生的一部分除了歇斯底里的外向表现，内里还蕴藏着不可言说的广阔世界。为了体现这个世界的丰度，作家一方面采用内聚焦的叙事视角直接窥探人物的内心，另一方面又以儿童视角体现人性最原始的欲望体验。

热奈特在《叙事话语》中对叙事视角进行了分类："零聚焦"或"无聚焦"，"内聚焦"，"外聚焦"。刘爱玲的小说多采用"内聚焦"，其特点是叙述者仅说出某个人物知道的情况，小人物的日常生活少有波折，为了生计工作是主要的内容，而"内聚焦"的视角不仅丰富了这种平淡无奇，并且在无形之中扩充了人物的内心体验。

《一张单人床上的想象》中用两个主人公的内视角构成文本。老女是偏僻养老院的一个护工，每天面对繁多的杂务，甚至连"人"的属性都已经遗忘了。但老女有其内心世界，"老女一回到人群里，就拥有了她自己的世界，她喜欢上了躲在自己的内心世界里想事情"。另一个主人公哼哼，也就是小说中第一人称"我"的叙述者是一名脑炎患者，作家赋予了这个不能行动也不能说话的可怜人更为宽广的内心空间。老女因为"我"不能说话而亲近，而"我"也因为老女对自己身体的接触而产生了悸动，就这样两人在无声中交流并产生了对对方的依赖。二人精神世界的相互依靠却因哼哼的死亡而结束。小说以内视角窥探了心灵空虚的两个人建立的想象中的依靠。两个视角看似有所交叉，实则不然。从老女的角度来看，哼哼不会说话，他的胡乱哼哼可以被任意想象成任何意义，所以才有了老张死亡后老女闯入哼哼病房进行的独角戏般的讲话；而对于哼哼，老女不识字，不懂他写的诗，写着诗的纸片在二人的想象中有不同的含义。从始至终两个人的精神世界就没有重合，只是两个可怜人空中楼阁般的想象，作家用文字塑造了十分有张力的两个内视角。

刘爱玲小说还常常采用儿童视角，儿童视角一向被认为是较难把握的叙事视角，因为作家一方面要将自身代入儿童的感受，一方面又要准确地传达自己想要表达的主题，这也要求作家既要拥有自身成熟的心理世界，又要在此基础之上驾驭童真的书写。前文曾经提到过代际关系的书写，其中"孙子"代表的是观察者的角色，也是刘爱玲小说中儿童视角的代表。《父与子》中以孙子钢蛋儿的视角来观察爷爷与爹的父子关系，在童真的视野中，错综复杂的伦理矛盾缓和了许多，却也暗流涌动。

《孤独的羔羊》最打动读者心底柔软部分的莫过于对乡村小女孩花花眼中世界的描写。花花是个同爷爷奶奶生活在一起的孤儿，从小喝着家里的老羊老姆那的奶长大，在花花眼中老羊是母亲一样的存在，因此当爷爷决定要杀羊时，她克制住心中的害怕，将杀羊的刀子偷走拿到山上埋了起来。当她牵着逃过一劫的老姆那在深山中迷路时，被恐惧和饥饿包围的孩子向老羊寻求安慰，"她站立起来在雪地里欢快地转了几个圈，像小姆那羊羔那样一个抬头，屁股一撅，尾巴一翘，将奶头裹进嘴里吱吱地吸吮"，"现在，她可以尽情地吮吸老姆那的奶了，而不用冰凉的杯子喝"。花花想在老羊身上寻找的不仅是困境中的依托，还有她从小没有被满足的母爱，"她闭着眼睛妄想母乳该是这个样子吧，暖暖的，柔柔的"。小女孩花花的单纯世界中，为了满足自己的渴望，她可以做出任何人都料想不到的大胆行为，作者以儿童的视角将对母爱的原始渴望在文本中体现得淋漓尽致。

《红》是刘爱玲创作中别具特色的一部作品，以小女孩红英的视角展现了她对父亲别样的思念。年幼的红英在父亲肖长寿去世时并无任何实感，毕竟面对突如其来的死亡，孩子并不能理解其中的伤痛，因此比起母亲何彩凤的伤痛，她只是躲在母亲的身后。而作家将红英对父亲的思念寄托在生活的细节之处：每天早上她都会想起父亲弥留之际的情景，母亲孤独的喝粥的声音会让她想到和父亲关于"钢琴"的对话。这感情在腊月二十八这天更加强烈了，今年没有了糊灯笼的父亲，红英感到了空虚，以至于去偷窥邻居家马叔和女儿们糊灯笼。在被母亲带走的时候，"红英透过颠簸的眼缝，她看见立在院子里的马叔变成了肖长寿，一厘一厘在视线里消失，她努力地向着马叔伸了一只手"。这里的细节描写显出一个孩子对拥有父亲最强烈的渴望。小说的高潮，红英代替了父亲，爬上梯子将灯笼挂上，"她站在梯子上朝着红灯笼唤了声：'爸……'"。生命的延续在这里体现，小说随着孩子纯真美好的愿望戛然而止。"世上的人都不要变没了。"孩子作为未长大的个体，他们的一切行为都基于原初的欲望，所有成人世界中的克制在他们这里都不存在，对欲望"遮蔽"使得作家可以在儿童的世界中更真实地贴近人性的原始体验。

3.融合在文本中的象征

象征是诗歌创作中常采用的手法，孙玉石在《中国初期象征派诗歌研究》中说："人和自然景物之间情感自由交流，自然景物统统带上了人的性格色彩，使得自然景物本身除了自身形象的特点之外，又都蕴含了新的象征的意义。"而刘爱玲在她的小说中也借用了象征这一技巧，用看似无奇的普通事物寄托了底层人物的心酸。

如《父与子》中始终和爹形影不离的瘦马。爹是爷爷和外村戏子的后代，而瘦马也是戏子从外村骑过来的马生下来的，同为被石墩村看不上的"外村人"。瘦马和爹有许多共同之处，在瘦马身上可以看到爹的影子，瘦马身形瘦弱、被马群排斥都是和爹相同的处境，因此当爹看出瘦马的孤独时，也是看到了自己，"瘦马回头看看爹，爹看看瘦马，它可能也孤独了，想和爹说说话"。后文中爹发现了阿狗同娘的奸情，在这份预备的孤独铺垫下，爹的孤独更加凸显了。《一株玉米的灵魂》的象征意味更加鲜明，那株在铝厂附近桥洞下不屈生长的玉米苗映照着一条半的生命力。除了一条半之外，郭女和辫子母女俩从没有听到过玉米生长的"咔吧咔吧"的声音，可见玉米苗和一条半的生命是有重合部分的；再细看对玉米苗的描写，"就见玉米苗正合着他的动作扇动几下窄小单薄的叶子，像一个侏儒人面对喧嚣的世界孤独地挣扎一番"，这难道不是对铝厂无声而孤独地反抗的一条半的缩影？"它不能做什么，只能在土窝里尽力伸展，让自己长得快些，并不断发出咔吧咔吧苗壮的声音，当主人把耳朵贴在它身边听到这种声音时，才会得了力气一样好好活下去"，这难道不正是一条半看似卑弱实则坚强的生命力的表现？无论是瘦马还是玉米苗，与主人公都构成了一种互文的审美效果，同样为天地间的生命，在与人类的对照中互相安慰着彼此孤独的灵魂。《爬行记》的起名也别有深意，刘爱玲在该小说的创作谈中提到，"这里的爬行是现代文明中关于人的精神爬行"。小说讲述了宝然魏军夫妻在城市底层打拼，因为魏军意料之外的大病，宝然开始自发地进行思考，完成了精神的一次站立。可见刘爱玲小说中象征应用的另一个意义就是于浅显易懂的语言中探究更深刻的人文问题。

除此之外，刘爱玲的语言运用大胆活泼，粗粝中不失形象，一方面将象征自然地融合在文本之中，另一方面也营造出与之相对应的语言氛围。其一表现在方言的应用。刘爱玲的小说常取底层人物生活背景为舞台，人物语言中方言的运用俏皮活泼真实地表现了他们的生活情境。另外，方言作为一种地域文化符号，在关于"进城者"主题的小说中，人物方言的使用直接可以产生一种隔阂的效果。其二在于带有夸张的比喻。刘爱玲笔下的比喻非常灵动，一方面她通常将关系不那么近的两个事物用比喻联系在一起，反而产生了情理之中的美感，比如"箫声长了翅膀样扎进人的心窝"（《父与子》），这里的通感很容易让读者切身感受到箫声所带来的痛感。另一方面，通俗比喻的应用使得刘爱玲的文字带有一丝生活的气息，比如"庆华整个身子都弹跳起来，像个橡皮筒几欲从门里弹出去"（《破落院》），将人物在气急败坏下灵活的身躯比喻得十分有趣。

刘爱玲是一位极度关注现实的作家，她自觉地眼光投向那些亟待社会关注的边缘人，并在自己的文字之间为他们预留一个呼吸空间。尽管作家对社会现实严酷一面的揭露有一定野心，并写出了一些优秀作品，但作为一名年轻的女作家，笔力还不够深厚，羸弱文字撑不起宏大主题的后果是难以引起读者的阅读兴趣，具体表现为以下几点。

首先，书写人物生活的笔端仍缺少些温度。不同于其他同年龄段的女作家，刘爱玲小说中的人物形象基本没有雷同，就算是同样的代际关系，其中人物的特性也是有差异的，这得益于作家深入人物内心去挖掘最细微的心理变化。然而这也带来了局限，作家的笔下很少有独特的"刘爱玲式"人物形象的出现，就像画家与画作的关系一样，即使是在同一角度对同一事物的描绘，不同的画家也会有差异。而由于刘爱玲的极度写实，仿佛把画作绘成了面面俱到的照片，让读者很难感受到作家情感的投入点。比如《爬行记》中人物形象塑造的过程，作家用插叙回忆一点点拼凑出了宝然的形象，而这个人物却缺少些艺术魅力，她甚至无力再去反向牵引出这些情节。换句话说，如果不是宝然在这里，那么别人——或许是刘禅（《第六个》）或许是秋月（《破落院》）——在相同的情境下也会做出同样的选择。这样的人物缺少代表性，无法显现出作家内心更为感性的文学感受，情节和人物塑造关系的处理仍需琢磨。这或许与作家观察生活的角度有关，尽管眼光的方向是明确的，但没有找到一个准确的切入点将自己的情感投入到所塑造的人物中去。作家最近在这一方面也有了新的尝试，如新作《博尔赫斯的刀子》以第一人称讲述了同学聚会的场景，同学之间话语的碰撞和其中纷杂的情感涌现出来，对于作家来说，这是一次有意义的写作实验。

其次，历史人文因素仍需充实。洪治纲在《论代际视野中的"70后"作家群》中评价70后作家道，"他们不太喜欢过于复杂的人事纠葛，但他们却能够凭借自己良好的艺术感知力，轻而易举地深入到各种日常生存的缝隙之中，发现许多令人困惑而又纠缠不清的精神意绪"。刘爱玲作为70后作家大军中的一员，不缺乏体悟身边日常生活的能力，除了对传统乡村、传统伦理的书写，更是将城镇化这一主题纳入书写范围。然而这种社会现象背后是有丰厚的人文蕴涵的，作家将故事和人物和盘托出，却缺少了一丝历史的丰度。比如，同时是面对与生俱来的"罪"，在《古船》中，隋抱朴体现着更为深厚复杂的"原罪情结"，他的沉默比任何呐喊都更让人惊心动魄，这得益于作家张炜将历史的厚重和本人对生活的思考注入到了这个人物中。而相比之下，在《父与子》中，刘爱玲对"爹"这个形象的塑造则显得不够大气，面对自己的身世与生活对他的重压，他单纯地选择了接受并且用善去感化，初读或许能受到些许感动，但仔细揣摩就会感到这个生命缺少一丝活力，显得有些呆板，这会限制作家对长篇中人物的驾驭。尽管作家并没有为社会问题寻找出路的责任，但既然笔锋已经触及了问题痛处，就应该走得更远些。这里也并非苛求所有70后作家效仿50后、60后作家去承担历史的责任，但毕竟小说作为极具容量的文学体裁，对于历史整体的直视、对人文因素的观照是一名作家不可缺少的素质，将其融入自己的创作中是值得作家思索的。特别是在刘爱玲表现底层人生活的作品中，应突破作为局外人的视角，将自身和完整的人文历史投入到写作对象中去。

再次，语言的精致度尚需提高。刘爱玲的语言是极具风格的，由于作家的题材主要是小人物的生活场，语言也表现得十分"接地气"，如前文所提到的方言的使用等都是其表现。而小说语言的过于粗犷也会限制文本的整体呈现，一方面在于比喻过于密集地使用，往往在短短的一段描写中使用三个以上的比喻，喻体的连续进入会使得文本跳脱，使读者失去阅读的兴趣，同时也无法对应较慢的小说进度。另一方面，某些使用的喻体也需考究，如："幸运就像一抹跳蚤屎，风一吹就干燥成女人嘴边徒生的一枚黑痣。不堪却胀大成一汪粪池，人人离不开，却只能把鼻子捏成一叶尖细的柳叶"（《逃亡者》）。这里的比喻确实让人忍俊不禁，甚至很贴切，但"跳蚤屎""粪池"等喻体缺少些呈现在纸上的美感，显得不够精致。当然这里的"精致"绝不是指当下文学市场某些迎合读者兴趣的华而不实、无病呻吟的文字，而是希望作家在保持自己语言风格的基础之上，对于呈现故事的文字进行程度上的调整。

米兰·昆德拉在《小说的艺术》中说："小说不研究现实，而是研究存在，存在并不是已经发生的，存在是人的可能的场所，是一切人可以成为的，一切人所能够的。"刘爱玲甫一进行小说创作便开始有意识地探究人的生存问题，挖掘人在生存中的多种可能性。与其说这仅仅是她对底层人物的人文关怀，不如说她是从整个"人"的角度去体察生存的意义，毕竟底层的生活才是人生活最原初的状态，因此希望作家不要被"底层"的标签所牵绊，而限制了对"生存"书写的广度。从作家近期新作《与蜘蛛对话》《博尔赫斯的刀子》《玻璃上的城市》等可以看出，她在写作上探索的脚步仍然没有停止，不断地在文本中对人的生活、生存进行一次又一次的实践。刘爱玲面贴土地，动情地去呼吸、去体悟人在生活中的疼痛，去书写其中生命存在的力量。作家曾经在创作论中说道："一个人的世界，也是全世界的。"这位年轻女作家有将思绪铺遍整个黄土地的决心，我们对她未来的创作也更为期待。

参考文献：

1．李掖平：《论张爱玲的女性意识》，《扬州大学学报（人文社会科学版）》，1998年第4期。
2．关建华、张丽军：《"富裕的恐慌"与精神"直立行走"——论中篇小说〈爬行史〉》，《青岛文学》，2015年第5期。
3．张鹏：《人文精神 底层关怀——刘爱玲小说阅读札记》，《时代文学》（下半月），2013年第1期。
4．赵月斌：《时代大势与世道人心》，《时代文学》（上半月），2012年第9期。
5．邓晓芒：《启蒙的进化》，重庆出版社，2013年版。
6．萨特：《自由之路》，中国文学出版社，1998年版。
7．李钧：《存在主义文论》，山东教育出版社，2000年版。
8．刘爱玲：《写作是一种福分（创作谈）》，《山花》（下半月），2010年第11期。
9．戴卫·赫尔曼主编，马海良译：《新叙事学》，北京大学出版社，2002年版。
10．热奈特著，王文融译：《叙事话语·新叙事话语》，中国社会科学出版社，1990年版。
11．孙玉石：《中国初期象征派诗歌研究》，北京大学出版社，1988年版。
12．米兰·昆德拉著，孟湄译：《小说的艺术》，生活·读书·新知三联书店，1992年版。
13．费孝通：《乡土中国》，中华书局，2013年版。
14．洪治纲：《邀约与重构》，作家出版社，2012年版。

附 录

刘爱玲，1979年出生，祖籍山东德州，现居威海。原笔名文艾。2009年开始小说创作，2010年开始先后在《花城》《山花》《西部》《时代文学》等刊物发表中、短篇小说。山东省作协第四批签约作家。主要代表作品有长篇小说《当光明懈怠》《独目世界》，中短篇小说《三声炮响》《逃亡者》《破落院》《父与子》《一株玉米的灵魂》《一张单人床上的想象》等。中篇小说《破落院》获第二十三届全国梁斌小说奖，短篇小说《孤独的羔羊》获第四届"万松浦·天舟文学新人奖"，中篇小说《三声炮响》获第一届"浩然文学奖"等。

刘爱玲小说作品年表

2010年

短篇小说《牛店村的今天》《一亩三分地》，刊于《威海卫文学》第1期。

短篇小说《刘罗锅》，刊于《爱人》第6期。

短篇小说《逃亡者》、中篇小说《父与子》，刊于《山花》第11期；《父与子》获威海环翠区"首届文艺精品奖"文学三等奖。

2011年

短篇小说《夜光》，刊于《青岛文学》第9期。

2012年

中篇小说《破落院》，刊于《山花》第3期，获第二十三届全国梁斌小说奖、第三届"威海文学艺术奖"。

中篇小说《三声炮响》，刊于《时代文学》第9期，获第一届"浩然文学奖"。

短篇小说《一株玉米的灵魂》，刊于《山东文学》第 11 期，入选《山东作家作品年选 2012》。

2013 年

短篇小说《红》，刊于《西部》第 2 期，《小说选刊》第 3 期转载，入选山东省作协《齐鲁文学作品年选 2013》。

短篇小说《第六个》，刊于《阳光》第 9 期。

短篇小说《林大胡的手》，刊于《山花》第 12 期。

2014 年

短篇小说《在我还活着的时候》，刊于《时代文学》第 3 期。

短篇小说《一张单人床上的想象》，刊于《花城》第 4 期，入选《山东作家作品年选 2014》。

2015 年

短篇小说《沉默》，刊于《时代文学》第 2 期，入选山东省作协《齐鲁文学作品年选 2015》。

中篇小说《爬行史》，刊于《青岛文学》第 5 期。

短篇小说《世界之间》，刊于《西部》第 8 期。

短篇小说《苏科的晚宴》，刊于《安徽文学》第 9 期。

短篇小说《野百合》，刊于《山东文学》第 9 期。

中篇小说《颤抖的世界》，刊于《时代文学》第 11 期。

短篇小说《我与邮差及其他》，刊于《青岛文学》第 12 期。

2016 年

短篇小说《与蜘蛛对话》，刊于《辽河》第 2 期。

短篇小说《玻璃上的城市》，刊于《当代小说》第 3 期。

短篇小说《博尔赫斯的刀子》，刊于《山东文学》第 3 期。

在真实与荒诞之间突围

——郝炜华小说论

孙亚儒

70后山东女作家郝炜华小说的主要描写对象是底层边缘小人物,她的作品不仅书写了平凡铁路工人的喜怒哀乐,书写了底层女性世俗的荒芜之爱,而且还展示了边缘小人物对城市梦的幸福期待,在真实的生活与荒诞的命运之间谱写着底层人物命运的别样篇章。

一 主题向度与思想意蕴

1. 底层女性的荒芜之爱

郝炜华特别擅长刻画底层女性的心理。她笔下的女性是鲜活而有生机的。这主要体现在她既能怀着一种悲悯的心态体察这些女性心灵深处的微妙触动,又能准确地把握住这些女性命运背后的无奈与悲凉。

郝炜华的笔下弥漫着一种来自女性的无法言说的痛感气息。她笔下的女人常常是对男人一往情深,最终却被男人无情地抛弃。在郝炜华的眼里,爱情对女性而言似乎是奢侈品,只能存在于自己的幻想中,就像五彩的泡沫一般,尽管美丽动人,一旦触碰却会即刻消失。《谁的手机号》讲述了特别想要一段完美爱情的女子韩及及的故事。韩及及非常渴望爱情,为了爱情她甚至可以放弃一切,可尽管她这样痴情,仍旧得不到自己想要的爱情。有一次她认识了一个名叫江城的男子，江城对韩及及温柔体贴，不断触碰她的内心，让她觉得自己的爱情终于有了希望。当她鼓起勇气给江城打电话表白的时候，却发现江城留的手机号码不过是一个空号。《额上长痣的女子》讲述了一个额头长痣的女作家的故事。每当作家写作困乏的时候，就非常期望有个男子能够陪在她的身边，带给她理想的生活，可现实并不能让她满意。后来一次偶然的机会，她认识了一个名叫邱波的男人，但他是个有妇之夫，无法与她真正地在一起生活，这让她非常悲伤绝望。然而，上天给了这个作家更悲惨的命运——她爱上的有妇之夫竟是自己的亲生父亲。当邱波知道这个女子是自己在二十五年前"寻欢作乐"而生的女儿时，便跳楼自杀了。《春风一度》讲述了一个波折的爱情故事。作者以"我"为主线，通过"我"的两次往返海边小镇，讲述了"王小宇"的身世之谜。王小宇的母亲是一个外乡人，由于失恋来到了海边小镇。她在小镇上认识了一个男人并且与之发生了关系，从此便有了王小宇。长大后的王小宇过得并不顺利，生活的打击总是接踵而至，妻子离开了他，在工厂里他也得不到应有的尊重，只有在家里时，母亲会给他少许的温暖。但也许正是因为王小宇的存在，才使得他的母亲活了下来。爱情看似简单，但有时会牵动一个人的命运。一个生命的结束可能预示着一个新的生命的开始，在这样的生生死死之中，才有了多情的男女，才有了人类的繁衍。故事的结尾，王小宇的妻子回到了他身边，一切都变得更加美好。王小宇的故事让在海边度假的"我"对自己的爱情有了新的感触。

《红酥手》讲述主人公牟经年喜欢上了同学郑小秋，可是他自己又被车间主任的女儿沈十姝看中。由于经受不住沈十姝的"诱惑"，牟经年成了沈十姝的老公，但是他依然对初恋念念不忘。后来他在QQ聊天中认识了一个叫作"沈园相会"的人，他满心欢喜，以为那个人就是郑小秋，于是当年那种心动的感觉突然涌了上来，对于自己的妻子却越发厌恶。直到牟经年最终真正见到那个"沈园相会"时，才发现一直以来与他在网络上聊天的其实是自己的老婆沈十姝。而现实中的郑小秋再也没有了当年的温情与才华，变成了一个将金钱看得很重的推销员。此时的牟经年忽然明白，自己以往的所谓感情只不过是在幻想的回忆中自欺欺人罢了。现实生活之中，有多少人不懂珍惜自己所拥有的，一味盲目地去追寻所谓的理想爱情。实际上，爱情不只是风花雪月，还有柴米油盐酱醋茶，当有一天你老了，爱人依然留在身边照顾你、爱护你，你才会懂得什么是真爱。

《弟子规》讲述了一个遭受过男性的非人折磨而对性爱有着极度恐惧的女人的故事。丁小芳幼时被自己的变态父亲非礼，于是对性生活产生了恐惧感；年轻时她又因为无法与自己的心爱的男人过性生活而被无情抛弃，之后被一个长着黑痣的男人强奸并生下一个叫王小宇的男孩。或许，对于这个女人来说，有了孩子能够让她有一次全新的生命体验，但是命运对她似乎没有那么仁慈。他的儿子王小宇从小对男女之事非常敏感，这让丁小芳陷入了极度的痛苦之中。王小宇的生父因为一场事故失去了生育能力，想把王小宇要回自己身边，丁小芳经过一番痛苦挣扎后，最终决定将儿子归还给他的生父，但是她却在送走儿子之前亲手割掉了他的生殖器。故事中的丁小芳是可怜的，因幼时父亲的伤害，便毁掉了自己一生的幸福，同时也毁掉了儿子的幸福。

《大理》讲述了一个普通的公司职员纪肖兰的爱情故事。纪肖兰结识了自称家里很富有且单身的公司白领赵有财，实际上赵有财生长在农村，家里有媳妇，是一个底层的工人。他巧妙地包装自己，拿自己的工资去诱骗妇女，以满足自己的龌龊勾当，纪肖兰也是这样上当的。纪肖兰满心欢喜地以为自己遇到了"真命天子"，直到最后发现了事实的真相，便毅然离开了赵有财并且报复了他。郝炜华写了很多对爱情、对婚姻、对男人都很盲目的女人，她们渴望爱，渴望获得美满的生活，但又往往受到爱情的摧残与背叛。如果故事仅仅如此，那么这些人物未免显得单薄，郝炜华的深刻之处在于她笔下的每一位主人公都对自己的人生有非常真实的回归。比如《大理》中的纪肖兰，最后就坦然地面对自己与赵有财的"荒诞爱情"，并勇敢地走向了新的生活。

郝炜华也常常通过一些离奇简洁的故事表现小女人对爱情的自我幻想。她对普通小人物心灵世界的微妙洞察与清晰解剖总会让人想到自己的花季岁月，青涩又质朴，像是一朵美丽的栀子花一样慢慢开放，静静凋谢。《苏桥的心事》讲述了一个善良的女孩苏桥的故事。十八岁那年苏桥去送当兵的表哥，无意中遇到了一个也去当兵的年轻人，苏桥对这个年轻士兵一见钟情。临行时，士兵将一个孩子交给了苏桥，并恳求苏桥能够等她回来。于是，等待着年轻士兵回来就成了苏桥的一桩心事。尽管村里面有很多关于苏桥的闲言闲语，但她都不在乎，她的心里只有那个跟她有过约定的年轻士兵。虽然最终士兵留下的孩子没有活过九岁，但孩子在人世的这几年过得却非常幸福。有一天，一个参加过自卫反击战的战士来苏桥家提亲，苏桥一眼认出来他就是当年的那个士兵。两个年轻人因为一个孩子的牵引，产生了一段美丽且温馨的爱恋，这种爱恋超越了时光的流转，给人留下了无尽的美好与纯真。

2. 城乡小人物美好的生活期待

郝炜华常常将目光聚焦在生活在城乡接合部的底层人物身上。在作者看来，这些小人物对"城市梦"的追逐感似乎比普通人更加强烈，他们宁愿倾家荡产去城市艰难生活，也不愿留在农村过相对富足的日子，作者描绘出了那个年代社会上普遍流行的城乡等级思想意识。事实上，城乡等级意识的"虚伪性"表明中国国民的劣根性依然存在，作者在对这些人物进行人性的批判的同时，也写出了他们面对艰难时的积极一面。在艰难的生活状态下，他们依然怀有对美好生活的幻想，作者笔下的这些小人物因不服输的"虚伪性"而产生一种乐观生活的"进取心"，这种复杂而又奇妙的生存方式，让他们的生命更加真实，更加饱满。

《城里的月光》讲述了一个发生在20世纪八九十年代农村向城市过渡大背景之下小人物的悲欢离合故事。退休的铁路老职工齐山东是城市户口，但他的妻子始终无法摆脱农民的身份，他处在一只脚已踏进城市，而另一只脚却还留在农村的尴尬境地。齐山东和妻子王素芳不仅面临着面子上的尴尬，同时也忍受着经济上的尴尬。事实上，"农转非"的思想理念使得众多的农民费尽心机想要得到一个城市户口，却因此付出了惨痛的代价。这些农民无法容忍自己踏实安稳地做农村人，但是进入城市，生活又会非常艰难。面对着城市的巨大经济压力与生活困境，齐山东被压得喘不过气来，子女的未来也让他感到"雪上加霜"：小儿子是典型的"啃老族"，大儿子得了重病，大儿媳妇有了外遇，这一切让齐山东一家陷入了巨大危机。可敬的是，无论生活怎么多变，齐山东并没有失去自己做人的尊严与底线，尽管金钱对他而言十分重要，但面对来路不明的金钱他还是能够做到拾金不昧。《城里的月光》中的月光在齐山东看来是非常微弱的，他在城里并未过上自己想要的生活。故事的结尾，齐山东的小儿子找了一个年龄很大的老婆，她的出现解决了齐山东所有的经济困难。这个结局虽然比较圆满，但现实生活之中，又有多少人仍然在通往城市的道路上步履维艰。

《走一步，退一步》中的主人公秦美丽居住在高档小区紫荆花园内，然而却是众多有钱人中的穷人。秦美丽的生活开始出现危机，先是丈夫患了胃癌，接着她的工作也出现了问题，最让秦美丽头疼的是婆婆常常跟她吵架。经济的窘迫加上生活中各种琐屑的小事，使得秦美丽陷入焦虑之中。这个时候温情的丁龙一的出现，让她卷入了感情的漩涡。故事的最后，当秦美丽被钱逼疯，要接受收丁龙一送给她的银行卡时，婆婆的一个传家镯子派上了用场。秦美丽最终将银行卡还给了丁龙一，她的家庭也得以摆脱困境，秦美丽最终又找回了自己"幸福的小生活"。也许小说与生活最大的不同就是，小说中可以是一个镯子挽救一个家庭，但现实通常却并没有小说中那样美好。我们不禁会想，在现实的生活中，又有多少人在幸福与德行的矛盾中能够理智选择呢？

郝炜华不仅将目光聚焦在城市底层男女的生活琐事之上，还格外关注乡村家庭与宗族伦理叙事。在她的笔下，乡村是在现实基础上的"另一种真实"，乡下人的愚昧与无知、乡村赤脚医生对道德的坚守、乡村弱势群体的悲惨命运等等，都在郝炜华的笔下呈现出了一个别样的世界。

《上梁》讲述了赤脚医生刘庆来的故事。村妇徐桂香跟自己的丈夫吵架，喝了敌敌畏来表达自己的愤怒。在村里，喝敌敌畏自杀并不是一件很让人惊奇的事，正如小说中所写到的那样："徐桂香死了没什么大不了的，村子里每年都有因为喝农药死了的人，既有女人又有男人，既有老太太又有老头子。他们喝药的原因都是吵架，父子吵架、母子吵架、婆媳吵架、妯娌吵架、邻居吵架，吵着吵着就有一方抓起药瓶子往嘴里灌药，有的人被抢救过来，有的人没被抢救过来。"

在村子里，人的生命好像不值一提。村里人因为一件小事就可以死，他们对自己的生命不从珍惜，也不懂得如何珍惜。赤脚医生刘庆来用灌肥皂水的老办法抢救徐桂香，却加速了徐桂香的死亡，结果他被开除。这是20世纪五六十年代赤脚医生的普遍状态，曾经的他们是科学的化身，治病救人，为乡村的医疗事业做出过很多贡献。但是，随着时代的发展，他们早已被先进的医疗科技抛弃，甚至成了愚昧的代名词。故事的结尾写道："这个时候，木匠看到了他，这个木匠小时睡觉从炕上掉下来跌破了额头，他姐将刘庆来从被窝喊出来，打着手电筒给他上的消炎药。现在木匠的额头还有一块月牙形的疤。木匠看到了刘庆来，手伸进篓子，抓起满满的一把小饽饽，一用力冲刘庆来这边扬了过来。小饽饽如同流星一般亮闪闪地划了过来，没待落地，那些小猫小狗一般活跃的小孩，欢笑着，飞快地冲着刘庆来跑了过来。村里的人在上梁的时候总要撒一些饽饽。刘庆来也想着要这个饽饽，木匠看到了刘庆来，将饽饽撒向了他。"

故事含蓄地表达出，刘庆来作为一个医生为村民们做的好事是深深印刻在他们心中的，他们并没有忘记这个将自己的一腔热血挥洒在村里的赤脚医生刘庆来。尽管赤脚医生刘庆来的一生随着时代的跌宕起伏而波动多变，但也正是在这样的背景之下，生命的价值得以凸显。

郝炜华笔下的城乡小人物是生活在底层的边缘人，他们一辈子的生活简单而平淡，他们的生命似乎也显得"微不足道"。也许没有人会关注一个捡来的残疾女孩的生活，没有人能体会一个普通家庭对于城市生活的向往，更没有人留意到一幢老楼房里房客的生活，但正是这些平凡中的不平凡，让众多小人物展现出他们独特的价值。

3. 病态的人性与命运的哲思

郝炜华的作品常常通过塑造一些人物来呈现她对人性的洞察与反思，读她的作品，我们会体味到一种人生的悲凉，这种悲凉的沉重感所表达出的忧郁和孤独，让她笔下的人物显得更为真实。

《和爸爸一起放风筝》中，丁小清受到朋友王雅丽的启发，为了能够有机会提干，出卖了自己的尊严，与她根本不喜欢的副厂长儿子谈恋爱，结果导致她失去贞洁并怀上了副厂长儿子的孩子。父亲丁长年将自己在"文革"时期为了自保而残忍地伤害亲生父亲的往事讲述给丁小清，父亲痛苦的经历对丁小清的影响非常大，她开始认识到自己的错误，果断地放弃了自己并不喜欢的人，真正走向了灵魂的救赎。整个故事情节虽然简单，却向我们揭示出了有关灵魂救赎与人性追寻的主题。正如丁长年所说："人不能没有敬畏，不能没有约束。小清，你现在没有任何信仰，心无所畏，心无所敬，时机成熟，任何可怕的事情都会做出来。小清，我曾经是个没有任何信仰的人，所以我做出了非常可怕的事情。"这与王雅丽的"人生哲学"形成了鲜明的对比——王雅丽告诉丁小清："生活需要一些手段，手段，小清，懂不懂？我们这样的草根，父母没有能耐，兄弟姐妹没有本事，不使出非人的手段，就过不上理想的好生活。"显然，是选择钩心斗角的生活还是选择令人敬畏的生活，丁小清是纠结过的。好在丁小清最终放弃了王雅丽的那种生活，选择了怀揣一颗敬畏之心活着，并且最终获得了人性的安稳。

《奔跑的村庄》中的退伍军人刘生根因为工作的问题没有得到解决，开始了他的长跑生涯。他年轻的时候为国家做出过贡献，将自己的青春挥洒在了象征绿色与和平的军营，可是并没有获得应有的尊重与理解，甚至连自己的正当利益也没有得到。小人物在大环境的影响之下也许只能"逆来顺受"，但是这并没有让刘生根因此丧失信念。他的信念就是跑步，摒弃外界对他的看法，坚持跑步，跑步成了他生命的唯一。"我可以被剥夺一切，但是我依然会让自己的信念生根发芽。"这就是刘生根活着的价值。他跑步有一个特点，就是摇头晃脑。但是他的跑步并没有得到其他人的尊重，人们嘲笑他，还把他当作精神病人一样看待。刘生根后来结婚了，由于老婆不支持他跑步，所以他选择了离婚。小说的结局带有很强烈的童话色彩：刘生根代表整个村庄去参加长跑比赛，接着就是他带领着整个村庄往前跑。文章的结尾耐人寻味：

> 可是我们那个村子真的消失了，与它相关的一切，曾经在地理位置上的标注，曾经的名字，村子里的人，村子四周漫山遍野的苹果树，每到春天就会开出带着酸味的白花的苹果树，还有那些房子，那些家具，那些家畜、农具全部消失了。当然田野没有消失，可是田野已经不是我小时候的田野，

它归属的村庄也不是我们村的名字。

……

我们沿着派出所前面的路向东走,越过一座小桥,来到我们村子曾经占据的那片田野,田野里全部是绿油油的麦苗,风吹过来,麦苗一波一波地晃动,像地毯一样漂亮。我爸爸、我妈妈和我站在田野上,看着麦苗一波一波的晃动,看着,看着,我的爸爸突然哭了,然后我的妈妈哭了,再然后我也哭了。我们大张着嘴巴,脸上挂着亮晶晶的泪水,鼻子上挂着黄黄的鼻涕,嘴巴上淌着长长的涎水,面对着绿油油的麦苗,哇啦啦地大声哭起来。

也许村庄不是地理意义上的消失,而是时间上的消失。在中国经济飞速发展的今天,有多少村庄在急速地消失。淳朴自然的乡村也许只能存在于记忆之中了,我们的后代也只能从图片与文字记载中了解到带有文化风韵的古老村庄的原貌。当千万个乡村变成回忆的时候,我们也许会意识到,我们遗失的不仅是现实的村庄,更丢弃了彼此之间曾经存在的珍贵感情与浑厚纯洁的乡土风韵。当高楼大厦拔地而起,当周围充斥着推土机与大吊车乒乒乓乓的声音,我们似乎忘记了远古时期人们雄浑有力的劳动号子和动听的伐木之声。《奔跑的村庄》用乌托邦的方式告诫我们:珍惜并保留我们民族自己的品质与德行。

郝炜华对其笔下人物的人性与命运的挖掘之深,表明她是一位有着博大胸怀同时又对生活有着别样思索的女性。正如有评论家所指出的那样,郝炜华的小说"是出于作家对现实人生的真实感悟,是作家用心灵体悟到的一种被种种现代传媒、主流意识话语所冲淡和遮蔽的人性现实"。

二　艺术表现及创作缺陷

1. 奔跑的火车意象

铁路工人郝炜华在叙述自我生命独特经验的时候，似乎总少不了提到火车这个意象。火车，满载着无限的希望，像是可以通往梦想，奔跑着，永远向前。

郝炜华曾经在《火车火车跑得快》中写道：

> 中国列车自诞生之日起，似乎从未这般热闹过。这些丰富的、华丽的、绚丽的景象，带给我们无穷无尽的想象。列车，如同一节一节小树桩的绿皮车，绘着金黄色腰带的红皮车，牛奶一样从原野上一滑而过的动车，它们，此时不再是交通工具，而是一种文化象征，蕴含了艺术、美、中国、世界还有人生。自然，这是旅者或是心怀浪漫的艺术家眼中的列车，他们的镜头之下，列车消失了原有的体态，与长长的蜿蜒的铁路线，与看惯了欢聚和离别的站台，一起呈现着他们对世界的特殊认识。这样的列车，是虚幻的，是不真实的。而大多数的如同我一般，上班、下班、偶尔出行的普通男女眼中，列车只是一种交通工具，是我们出行，诸如出差、探亲、旅游的首选工具。这个庞大的、蜿蜒的、一次可以容纳一千余人的巨大容器，可以带着我们穿山、过河，从北方到南方，从西疆到东海，到达我们想去的任何地方。有土地的地方就有铁路线，有铁路线的地方就有火车，仅仅想一下，脑海中的情景就会令我们震撼，似乎没有一种交通工具能够具备这样无所不能的本领，似乎没有一个企业可以庞大到触及中国的任何一片土地。然而会有几个人真正做一次这样的想象呢？当我们乘上列车，在绿皮车、红皮车、动车内坐着、站着、躺着或是走动的时候，我们的视线只在列车之内或者列车之外一晃而过的景色上盘旋。列车外边的景色，短暂得如同一场春梦，不能够带来太多的感慨，变幻无穷的生活使我们不愿意相信无法把握在掌心的东西。列车之内呢，不停忙碌的列车员，戴着大沿

帽、扎着领带、肩章上带着一条杠的列车长,他们是我们旅程中长久的伙伴。可是我们似乎仍然不能够相信他们,怀疑与不信任已经成为生活的常态,更何况网络上、电视里、传说中,不时出现关于铁路、关于列车的负面说法。那令国民无比头疼的'春运',所有人都可以跳出来骂一骂铁路,骂一骂列车员,骂一骂列车长,那个时候,上帝说的"如果你认为自己无罪,就可以惩戒她"是无用的。

作为一位一直从事铁路工作的女性作家,郝炜华用她那细腻而温情的笔触,真实而生动地叙述了铁路上发生的故事,这些平凡而又感人的故事里有着铁路工人的悲欢离合。她为我们展示了一个个鲜为人知的铁路工人的生活场景,让我们在享受到铁路带来的无限便利的同时,也感受到那些最可爱的铁路工人为了工作日月操劳而做出的牺牲。

在小说《我的丈夫姚向前》中,"我"与丈夫从相识到相爱都与火车有关,虽然两个人都是普通的工人,但是生活有滋有味。两人有一个共同爱好,就是一起去追火车,认为追着火车就是一种幸福,姚向前喜欢拉着"我"的手像拽死猪一样往前跑。虽然他们的生活可能有点苦,但内心是幸福的,就像姚向前自己所说的那样:"其实,第一次追火车的时候,我在心里打了个赌,如果能够追得上,华就会与我结婚,如果追不上,华就不会跟我结婚。终于,我们还是追上了。"

但是随着社会大环境的改变,工人渐渐地成了整个社会的最底层,成了被人鄙视的群体,在这种情况下,"我"的丈夫姚向前在家里人的逼迫下辞掉工作转去经商。姚向前似乎天生不是干这一行的,他屡遭不顺,最终负债累累,身心俱残。姚向前虽然也想着出人头地,可是他根本不适合经商,在重重压力之下,他对自我产生了怀疑:"我怎么错了呢?你的父母、你的家人都瞧不起工人,这个社会有谁瞧得起工人?一直到现在,不是都在看有钱人、有势人、开发房地产的人吗?我一直努力,一直想摆脱工人身份的烙印,一直想好起来,我有错吗?……不是一直在鼓励下海、经商、停薪留职、自谋职业等等吗?我一直在跟着潮流前进一直在努力做的,我为什么就不能成功呢?"

姚向前最终回到了家里，可是他再也不是原来的那个乐观积极向上的姚向前。在又一次追火车的时候，姚向前不幸去世，而"我"始终难以接受这样一个残酷的现实。

故事中的姚向前是中国改革开放以来辞去工作下海经商的失败者典型。原本他可以享受自己所拥有的简单的幸福，可由于外在的压力和自己不切实际的雄心壮志，迫使他去追逐那些本不属于自己的天马行空的幻想，最终只落得悲惨的结局。如果当初姚向前能够对自我有明晰的定位，如果他不过多关注别人的看法，多关心自己的妻子、孩子，多体验一下生命的乐趣，也许他会是一个幸福的丈夫、快乐的父亲。幸福其实很简单，我们能够抓住的快乐就是真实地握在自己手心里的东西。

《山中有只狼》讲述了工人荆金泉与妻子隋花香的故事。荆金泉有自言自语的习惯，常常与草木山泉对话。由于工作的原因他一直孤苦伶仃，连个说话的人都没有，妻子隋花香由于忍受不了长久的孤独，最终选择离开他。一次偶然的机会他看到了一只狼，并发现这只狼受了伤。他连续几天都给这只狼送吃的，久而久之，狼对他也有了感情。荆金泉就给这只狼取名叫隋花香。后来村里的一个小孩子误把狼崽当成狗崽带回了家并招来了狼群，荆金泉最终将狼崽子还给狼群，并且告诉狼不要再伤害村民。奇妙的是狼仿佛听懂了荆金泉的话，再也没有伤害过村民。这个是一个关于人与动物的故事。狼其实不可怕，可怕的是我们人类自己。人类为了自己的利益破坏了地球的环境，破坏了动物们的栖息地，这就使得动物们不再相信人类，甚至把人类当作敌人。只有当人类与动物能和谐相处时，世界才会变得更加和平。同时，荆金泉的遭遇值得我们同情，他为铁路行业做出了贡献，可是却没有获得自身的幸福。我们在享受铁路的便利之时，或许也应该多想想这些平凡的铁路工人。

铁路工人跟我们普通人一样，也会随着时光的流逝而变老，美好的回忆总能让他们想起那曾经的美好爱情。《瘦小的身影》讲述了一个少年唯美的爱情故事。徐明宇是一名铁路职工，到了要结婚的年龄，家里人总是不断地给他介绍对象。可是徐明宇喜欢那个"顶替家里人来"的小姑娘，她生性羞涩，常常受人欺负，却始终忍耐着。徐明宇买了两只金黄色的小鸡想讨这个小姑娘的欢心，可是姑娘羞涩不语。当徐明宇得知小姑娘有事一直没有来上班的时候，他下定决心去找她。在找到小姑娘回来的路上，徐明宇心想：总有一天，她会将手放进他的手里，叫他娶她。这是一段很单纯的爱情，它的美好之处在于没有物质因素掺杂，没有工于心计的利益纠葛。两个少年，尤其是徐明宇心中的那种情窦初开的微妙的美是人世间最难能可贵的。但是，当青涩的我们逐渐褪去单纯的外衣，戴上社会给我们的伪装面具时，似乎都已经忘记了曾经的美好，那被遗失的美好是多么令人神往，可早已一去不复返。当过去的旧时光早已烟消云散的时候，也许唯一不变的就是我们曾经拥有过的那段闪耀着光芒的花样年华。这部小说让我想起张爱玲1944年写的那篇《爱》：

> 有个村庄的小康之家的女孩子，生得美，有许多人来做媒，但都没有说成。那年她不过十五六岁吧，是春天的晚上，她立在后门口，手扶着桃树。她记得她穿的是一件月白的衫子。对门住的年轻人同她见过面，可是从来没有打过招呼的，他走了过来，离得不远，站定了，轻轻地说了一声："噢，你也在这里吗？"她没有说什么，他也没有再说什么，站了一会，各自走开了。
>
> 就这样就完了。
>
> 后来这女子被亲眷拐了，卖到他乡外县去做妾，又几次三番地被转卖，经过无数的惊险的风波，老了的时候她还记得从前那一回事，常常说起，在那春天的晚上，在后门口的桃树下，那年轻人。
>
> 于千万人之中遇见你所要遇见的人，于千万年之中，时间的无涯的荒野里，没有早一步，也没有晚一步，刚巧赶上了，那也没有别的话可说，唯有轻轻地问一声："噢，你也在这里吗？"

故事中的主人公虽然话不多，可却让我们体会到即使到了天涯海角，即使经历了沧桑巨变，只要我们的那颗初心不变，就依然拥有彼此。小说《瘦小的身影》中没有一个肯定的结局，但我们相信，虽然男孩最终没有跟女孩在一起，但若干年之后，男孩依然会在某个瞬间想起那个微笑着手捧金黄色小鸡的女孩子。《花儿的模样》中的陈小雨的父亲是城里人，因上山下乡来到了村里并认识了陈小雨的母亲。不幸的是，做火车巡道工的父亲在一次回城的路上被火车碾压，再也没有回来。这件事情给陈小雨带来了一生都无法抹去的伤痕，她一直将这件事埋藏在心底，直到自己长大结婚。当丈夫向她讲述自己的故事时，陈小雨在火车道边上才真正地理解了：在这个世界上有一种爱虽然无法言说，但是能够一直留在心里。故事的结尾很让人感动：陈小雨将青草挽在手里，不停地编呀编，最终将青草编成了花儿的模样：

> 一张纸飘到陈小雨的脚前。不知是从年轻巡道工的口袋里掉出来的，还是从什么地方飘来的。陈小雨发现纸上写着一行字：世界上最遥远的距离不是生与死的距离，而是我站在你面前，你不知道我爱你。陈小雨眯起眼睛看铁道线，没有巡道工、没有火车通过的铁道线空荡荡的，阳光打在钢轨上，钢轨反射出雪亮的闪光。远处的山上传来隐隐约约的声音，是歌声？喊声？还是火车的鸣笛声？青草在陈小雨的手里编来编去，编来编去，编完，手摊开，那青草，那碧绿碧绿的青草，竟然编成了花儿的模样。

美丽的花儿应该献给谁？当然应该献给那些可以为爱无私奉献自己真性情的人。铁路巡道工生活的真实场景与工作的危险性摆在了我们面前，当我们看着神奇的火车急速通过，带给我们的生活以极大的方便时，似乎忘记了是谁在冒着生命危险为我们提供这样的便利；当我们在疾驰的火车上设想着与爱人相聚的情景时，也许不知道有些人为了给我们提供这样的方便，甚至都不能与自己的爱人相聚。在这个世界上，因为有了这些最可爱的人，才让我们的生活变得可爱与可亲，让我们向这些铁路工人致敬！

作家郝炜华也很关注生活在铁路旁边的普通人。铁路作为一个承载着遥远梦想的意象，让生活在交通不发达、环境闭塞地方的人们产生了无尽的幻想，而村庄里的人对外界的无限幻想与知识的匮乏却形成尖锐的矛盾。《吃饭》讲述了黄冬生的弟弟黄秋生带来了三个让村里人"着迷"的女人，村妇赵月娥发现丈夫刘小虎总爱去邻居黄冬生家，怀疑丈夫出轨了。在一次去寻找自己老公的时候，赵月娥在铁轨旁边碰到了要去广州的黄秋生，黄秋生对赵月娥讲述了外面的精彩世界，让赵月娥产生了对于火车与美好的幻想。正要离开的时候，她突然想去摘铁轨旁边的一朵美丽的花，却被突然开来的火车撞死了。赵月娥生活在山里，对外面的世界充满着好奇，可是最终她被活生生地碾压在了奔驰而来的火车之下，而她关于火车、关于未来的美好幻想也就此破灭。

郝炜华在《向南向北》的开头写道："火车是浪漫的。"作为一名铁路职工，郝炜华似乎见证过火车带给人们浪漫与幻想的同时，也给人带来了无尽的悲痛——死亡。因火车而死亡的人让郝炜华沉浸在无边的思索之中，火车作为一个可以带给人们无穷尽理想的承载物，却也让很多人的理想在一瞬间变为无尽的悲伤与痛苦。

2. 蒙太奇式空间格局

在艺术表达方面，郝炜华的小说沿用了火车这样一个奔跑意象的同时，也使用了一种动态的蒙太奇式的写作体例，这让她的小说呈现出电影般的片段化的情境感。一定程度上，这种写法开阔了文学创作的空间格局，让作者与读者在宽松的环境中任想象自由驰骋。

小说《包裹》以20世纪90年代为背景，讲述了社会巨变之下铁路职工的日常生活，其中充斥着社会的巨变所导致的人与人之间信任与尊重的丧失，以及人与人之间由于物质利益冲突而导致的人性的扭曲。环境的巨变、商品经济的发展在给人们带来巨大的物质利益和物质享受的同时，也让人们渐渐地把自我珍贵的品质丧失殆尽。人与人之间的信任与尊重、人与人之间的爱也随着金钱的获取而渐渐消失，取而代之的是自私与冷漠、圆滑与世故、猜忌与诽谤。作家作为那个时代的经历者，真切地体验到了这种世事的剧变，真切地记录了属于那个时代的人事变迁。一个包裹引发了一连串故事，包裹里的东西被当作神秘的"天降之财"，人人都想占为己有，人人都产生了"坏心思"，包裹变成了人与人信任的试金石。于是，一个极为普通又简单的包裹，准确地记录了还没有走向富裕的人们的心灵世界。说到包裹，我们可能会想到莫泊桑的《项链》，不同的是，莫泊桑的主人公用十年的时间印证了虚荣与贪欲的罪恶，而《包裹》却体现出改革开放初期即将"物欲横流"的社会里人心的剧变、人情的冷漠和人性的悲凉。故事的结局是这样描写的：

> 那个装着啤酒瓶子的编织袋还立在我的身边，我妈妈花白着头发张皇失措地看着我，车间主任、上完水的同事围拢到我的身边，他们一齐喊："打开包裹，打开包裹，打开包裹。"
>
> 我看了他们一眼，看了他们一眼，再看他们一眼，咬紧牙，拼命控制住抖动的双手，一点一点，一下一下，打开了包裹。
>
> 包裹里的东西碎片一般从我手中散落到地上，同时一股酸臭的、恶心的味道蒸腾而起。我的同事捂着鼻子一下子跳到远处，但是她忍不住伸过上水叉子扒拉那堆东西，黑色的铁制的上水叉子将那堆东西扒拉了个遍，同事放下手，小声说："原来是包垃圾。"

故事的结局让所有人大吃一惊，这包"垃圾"是对所有怀有"不轨之心"的人的讽刺。在物质利益的熏染之下，人心不再是充满了正能量与爱的红心，而变成了实实在在的垃圾，这是一个多么可怕的隐喻。

如果说《包裹》讲述的是一个动态的物象所营造的空间格局，体现出的是人与人之间的隔膜与私人化欲望的浮动，那么《老宅》则用一个固定的生活场景展现了人与人在社会环境影响之下的生活面貌。《老宅》是一篇场景小说，以一片面临拆迁的老住宅区为背景，描写了同在一个单元的住户们的日常生活。因为日常，所以平淡无奇，尽是些凡人琐事。老住宅区里有退休的老人，有基督徒，有光棍，有单身母亲，还有精神病患者、妓女、流浪汉，这些形形色色的"原住户"和租房客共同构成了一种幽暗、肮脏的状态，没有光亮，没有秩序，没有生气，没有希望，完全是一片无法得救的死地。但是作者又从一团混沌中找出了变数，这变数就是刘兰花的出现。小说描绘的是乱哄哄的群像，刘兰花则是这群像的中心人物。因为她的到来，老宅像是泛出了活力，有了光，有了爱，有了温情。显然，作者是想塑造这样一个女人来充当"圣母"的角色，可是，这个带了个智障女儿的女人，这个对精神病老男人施以援手的女人，本身又有来历不明的神秘性,当她和她的智障女儿连同老人一起消失后,更是留下了诸多悬疑。郝炜华果然很会吊我们的胃口,最终她也没有讲明这个女人到底从何处来,又去了何处。郝炜华的小说总是留有余地的,哪怕她的主人公不得不死,还是要先追上飞奔的火车。"绝望之于虚妄,正与希望相同",她的小说也因此具备了柔韧的质地。故事中是一群奇怪的有着自己难言之隐的人,这些人就像是生活在密不透风的空间里一样,带着各种人性的龌龊与无奈。每个生活在这里的人们都有一种对生活的无望与失望,这就是他们的生活状态。对于这样的一群人,我们应该怀有怎样的心态?也许生活在这里的人们有自己的生活方式,他们应该是努力活着的人。我们总是戴着有色眼镜看待别人,其实生活中很多事情都是我们的互相揣度。也许我们应该信任别人,多给予别人一些同情与怜悯,或许我们的一点友爱之心会成为他们活着的意义。

郝炜华在她的小说之中还曾用一种镜头聚焦的形式为我们展现人与人之间的荒谬情感。《牙齿》讲述了张静敏对一个叫林一白的男人产生了爱情,但是让张静敏着迷的其实是他洁白的牙齿。林一白消失之后,张静敏一直找他,甚至到了快要疯掉的程度。林一白终于出现,可是张静敏却发现让她一直着迷的牙齿竟然是假牙。张静敏后来又找到了一个跟林一白的牙齿一样白的男人,可后来发现这个男人的牙齿也是假的。整个故事没有波澜起伏的情节与惊心动魄的节奏,但是由洁白的牙齿而产生的爱到发现假牙而产生的对爱的怀疑与追问却让我们深思。有多少男人对女性没有真正的爱,只是一种玩弄,可是众多女性却被那"洁白的牙齿"所欺骗。好在张静敏最终发现了那洁白的闪耀着光辉的牙齿只不过是过眼云烟、昙花一现,与她心中所向往和追求的真正的爱情相去甚远。郝炜华用牙齿这一物象和医院这一空间场景的设定,展现出了女性的那种荒诞不经的爱情,故事中的张静敏显然不知道生活与想象之间的距离,现实生活之中又有多少女人能够分清楚现实与爱情呢?《壁虎》中的"我"是一个被捡来的小女孩,家里人与村里的人对"我"总是很不友善。十八岁的女孩壁虎决定嫁给大她十几岁的男人,然而结婚后,生活并没有壁虎想象的那样美好,最终绝望的壁虎选择了死亡。"十八岁,人生的花季,而年轻的女人怀揣着秘密和屈辱告别了这个悲凉而冷漠的世界。"《花外花里 花里花外》借用网络这一新的平台,讲述了一个已婚女人对平庸的家庭生活的厌倦。一个深夜,她选择了逃离,逃离了丈夫,逃离了家,也逃离了现实。在逃离的路上,她遇到了四个人,每个人都给她讲了一个自己的故事。在这四个离奇的故事中,我们悟到了深刻的寓意;在真实与虚幻之间,我们看到了刻在现代人心灵中的深深的孤独。他们在寻找生活的真谛、真正的爱情。然而,生活的真谛到底是什么?真正的爱情又在哪里?在迷茫、欲望、性爱和别离的侧面,我们又看到了人性的多面性,它们隐秘而盛大、丰润而繁华。最终,这个叫安妮贝的女人又回到了她逃离的地方:家。"她急匆匆地迈上了一道一道台阶,跌进自己黑夜一般黑的家里。"

郝炜华曾说:"生活,爱情,小说,来源于真实的空间与无时无刻都要存在的想象。它们从生活的表象出发,沿着脉络前进。从我的大脑到二进制的脉冲电路,通过长长的数据线到达某个编辑的案头。痛快的感觉自脚心向心脏迸发,冷艳、热烈、无序、晶莹、刺痛、剔透、无从逃避而又无法拒绝。"郝炜华小说中的空间设定让她的作品呈现出生活真实的一面,但无知与想象的结合、社会的愚昧与环境的变化又让她笔下的人物失去了理性。郝炜华似乎意识到了这一点,于是她试图在感性与理性之间、真实与荒诞之间有所突破。

3. 创作局限

郝炜华的小说创作还存在着很多的不足。

首先是她小说中故事内容的简单重复。这种写作方式让作家一直深陷在自我设置的漩涡里不能自拔,从而在一定程度上限制了作家的想象力,影响了作家的自我突破。以郝炜华的代表作《我的丈夫姚向前》为例,这篇小说是由她的其他小说"拼合"而成,似乎有着其他小说的影子。这或许是作家无意而为之,但是这种自我重复常常会限制作家的进一步发展,让她的小说没有更大的突破性。

其次,模式化的人物与故事情节。有些小说的故事情节起伏波动,但故事的整体深度还需加强;同时,主题人物需要有所深入;有些故事题目在创新方面也有待提高。这反映出作者的写作格局与眼界还是有些狭小,故事的内容有时过于孤愤和简陋,缺乏一种大气,这需要作家进一步努力开拓更为宽广的写作空间。

最后,对人性的审视过于简单粗暴。郝炜华的小说体现出了一种自由的书写,不受任何体例的局限。虽然这种小说的创作方式会带来文学语言的自由灵活,但过于自由化的书写却令其文学作品呈现出散淡化倾向,这影响了其小说向经典化方向的迈进,无法形成独树一帜的文学格局。

作家郝炜华将目光聚焦在被逐渐边缘化的底层人物身上,用她独有的生命体验向我们展示了普通铁路职工对火车的情感,展示了当代底层女性的情感与命运危机,将小人物对于美好生活的幸福期待通过一个个饱含着真情的故事演绎出来。她的小说之中对于人性与命运的思索让我们看到了一位关注底层、热爱生活同时怀有细腻情感的女作家的真实风采。

参考文献:
1. 赵月斌:《郝炜华小说印象》,《时代文学》,2013年9月(上半月)。
2. 郝炜华:《冰尖上的舞蹈》,《向南向北》,中国文学出版社,2006年版。
3. 刘玉栋:《爱的疼痛(代序)》,《向南向北》,中国文学出版社,2006年版。
4. 管宁:《人性视角:新写实小说的价值重估》,《浙江学刊》,2001年第5期。

附 录

郝炜华，女，20世代70年代生人，汉族，山东莱阳人。中国作家协会会员，鲁迅文学院第17届中青年作家高级研讨班学员。1993年开始发表作品，主要从事中短篇小说创作，在《北京文学》《清明》《山花》《芳草》《山东文学》《文艺报》等报刊发表中短篇小说100余万字。出版长篇小说《古琴》、中短篇小说集《红酥手》。有作品入选年度选本以及被《小说选刊》转载。曾获山东省"五一"文化奖、全国第八届铁路文学奖、齐鲁文学作品年展二等奖、第六届万松蒲书院新人奖等。

郝炜华小说作品年表

1993年

短篇小说《旧事》，刊于《山东文学》第5期。

1994年

短篇小说《女人河》，刊于《山东文学》第5期。

1995年

《小说二题》，刊于《山东文学》第2期。

2002年

短篇小说《谁的手机号码》，刊于《中国铁路文艺》第12期。

2003年

短篇小说《额头上长痣的女子》，刊于《飞天》第11期。

中篇小说《花外花里 花里花外》,刊于《飞天》第6期。

短篇小说《我爱妖精》,刊于《当代小说》第7期。

2004年

短篇小说《改造父亲》,刊于《中国铁路文艺》第11期。

短篇小说《名叫黄静的女子》,刊于《佛山文艺》第12期。

2005年

短篇小说《网里网外》,刊于《当代小说》第10期。

短篇小说《壁虎》,刊于《佛山文艺》第1期。

短篇小说《水深蓝》,刊于《当代小说》第8期。

2006年

短篇小说《玻璃后面的眼睛》,刊于《当代小说》第10期。

短篇小说《谁打扰了我的幸福生活》,刊于《中国铁路文艺》第12期。

2007年

短篇小说《奶娘》,刊于《中国铁路文艺》第6期。

短篇小说《旅途》,刊于《中国铁路文艺》第12期。

2008年

短篇小说《玉碎》,刊于《青春》第11期。

短篇小说《寻枪》,刊于《中国铁路文艺》第5期。

2009年

短篇小说《索拉与万》,刊于《山花》B第2期。

中篇小说《铁道故事》,刊于《山花》B第11期。

短篇小说《堂哥黄小玉》,刊于《当代小说》第5期。

短篇小说《一个满怀忧郁的清晨》,刊于《鹿鸣》第5期。

短篇小说《广州的那盏灯光》，刊于《飞天》第9期。

2010年

中篇小说《弟子规》，刊于《芳草小说月刊》第3期。

短篇小说《费梅茬的故事》，刊于《飞天》第5期。

短篇小说《山间的月儿为谁明》，刊于《雨花》第6期。

中篇小说《和爸爸一起放风筝》，刊于《山东文学》第9期。

短篇小说《从18层坠落》，刊于《当代小说》第10期。

短篇小说《如水的月光》，刊于《中国铁路文艺》第12期。

2011年

中篇小说《银子》，刊于《山花》B第2期。

短篇小说《十姊妹香粉》，刊于《山花》B第2期。

短篇小说《饭吃了一半》，刊于《雨花》第3期。

中篇小说《迷途》，刊于《时代文学》第3期。

中篇小说《走一步 退一步》，刊于《北京文学》第10期。

短篇小说《衣冠楚楚》，刊于《翠苑》第3期，

短篇小说《等待一只狼的归来》，刊于《中国铁路文艺》第6期。

短篇小说《多米诺骨牌》，刊于《当代小说》第6期。

短篇小说《红酥手》，刊于《山花》A第8期。

中篇小说《芙蓉莲余》，刊于《芳草小说月刊》第12期。

短篇小说《苏桥的心事》，刊于《雨花》第10期。

短篇小说《敲敲门，我爱你》，刊于《朔方》第10期。

中篇小说《姑姑》，刊于《阳光》第12期。

2012年

中篇小说《景泰蓝》，刊于《芳草小说月刊》第2期。

短篇小说《上梁》，刊于《山东文学》第3期，

短篇小说《连环扣》，刊于《中国铁路文艺》第3期。

短篇小说《山中有只狼》，刊于《边疆文学》第3期。

短篇小说《碎骨》，刊于《当代小说》第3期。

短篇小说《鼻烟壶》，刊于《山花》B第6期。

短篇小说《山鬼》，刊于《时代文学》第8期。

短篇小说《奔跑的村庄》，刊于《西南军事文学》第5期。

短篇小说《什么样的花儿都会开》，刊于《佛山文艺》第11期。

短篇小说《大爷之死》，刊于《小说林》第5期。

短篇小说《包裹》，刊于《福建文学》第12期。

中篇小说《天上人间》，刊于《雪莲》第12期。

2013年

短篇小说《柳如荫》，刊于《佛山文艺》第2期。

中篇小说《烟雨江南》，刊于《芳草小说月刊》第4期。

短篇小说《瘦小的身影》，刊于《清明》第4期。

短篇小说《牙齿》，刊于《山东文学》第8期。

短篇小说《春风一度》，刊于《山花》A第11期。

短篇小说《老宅》，刊于《时代文学》第9期。

中篇小说《手指冰凉的女人》，刊于《时代文学》第9期。

短篇小说《麒麟鞭》，刊于《当代小说》第12期。

2014年

中篇小说《城里的月光》，刊于《北京文学》第4期。

中篇小说《大理》，刊于《中国铁路文艺》第6期。

中篇小说《我的丈夫姚向前》，刊于《清明》第6期。

2015年

短篇小说《花儿的模样》，刊于《山东文学》第8期。

长篇小说《古琴》由花山文艺出版社出版。

2016 年

　　短篇小说《原来你在这里》，刊于《时代文学》 第 1 期。

　　中篇小说《月明风清》，刊于《山东文学》第 3 期。

　　短篇小说《三块银圆》，刊于《大家》第 2 期。

　　短篇小说《天上的村落》，刊于《当代小说》第 4 期。

　　短篇小说《大鸟》，刊于《山西小说》第 4 期。

　　短篇小说《傻瓜杨小栋》，刊于《青岛文学》第 8 期 。

　　短篇小说《秋风词》，刊于《广西文学》第 10 期。

　　短篇小说《趴在汽车里的男人》，刊于《飞天》第 10 期。

　　中篇小说《水棠》，刊于《边疆文学》年第 12 期。

2017 年

　　短篇小说《听说，海在另一边》，刊于《湖南文学》第 5 期。

　　短篇小说《荷花》，刊于《山西文学》第 3 期。

　　短篇小说《你叫什么名字》，刊于《当代小说》第 7 期 。

　　中篇小说《带蓝色花纹的扒皮狼》，刊于《青岛文学》第 10 期 。

　　短篇小说《灯亮了》，刊于《福建文学》第 8 期。

　　中篇小说《一张跟爸爸一样的脸》，刊于《山东文学》第 9 期。

　　中篇小说《所有的星星都亮了》，刊于《中国铁路文艺》第 12 期 。

　　中短篇小说集《红酥手》由知识出版社出版。

无痕有味的情感憩泊

——高克芳小说论

缪晓岚

作为70后一代的齐鲁新锐女作家,高克芳自2006年开始发表作品,至今已十个年头,她的作品主打婚恋题材的大旗,成功在通俗文学的市场上收获大批忠实的读者,继王海鸰等50后、60后婚恋作家之后,成为中国婚恋题材小说领域不可多得的领军新秀。

作为一位饱含温情的都市情感观察者,正如高克芳"曼陀罗天使"的网名一般,温婉细腻、睿智聪慧成为她性格的底色。高克芳执笔的一系列婚恋题材小说,宕开笔墨书写大时代中小市民的都市情感生活,同时涉及城乡融合的后遗症,父辈与子辈、70后与80后之间的代际差异引发的情感冲突和矛盾,致力于聚焦无性婚姻、第三者插足、婆媳矛盾、单亲家庭等现实矛盾问题,并把这些问题置于家庭单位中来具体剖析婚姻的本质,表现人们围禁在情感的围城中无法超脱,不断变换身份穿梭其中,焦灼难耐。高克芳是一位善于吟唱爱情与婚姻的女歌者,她试图用饱蘸暖伤色调的笔触寻找一种合理的婚姻自救方法,让情感走出死胡同,还原人性的清明样貌,即使前方的道路荆棘丛生,只要有爱,便能走出困顿迷茫,于荆棘中开出清爽动人的花来,以此唤醒婚姻当事人对婚姻健康的关注和自我人性的沉淀与反思。她以独特的视角切入生活缤纷复杂的敏感内里,以娓娓道来的叙事节奏舒缓有致地流转大都市中的小日子,始终遵循自我艺术想象的轨迹,追问情感的彼岸在何处,颇具人性内涵,这也是她自成一体的"高氏"知性创作风格所在。

一 都市浮沉中的情感物语

消费时代的来临,让文学消费一并进入大众的消费清单之列,人们在享受物质生活便利熨帖的同时,对文学和艺术的消费需求与日俱增。低俗廉价的情感倾销在通俗文学的卖场中逐渐争得一席之地,并收获大批的读者群,已成为不争的事实,文学与影视剧的完美嫁接成就视图传媒的发展,使其日益成为民众在高压的都市生活中寻求情感释放的平台,电视电影的卖座更是把这种消费时代下的都市情感宣泄演进为一种集体的仪式化消费。在这种时代背景下进行文学创作,显然,高克芳在题材选择上就占有压倒性的优势。主打情感牌的婚恋小说早已成为通俗文学大厦中不可或缺的砖垒,以世俗消费为特征的大众文化所营构起来的文化时尚,标榜着感官享受和欲望狂欢,经由时间的不可回溯性过滤之后,恐怕也只剩无尽的空虚和失落,没有多少经得起沉淀的东西。高克芳的婚恋题材小说则打破了这种模式,她以一个知性女性特有的感受力和情感积淀能力来透视我们习以为常的庸琐日常,深入生活的浑实内核中打捞精华,以情感流觞为旨归,聚焦婚姻和家庭,以此来透析人性的繁复与本质,反观时代列车疾驰而过所留下的斑驳印痕。

揭露当代中国社会普遍存在的亚健康婚姻状态是高克芳小说的一大主题。鲁迅先生曾为疗救让人痛心的国民性毅然弃医从文,高克芳则用细腻婉转的笔法为自己量身定做了一件情感理疗师的制服,正如她在采访中所言:"暴露婚姻中不幸的一面是作家的天职,目的是唤起社会,尤其是婚姻当事人对婚姻健康的关注。"她习惯用温暖、理性的眼光审视当代人的情感问题,给婚姻进行一次例行常规的会诊,以爱之名,对症下药。她在抽丝剥茧中温柔触摸人们日渐萎靡和麻木的内心,于繁华富丽的市井琐碎中点经触骨,将隐藏在表象背后的人性殊异和情感困顿抽离出来,抛到聚光灯下供人观瞻,试图在阵痛之后收获一份舒怡怅然。

《纸婚时代》是高克芳最具代表性的作品之一，小说聚焦两对结婚不足一年的年轻夫妻的婚姻变故和情感纠葛。随着社会的发展，人们的婚恋观念日渐开放，闪婚闪离早已屡见不鲜，在裸婚、隐婚等时兴词之后，纸婚赫然为题。顾名思义，结婚的第一年称为纸婚，高克芳便为我们展示了这种脆弱不堪的婚姻关系的典型。当新婚蜜恋的甘甜从舌尖褪去，两性激情逐渐被柴米油盐、房子车子的日常所代替，爱情还会自然随意吗？章菡与丈夫张爱民打算生育下一代，从备孕到怀孕，本该是令年轻小夫妻欣喜期待的事情，却因为婆婆的封建迷信演变成一场夫妻战役。婆婆重男轻女，把私下里求来的送子娘娘符偷偷掺在儿媳妇的饭食中。虽然章菡如愿以偿怀孕，却因为生男生女的问题与丈夫心生隔阂，从不理解到误解，或许只是一念之间，然而这思绪萌动的瞬间足以让夫妻二人貌合神离，直至渐行渐远。在女儿出生点燃婆媳矛盾之后，爱民意外出轨陪酒女，触碰婚姻信任、尊重和忠贞的最后底线，于是，章菡与爱民这对年轻夫妻的婚姻"顺理成章"地解体了。另一对新婚夫妻叶小满和赵海涛都是父母宝贝的独生子女，生活能力不足，结婚后还跟父母在一个锅里吃饭。他们代表了一种新型的婚姻关系模式，在他们眼中，婚姻是一种合作方式，自由是不可撼动的前提，互相之间不能干涉对方的私生活，尤其看重婚后的个人隐私。二人的故事主要围绕"买房"进行，矛盾起源于丈夫海涛沉迷网络，忽视夫妻情感的交流。婚姻的缔结受到法律的保护和双方亲友的见证与祝福，原本是一件温馨幸福、严肃认真的事，在叶、赵这里却俨然一场众人合力参与的"过家家"游戏。当观众散去、进行完最后的婚礼仪式之后，他们又回归到"永远长不大"的孩子状态，与之相对应，他们对于小家庭所赋予他们的责任和义务视若无睹，泡吧玩乐、沉迷网络、拜金消费……思想观念的盲目与生活方式的轻浅随性让二人的夫妻关系日渐疏淡。海涛与女同事傅倩网聊，暧昧不清，直至出轨，恰被窥探丈夫隐私的妻子抓了个正着，二人在一场不可避免的争吵之后不欢而散。叶小满虽然疑惑于"墙角一枝梅，转头可见"的算命签文是否暗示夫妻二人还有挽回婚姻的可能性，却也只能用写着"我爱你，但不能爱得没有尊严"的结婚证换来象征屈辱与无奈的离婚证，结束这段没有信心的婚姻。

章菡与张爱民、叶小满与赵海涛的婚姻配对明显地带有典型性，准确地聚焦了当下中国社会中70后一代所特有的新旧融合的思想观念和婚恋现状。无论是重男轻女封建思想的沉渣泛起，还是独生子女的"啃老"现象，都从根源上映射了中国特定时代背景下普遍存在的亚健康婚姻状态一隅。让两对夫妻的婚姻都走向解体，显然是高克芳的别有用心。纸婚易碎，一如被外力催熟的果子，还没来得及盈润内里，便被草草摘下，如何经得起细细咀嚼？婚姻解体并不是情感的终结，主人公们自进入情感围城后，始终不能突围而出，家里家外，或激情澎湃、幸福惬意，或沉沦下潦、负疚困顿，甘苦裒合，俨然一场身心俱疲的修行。高克芳宕开暖伤笔墨，给两对年轻人的未来留足想象的空间，一如小说的结尾所预示的未知前途：

这个广场上的情景，再寻常不过，不管什么季节、什么时候，广场上总有忙碌奔波的人，也总有闲暇适意的人。总有茫然不知方向的人，也有牢牢把握住眼前的路的人。

叶小满虽然留恋曾经跟海涛在一起的自然妥帖，却毅然回绝旧爱的转身求和，接受了许平的追求；章菡在经历做单身母亲精神与物质的双重失落后，成功历练成长为事业上的女强人，带着女儿和保姆去北京进修，面对充满期待和希望的未来，她显然做好了前行的准备。

卡勒德·胡赛尼在小说《追风筝的人》中成功塑造出在自我情感救赎中不断成长的阿米尔一角，意在将布满灰尘的面孔背后隐藏着的灵魂悸动展示给世人；高克芳挥墨铺文亦有此意，她将人性殊异与情感纠葛放置在道德与生存的交壤地带进行细腻透辟的凝视与深描，她笔下的两性博弈在婚姻的自律执守中不断上演着"爱与背叛、背叛与救赎"的戏码。情感疲厌、婆媳矛盾、婚内出轨逐渐成为危害婚姻健康的温柔蠹虫，小说《纸婚时代》中均有涉及。除此之外，裸婚之后暴露出来的偏执的物欲追求、单亲家庭与儿童成长关怀也日渐浮出婚姻神圣的地表，章菡带着稚嫩的女儿在城市中艰难打拼可见一斑。短篇小说《倾斜的天空》讲述一位农村的单身母亲辛苦养育三个孩子的辛酸故事。九岁的小芳有一个七岁的妹妹和一个五岁的弟弟，虽然农村的生活清苦，但在父母的悉心照顾下，这个幸福的五口之家仍过得红红火火。一次意外夺走了父亲的生命，从此，这个完整家庭的天空倾斜了，生命的唯一性让存在变得戏谑和荒诞，失去家庭顶梁柱的妻子精神溃散成沙，"在亲友的劝说和我的哀求下，她不再寻死，但她的身体迅速憔悴下去，全身的水分仿佛在一夜之间被抽干，脸色蜡黄，双目无神，每天除了流泪，就是眼睛瞪着房顶发呆，偶尔看我们一眼，那目光里除了怜爱以外，更多的是迷茫"。母亲的崩溃让小芳在窥触到生死的可感性的同时，学会用稚嫩的肩膀挑起生活的重担；乡里亲朋的暖心关怀，让母亲重拾信心走出阴霾，三个孩子也在成长的过程中收获了更多的关爱。在小说《金鹿》中，失去丈夫的张玉兰独自支撑起有两个孩子的家，凭借善良、隐忍和机智在与别有用心的村长李德才的较量中保全了自己。虽然丈夫的土地没能如愿以偿地被留下，未来养家糊口、供孩子上学的道路荆棘丛生，但是张玉兰已经不再怯懦畏惧。两篇小说中的丈夫角色都没有实打实地整装出场，而是虚化成为一个符号式的影子活在别人的讲述中，足见高克芳运思行文的善巧独特。小芳的父亲不仅是家庭的主心骨、孩子的榜样，博学多识，曾经考上大学，还是邻里眼中乐于助人、热情暖心的好男人；张玉兰的丈夫俨然是妻子的人生导师，打麦场上自行车车辖辘悠扬出来的伉俪深情至今依稀可感，在赶走花心村长之后，张玉兰仿佛又与深爱的丈夫邂逅秋野，她在清亮月光的抚触下，毅然骑上那辆丈夫留下的金鹿牌自行车，前路可畏，但她知道丈夫一直在她的身后坚强相扶，一如当初。长篇小说《七年之痒》讲述了一个关于无性婚姻、第三者插足的婚变故事。一对从农村辛苦打拼进城市白手起家的年轻夫妻，花费七年光阴才谋得一隅，却因为种种原因在情感围城中渐失自我，耗尽婚姻的最后一点元气。小说以陈晓荷与丈夫魏海东因无性婚姻导致情感出现裂隙，第三者插足逼促婚姻解体为明线，陈晓荷闺密的婚变为暗线，把都市生活重压下两性之间的躁动不安、欲望与责任渐次铺展开来，向读者揭示出爱情在婚姻的营垒中恰逢七年之痒所遭遇的种种。

书写都市蚁族的现实生存困境是高克芳小说创作的另一重要主题。20世纪90年代以来的都市小说伴随着主流化写作的衰微、意识形态写作的终结和个人化叙事的崛起，日益呈现出繁荣兴盛的局面，并逐渐凸显出民间化的倾向，对乡下人进城题材的偏好稀释了通俗文学题材之间的明显界限，都市情感类小说也不再像底层文学和打工文学一样，流露出一种被边缘化的疼痛感。高克芳将自己的生命体验与艺术表达完美融合，在梳理当代中国普遍存在的亚健康婚姻状态的同时，将审视生活的视点定位在城市视域中，关注城乡流动所带来的个体空间迁移与交壤，极尽笔力书写都市蚁族的现实生存困境——他们之中有进城打拼的农村人，也有土生土长的城市子弟，多以知识分子为主，尤以70后一代为典型。

长篇小说《亲人爱人》上演了一出幸福婚姻遭遇昨日情人的戏谑情感闹剧，牵带出女主人公于晓梅的城市奋斗史。身为吉祥婚庆公司经理的于晓梅，十年前还是一个农村出身的打工妹，与家庭条件优越的城市公子哥叶一凡开始了甜蜜初恋。叶一凡有一份工商局公务员的体面工作，叶家根深蒂固的门第观念让两个年轻人的爱情遭遇了最坚实难破的障碍。二十二岁的于晓梅自卑又自尊，当爱情瓜熟蒂落只待淘采上市的时候，她却因为"门当户对"的陈腐观念成为叶家父子两代观念博弈的牺牲品，"有一种心事永远不能说出口的，就像河蚌里的沙子，吐不出来，只有自己疗伤"，于晓梅只得含泪退场。于、叶的情爱悲剧显然是城乡发展融合所造成的成长阵痛的一个缩影，作为独立个体的新时代青年，却因为腐朽陈旧的地域歧视和门第观念无情地被断送了期待已久的幸福人生，都市蚁族光鲜外表下种种不可调和的根源性差异在婚姻这座神圣殿堂的门前被暴露无遗，成为他们追求个体发展道路上难以逾越的鸿沟。在父母的左右下，叶一凡最后与父亲战友的女儿周莉娜成婚，并有了儿子睿睿。看似甜蜜幸福的三口之家却早已暗潮涌动，不和谐的夫妻就像被岁月磨坏的齿轮，格格不入，始终伴随着难以启齿的疼痛。十年光阴让时空流转回似曾相识的起点，物是人非，"如同旧疾，到了某个季节，总会频繁地复发，经年累月"。于晓梅作为一个女性，在失去初恋爱人之后，立志在城市中获得一席之地，从低三下四的打工妹到备受众人敬仰的婚庆公司经理，中间跨越的艰辛可想而知。因为与叶一凡的情感纠葛而牵动出的一系列事业上的挫折与难关，不禁让读者对于晓梅等人城市生存之路的艰辛唏嘘不已。于晓梅与叶一凡虽然都拥有了自己相对完整的家庭，却依然经不住情爱的诱惑，摇摆于亲人和往昔爱人之间苦苦沉沦。高克芳善于透过这些都市蚁族间的情感缠累洞察社会人性的底蕴，给予他们反观自我本心本性的能力，在暴露自我、鞭挞自我之后，皈依求索，给予读者震撼人心的情感反思力量。

在现行的婚姻法律中，一夫一妻制是中国人缔结婚姻的唯一原则，作为一个精神共同体，婚姻实体若仅仅依靠一纸契约来维系，家庭的存续必然深陷岌岌可危的困境。两性关系的忠贞持守、子女延嗣，只凭赖家庭伦理道德充当个体情欲的净化剂是远远不够的。高克芳时常带着细腻、敏锐的眼光去捕捉这个时代烙印在个体身上的伤痛记忆，在庸碌琐碎的生活中沉潜心绪，直面现实人生的种种创伤，在书写都市蚁族艰辛打拼之日常的同时，更多地关注他们的精神成长史。不管是柴米油盐的困顿，还是婚恋情感的纠葛，高克芳习惯以一种平视的文化姿态去关注现实人生，而不是居高临下地审视庸常人生的庸常岁月。饮食男女、七情六欲、生老病死编织着起起落落的生命剧幕，日复一日，年复一年，缠绵出生生不息的生命长河，世俗感性的个体成长史在这个场域轮番上演，极大地满足了读者的阅读期待和无意识的情感诉求。高克芳笔下那些挣扎于生活激流中的小人物，或沉沦逃离，或沉默言说，始终坚守自我的人性本原和生存信念，在追逃之间，不断寻找主体的自我救赎之路，实现精神和心灵的净化与成长，浸透着人性内涵。这种"一直在路上"的人生摹写方式，使她的作品始终浸染着一种人文关怀下的悲悯和救赎。

"在我看来，文学创作的意义是从生活出发，肩负一种责任，从而给读者捧上最健康的精神食粮。"高克芳作为现实人生的敏锐观察员，始终坚守作家应该具备的良知与责任，并把这种难能可贵的品质转换成疗慰读者的文字诉诸笔端。新写实小说以"零度情感"介入的审美方式书写小市民生存的疲惫与无奈，高克芳的文字流转方式则不然，她将情理、艺术与生活完美融合，有意拉近读者与文本的距离，晕染出极富饱满度的叙事张力和文学感染力。长篇小说《七年之痒》中涉及的物质追求所引发的情感危机，就将都市蚁族的现实生存困境暴露无遗。年过三十的陈晓荷和魏海东都是从农村走出来的都市新秀，在城市中奋斗十年之久，结婚七年，却因为没有房子始终找不到自己的位置。自20世纪中国进入社会转型期，多元价值并存既带来了社会的开放与生机，也为像魏海东夫妻这样的农村知识青年带来了自我突破与发展的契机。不可忽视的是，现代社会中肆意弥漫的享乐主义和拜金主义已如同惊涛巨浪，裹挟着情感荒漠和道德危机的尖棱砂砾，冠冕堂皇地以一己私利冲击着家庭关系的存续，恰恰印证了张爱玲的那句刺痛人心的谶语："大上海没有一个经久的家庭"，让人唏嘘不已。

在《七年之痒》系列小说中，虽然陈晓荷与丈夫魏海东最终破镜重圆，渡过难关，重拾生活的信心，但是整个故事所披露出来的年轻一代的白手起家、房车等物欲追求和人心人性的复杂流变，依旧无法遮蔽压抑在都市蚁族头上的赤裸裸的现实生存窘况。陈晓荷是一名出色的广告设计师，魏海东是软件开发公司的项目经理，农村出身的夫妻二人凭借自己多年的奋斗，都拥有一份体面的工作，在上有老下有小的夹缝中支撑生活。但是薪酬还算不错的他们，却如何也追不上飞速直涨的房价，辛苦积攒的存款在母亲生病的医药费面前显得轻薄无力，好不容易就要实现的新房首付计划转眼间变成一个遥不可及的梦想，一切从头开始。贤惠温婉的陈晓荷自从当了母亲之后，就打算给孩子最好的教育和生活，不想让孩子输在起跑线上。美好的设想与残酷的现实之间的巨大差距让她无法平复躁动不安的心，在儿子魏天天上小学之前购置一套学区房，成为陈晓荷心中难以根治的心病，如同溃疡般肆意蔓延。魏海东瞒着妻子将家里仅有的十万块钱拿出去投资，结果血本无归，家庭顶梁柱的巨大责任、孩子教育观念的差异，让这个已过而立之年的大男人无法在家庭和社会上挺直腰板自我言说。房子、车子、票子拼凑出来的物欲追索成为城市生活压力的主旋律，于虚无中编织成一张无形的欲望罗网，改变着这些城市蚁族脆弱不堪的人心和人性。小说《七年之痒》改编成影视作品成功上映，并在继纸媒读者群之后获得观众的良好口碑，由此可以看出，在这个消费主义文化与"市场成了美学价值的最高评判者"（米兰·昆德拉语）的时代，文学作品很大程度上也成为消费时代不可或缺的一部分，因此，它的生产、销售与阅读都被消费化了，不再像纯文学作品一样，只钟情于铅字的印刷与传播。但是高克芳笔下的家庭伦理题材小说拥有区别于他者的独特卖点,正如她在《破茧成蝶 追梦人生》中所言:"如果要给自己的文字找一种属性的话,我的追求是发现爱吧。无论是夫妻之爱、父母子女之爱、朋友之爱,都需要我们用最真诚细腻的心去体验发现。"个体的情感历程与生命体验成为高克芳创作的主要资源,浸浴着红色沂蒙精神成长起来的她,擅于将中国积淀浑厚的传统美德内化成温婉宽和、沉静内敛的女性气质,以爱之名坚守道德使命,对都市浮沉中小人物的情感流觞和个体成长投以暖心观照,以凝重而不失细腻的笔力剖白生活的本质。

与高克芳的创作相比,池莉的《来来往往》、王海鸰的《中国式离婚》等同题材的作品则走向了另一种极端,过度强调享乐至上和个人意志,稀释良心与责任,渲染和推崇婚外恋的痕迹比比皆是,甚至出现了荒唐至极的人物行动倒置和审美同情错位,如故事情节中出现无过错的合法妻子惶惶无助,第三者咄咄逼人、强词夺理等。这些都或多或少呈现出中国传统美德中善美关系的倾斜与失衡,是目前家庭情感剧创作中一个需要引起足够重视和反思的现象。

除了上述两大主题的书写,高克芳的创作视野还涉及现实人生的多个方面。王安忆曾说过,小说中的情节是原生状的,扎根在你的心灵里,它们长得如何,取决于心灵的土壤有多厚,养料有多丰厚。山东70后女作家高克芳就用她独具时代气息的文学嗅觉准确而敏锐地捕捉到这个世界的细微震动,她的作品在主题诉求方面极力回答着文学赋予一个创作者的道德良知问题,因此,在她的作品中很难找到遭人诟议的夸张情欲描写,就连"老鼠过街,人人喊打"的第三者,在她笔下也不再是丑陋不堪的"恶"角色,而是演化成为一种符号式的存在,无伤大雅。她于人们习焉不察中提亮生活的温情色调,于舒缓有致的笔尖流转出暖伤情怀和对人性善美的不渝坚信。《陪妈妈相亲》首次以儿童的视角关注女性丧夫再婚的无奈现象,用一个孩童的行为和视角去感知家庭成员的增减和生活节奏的变化,向读者传达出单亲儿童内心的敏感细腻、对未知与成长的恐惧,以及对爱的无限渴求。《身世》则触及当下社会普遍存在的儿童心理健康问题:李小叶与姐姐李小蕾相差一岁,因为成长过程中父母过于偏袒和疼爱姐姐,让李小叶认为自己不是父母亲生的，这种想法在单纯执拗的孩子心中日渐根深蒂固，因而与家人之间心生隔阂。令人痛惜的是李小叶的父母却没有注意到女儿成长中肆意滋长的心理问题，任其最后演变成足以扭曲小叶命运的梦魇。"日复一日，李小叶开始重复地做一个梦，梦中她总是被一群人拼命地追赶，常常在无路可逃的时候，前面会出现一条无底的深渊，那条深渊阴森森的，往下看一眼都觉得晕眩，而后面的那些人却在步步紧逼……"日益张狂叫嚣的心魔让李小叶的人生逐渐偏离正轨，高考落榜之后，她穿上粗布制服进入纺织厂工作，性格怪僻，被辞退后，与小混混厮混并结婚，直至疯癫无状……高克芳将一个孩童时代玩笑似的小小猜疑，演变成毁掉一个人一生的罪魁祸首，以此来揭露父母在儿童成长中爱的严重缺失，以及命运的戏谑与无常。此外，《嫁接婚姻》在关注第三者重组婚姻的同时，聚焦于 70 后与 80 后之间难以调和的代际差异和潜在矛盾：顾眉与秦致远因婚外恋走在一起，重组家庭的失败经营，与其说是作者对婚姻自律的道德教化、对第三者插足的揶揄嘲弄，不如说也是对 70 后、80 后两代人鲜明的观念与行为差异的合理例证，正如父辈所言，将苹果的树枝嫁接到梨树上，必然结出不一样的果子。顾眉作为 80 后独生子女的典型，思想观念张扬开放，敢爱敢恨，自我与非我关系明确，主张夫妻消费"AA 制"；秦致远则是典型的 70 后，观念成熟，性格沉稳，懂得从对方角度思考问题和自我反思。顾、秦二人如同平行的铁轨线，若即若离充满诱惑，却始终无法实现心与心的交融，劳燕分飞是必然的结局。

在中国，"五四"启蒙运动通过对封建伦理的批判和西方科学思想的引进来实现对个体"人"的一种呼唤，西方尼采、卢梭式的对理性本身的批判显然并没有在中国思想史上占据主流，以理性为基础的富国强兵思想成为几代中国人的梦想。从某种意义上讲，高克芳的小说也是一种启蒙的艺术，是一种情感启蒙的文学形式。正如学者刘忠所言，当文学失去轰动效应、知识分子边缘化已经成为现实，启蒙将以何种方式存在，实在是一个很难回答的问题。高克芳的婚恋小说给通俗文学提供了一种新的路径和走向来回答这个问题，她用美善温情传达了一种情感正能量，无论是当下社会普遍存在的亚健康婚姻，还是隐藏在种种情感流觞下的人性本质，她细腻舒缓地书写出大时代中小人物的柔软生命质地，并给予他们自我疗救的良方，并满怀对个体生存求索的悲悯意绪，赞美他们于困顿生活和情感荆丛中艰难挣扎依然不失本性的灵魂。

冰心曾在《爱在左情在右》中写道："爱在左，情在右／在道路的两旁／我们随时播种随时开花／使一路上穿枝拂叶的人／即使走过荆棘／有泪可落／却不是悲凉"。显然，高克芳的婚恋小说就是这样一种诗意的存在。她的小说恰似一场求索皈依的心灵修行之旅，既超脱于浮躁的网络小说式的虚拟大众狂欢，又充分汲取纯文学的精华，实现与通俗文学的共谋，成就一种极具"高氏"特色的婚恋小说类型。从荒原到桃花源，或许相隔万里，也或许只有一步之遥。高克芳的小说并没有拘泥于外在大团圆的传统套路，而是给予情感和人性更多存在的方式。

二 极致叙事张力的询唤与演绎

众所周知，故事是承纳一部小说价值与魅力的重要载体。福斯特曾在《小说面面观》中说过，小说是讲故事。故事是小说的基本面，没有故事就没有小说，这是所有小说都具有的要素。一部好的小说必须能够讲好一个或多个故事，因此，在掌握故事资源的前提下，如何讲好故事，是摆在小说创作者面前最为棘手和亟待解决的问题之一，与之相应，讲故事能力的高低在一定程度上也显示了一个作家创作水平的高低。高克芳是一位很会讲故事的女作家，她对小说叙事资源的采撷与化用，舒展出紧合时代节拍、独具特色的主题意蕴；她在不疾不徐的笔墨挥毫中尺幅千里的小说艺术能力的彰显，赋予其作品极其充盈的叙事张力。

1. 别出心裁的节制

在20世纪90年代的都市文学中，"身体"和"性"所承载的文化意义以各种方式日益凸显出来，在继性别反抗之后，对于女性身体的书写显然已经成为一种新的叙事方式，并很快演变成一种狂欢化叙事。20世纪70年代出生的卫慧、棉棉等新生代美女作家用享乐与纵恣来涂抹一种梦呓式的文字，宣扬一种极端世俗化的价值观念，以此来反对"正统女性伦理"对女性身体的束裹。这种狂欢化叙事是一种毫无节制的倾泻式的写作方式，是欲望、快感等躯体政治实践的极端表达。同样作为20世纪70年代出生的女作家，高克芳的小说则更为"正统"和内敛。当"都市"与"婚恋"两个关键词重叠在一起的时候，如何避免让文字混迹于精神虚无的声色场，避免用身体纪实来描摹游戏化的感官享受，展现出一个更具精神内涵的此岸世界与彼岸世界？高克芳有她独特的审美艺术表达，那就是"节制"叙事。她用一种别有用心的回避来统配叙事资源，淘采语言的智慧，或沉默言说，或激情宣泄，造就了摇曳多姿的文本景观和艺术范本。作为小说叙事的某种"深层语法"，张力叙事印照出极富弹性的叙事张力，这就使高克芳的小说拥有了温郁舒缓、丰沛沉静的审美内涵，也赋予其小说更多阐释的可能性。

首先，高克芳别出心裁的"节制"主要体现在"巧合"叙事上，以巧合来统摄小说的整个情节结构，把误会、巧合等能"出戏"的小说叙述技巧转化成文本的内在逻辑，通过一系列啼笑皆非的故事、离经叛道的行为和角色间善意的谎言等来创设一种遮蔽与显现交替并行的情节兜转，极具简笔画的风格，使故事与故事间的关系更加离奇和紧凑，为小说的戏剧冲突提供了一条捷径，显示出独特的叙事张力。长篇小说《相见，不如怀念》就把高克芳的"巧合"叙事技巧发挥到了极致。故事背景平淡无奇，于晓梅与叶一凡是一对情投意合的初恋情人，被父母棒打鸳鸯，劳燕分飞。无巧不成书，作者有意让尚未斩断情丝的二人再度邂逅，并将时间定位于分手后的第十年这个特别有意义的时空坐标上。在于晓梅公司承办的盛大婚礼现场，二人重新审视眼前的往昔恋人，岁月的雕琢让他们的容颜不再稚嫩青涩，一句"你还好吗？"传达出的情感内涵也早已超出语言所能表达的极限。"旧情复萌"是高克芳婚恋题材小说所擅长的情感模式，如何让各自成家立业的男女主人公循嗅着往日的未了情愫，大胆跨越家庭伦理与道德人性的禁锢，展开一场"有看头"的情爱大戏，高克芳显然有她的"撒手铜"。幸福的家庭是相似的，不幸的家庭却各有各的不幸。叶一凡在父母的逼促下与强势娇惯的周莉娜结婚，这门当户对的两性婚配俨然是一场备受瞩目的"婚姻模范"的虚伪表演，这让男主人公叶一凡在又见初恋真爱时，义无反顾地选择结束苟合的婚姻，去追求曾经缺失的爱情。于晓梅与"小男人"宋子明的婚姻不温不火，在于晓梅的眼中，对家庭的责任与依赖远远超越她对完美婚姻的追求。作者着意对于、叶二人并不完美的婚姻生活进行梳理，显然是在为他们后文中情感的再度交融提前铺设"机巧"驿站。《七年之痒》中陈晓荷与魏海东的无性婚姻在"买房风波"的长久侵袭下，本就岌岌可危，售楼处的口舌之战让要强的夫妻二人负气离开，坐拥银都大厦的房地产大亨苏逸轩此刻应声出场，这种人物出场方式显然就是一种巧合叙事的体现。在情节的衔接上，中年丧妻的苏逸轩成熟稳重，事业有成，温柔睿智，几乎弥补了魏海东的所有不足，这个以完美身份出场的"第三者"，总是在陈、魏夫妻二人情感与生活出现裂隙的时候准时露面，成为陈晓荷的忠实追求者。更为巧合的是，陈、魏离婚后，抛开二人对七年婚姻情感的留恋不说，在陈晓荷即将与完美男人苏逸轩完婚之时，意外曝出的"偷拍照片"事件，又成为陈辞职彻底离开苏逸轩的契机……笔者认为，在这些巧合叙事的底片中，隐藏着高克芳别有用心的叙事"节制"，点到为止，永远给读者一种于无形中生出有形的惊喜感，路的尽头是面墙壁，但穿透这层薄如蝉翼的壁障之后，依旧是通天的大路。陈晓荷作为总经理夫人与苏逸轩重组家庭，前夫魏海东表面上看没有任何挽回婚姻的可能性，陈、魏二人的缘分沦陷在七年之痒的婚姻关隘已是必然。而"偷拍照片"事件就充当了那层毫无阻碍力的崖壁，苏逸轩的退场，让故事情节延展出意想不到的结局。张爱玲的《倾城之恋》用一座城的存亡成就范柳原与白流苏的婚姻，高克芳则借一场意外的家庭火灾成全了陈晓荷与魏海东的情感。书写普通城市夫妻的家庭伦理生活，高克芳并没有流于柴米油盐式的平白故事模式，她对情感与故事的节制独具匠心，让人物与情感在张弛有致的节奏中高低跳转，机巧丛生，带来一种独特的叙事张力。

其次，语言的节制也是叙事张力的来源之一，成为高克芳小说创作的一大特色。高克芳的语言干净简直，温婉透心，始终充溢着一种美善温情的气韵。把婚姻囚禁在情感的围城中，让家庭沦为以"爱"为名的牢笼，矛盾冲突在此激烈上演，作家对于家庭婚姻生活的情节设置详略有致，这种点到为止的"节制",从某种程度上讲,显然有赖于语言的节制。平心而论,高克芳是一位"细节感"十足的作家,这种饱满细腻的文学感受能力除了来源于她女性特有的敏感,更得益于作家独到的语言表达能力。通过语言的节制有意回避一些人物间的矛盾纠缠和故事情节的舒展,给文本足够的布局留白,使得其小说的叙事容量与艺术内涵得到彰显和扩充,自然就有了一种丰盈感十足的叙事张力。《身世》带着悬疑的调子将李小叶的人生际遇娓娓道来,仿佛一位熟稔一切却不露声色的老者,抚捋着花白的胡须,淡淡地哼笑,吝惜着只言片语的表达。小说开篇就言简意赅地挑明,"李小叶怀疑自己不是父母亲生的"。这个谜一样的问号在一个孩子的细腻窥视中不断被放大,李小叶无意中听到母亲与邻居的对话:"老嫂子,不是我说你,你们两口子也要为自己打算打算,你们没有儿子,就两个女儿,还有一个不是亲生的,老了怎么办?手头存点钱还是要的……"自此,"孤儿"的身份便如同一个隐形却刺目的标签,始终不曾在她的脑海中抹去,反倒滋出细长的钩刺,深深扎进李小叶的心中。萦绕读者心头的身世谜团始终没有明确的答案,李小叶混迹人生的随意与无奈,乃至最后精神失常,抓着沾满泥污的羊角蜜在太阳底下的模样跃然纸上,异常鲜活。作者寥寥几笔简单作结,似乎更具震撼人心的情感力量。毋庸置疑,高克芳把玩文字与情感的功力张弛有致,于欲语还休的浅斟慢酌中体悟人生的况味,在这场语言表达的游戏中可以随时掌握叙事的主动权。

纵观高克芳的小说,无论是《七年之痒》《嫁接婚姻》,还是《纸婚时代》《亲人爱人》,读者很难在文本中找到大篇幅的情欲描写,语言表达的"吝啬"却通篇皆是。有意回避"性"的描写,让她的都市情感小说不至于沤入肤浅恶俗的污水潭,这种语言与笔调的控制和节制,有效地还原出作者最本真的创作意图。抛弃所谓身体本位的欢乐寄托和形而下的感官享受,高克芳怀揣着道德与情感的双重标尺,进入生活的细部,叩问时代的神经,荡开笔力碰触公众情绪的敏感点,顺着故事的惯性自然流走,随物赋形,而不是仅仅依靠大段大段浓墨重彩的情欲描写来吸引读者的眼光。这种语言的节制释放出一种道德的张力,将小说文本的叙述维度自然延伸到当下生活的纵深部位,也使缠绕指尖的小说语言在细腻沉静、简直净敛的底色中熠熠生辉,极富渗透力和情感裹挟力,进而转化成极致的叙事张力。如《七年之痒2》中,陈晓荷"多么希望感情也能像衣服一样,弄脏了,洗干净,就能像从前一样净白",她失落愤懑于魏海东的情感背叛,却仍有割舍不掉的夫妻情分,焦灼无奈的心绪表露无遗,如鲠在喉;陈晓荷试图放弃婚姻,"她不再像以前那样一想到离婚就有壮士断腕的疼痛,她只是感觉他们的婚姻不应该这样结束,就像一个演员刚刚登台引吭高歌,却就要谢幕……"将女主人公陈晓荷对丈夫出轨的失望与对婚姻残存希望的矛盾心理剖白得淋漓尽致,浸润着向善的脉脉温情。高克芳还有意化用一些暖伤缓致的歌词来应时应景地表达人物角色的心境,如许茹芸的《独角戏》,"是谁导演这场戏／在这孤单角色里／对白总是自言自语／对手都是回忆",简单几句哼吟,陈晓荷跋涉在爱情独角戏中的酸楚苦涩便氤氲而出,二者的交融一如清交素友,挟风月共品香茗,在墨晕素白之后,收拾残杯冷盏施施然折柳怀远的怅然,余韵十足,肆意蔓延游走在读者的思绪中。

2. 饱满丰盈的叙事修辞

一部完整的小说连接起的是世界、作者与读者之间的互动体系,如果将这三者间的交流互动完全依托于小说文本这个理想中介,那么作者与读者的合作与共谋,就必然离不开某些特定的叙事修辞的参与。小说创作者作为小说叙事修辞的绝对主体,如何运气沉思行文,在结构与逻辑的转跳回串中架构文本、丰盈小说肌理,就显得尤为重要。纵观高克芳的小说创作,她对叙事修辞的摘撷运用畅贯文本的首尾,在纵情宣泄出自己的创作欲望的同时,通过饱满丰盈的叙事修辞,"寓教于乐",吸引读者与小说文本建立一种交互式的联系,自然而然地去经历故事中的一切,从而给读者带来阅读的趣味性和教益性。

首先,高克芳采用内视角与外视角相结合的叙事视角,给小说文本带来一种叙事中的空间变形效果,故事在这种变形中更富层次感和立体感。《苦咖啡》用第三人称"她"和"他"在小说中上演了一场分手恋人十年后的意外邂逅,采用外视角的叙事修辞,把叙事者放在小说故事之外,仿佛将人物与故事放置在摄像机的镜头中,从一个冷静的"旁观者"的角度去"看"。高克芳在这里有意将叙述者人格化,并通过其独特的眼光进行观察和叙事，使叙述者不再是一个上帝式的无形而全能的存在。女主人公"她"从十年前的柔情娇羞到十年后的成熟婉约，十年的艰辛磨砺让这个曾被爱人抛弃的女人更具魅力。温馨宁静的咖啡店缭绕着人情烟火的气息，让温热的咖啡在时间的作用下愈发苦涩。一切的怨诉来源于"他"当年对爱人的"背叛"，在亲情与爱情的天平注定要彻底失衡的那一刻，虽有不甘，但"他"还是选择了转身离开"她"。十年后的今天，擦肩而过的两颗心相映生辉，却仿佛深秋被风摇曳下的两片落叶，留恋于同一片天空的温润，但依旧免不了各自天涯。不同于新写实小说的"零度情感"投射，高克芳以人格化的外视角深情言说"她"和"他"欲语还休的情感流筋，给予读者一种躲藏在屏风后的在场感，拉近了读者与人物之间的心理距离。小说《倾斜的天空》以内视角的叙事修辞讲述了一个单亲儿童"我"的成长故事。叙事者处于故事的内部，一方面以主人公"我"的视角去树立"爹"这个不可或缺的人物形象，并讲述父亲去世的原委，从一个儿童的视角还原出"我"与弟弟妹妹亲历家庭变故时的惊惧与无助；另一方面，作者又将"我"定位成一个"旁观者"，从旁观者的角度去叙述母亲从丧夫崩溃到振作改嫁的艰难过程，因为主人公"我"自始至终就没有走出过故事，因此所见所闻也都局限在他的视野中。另外，将旁观者的身份定位在一个九岁的儿童身上，这种特殊身份的设置同样增强了小说故事的含混性，也带来了特殊的修辞效果和叙事张力。

《身世》结合内外两种叙事视角，清晰地解决了"谁在讲"和"谁在看"的问题。小说的前半部分以外视角的叙事模式在故事之外讲故事，此刻的叙事者不在场，李小叶因为身世之谜引发一系列的故事，在这个时空场域中不疾不徐地登台上演，高克芳一笔两处，将李小叶的现实存在矛盾与内心情感纠结表达得透彻淋漓。接着，作者笔锋一转，"我就是在这个时候认识李小叶的，我们作为一批新招工的工人同时进厂"。另一叙述者"我"的出场，让小说的叙事视角由外视角转到内视角，"我"是李小叶的同事和朋友，作者通过主人公"我"的视角重新对李小叶的故事进行梳理，从"我"的眼中观察李小叶生活样貌和精神状态的变化。尤其是在小说的最后，当"我"从旁人的口中得知李小叶失业离婚，生活挫败不堪，并亲眼看到她疯癫痴狂地在喧闹的集市上言行无状，哼唱着《世上只有妈妈好》时，读者与李小叶的距离变远，故事层次更加繁复饱满，"我"于内心深处泛滥出来的心酸与无奈感，也瞬间肆意蔓延到读者的情感体验中。高克芳通过这种不断变换的叙事视角，缩小了文本与读者间的距离，在通过叙述者向读者讲故事的同时，又动员小说中的人物在故事中讲故事，展现出更多的复杂性和复调性。小说《七年之痒》中大段大段的人物内心独白也属于后者，这里不再赘述。笔者认为，高克芳的故事之所以能够讲得打动人心，收到非同一般的文本叙事效果，显然得益于她对视角这一叙事修辞的恰当运用。

其次，对叙事顺序的完美把握，是高克芳凭借叙事修辞获得极致的叙事张力，带动并刺激读者阅读情感体验的方式之一。众所周知，生活时间是以一种多维的时间流的形式存在的，小说的故事时间则是单维度的，如何让故事在叙述者的讲述中超越单一的线性发展模式，更富有层次感，这就对作者提出了一个细微却关键的问题。相比于"竹筒倒豆子"式的故事铺展方式，高克芳的小说叙事更讨巧些，她善于将倒叙、分叙、插叙、补叙等叙事修辞技巧进行拼贴和嫁接，把小说的故事时间打乱重组。长篇小说《嫁接婚姻》中，开篇便简洁明了地交代："顾眉做梦都没想到自己的洞房花烛夜会是在医院的病房度过。"从昏迷中醒来，顾眉仿佛还在梦境中，正在亲朋的祝福中举行自己婚礼的她，为何一眨眼的工夫头绑纱布，躺在医院的病床上？以设悬念的方式起笔创作一部长篇小说，并成功抓取读者的阅读兴趣，显然比创作结构轻简的短篇难度更大。高克芳很擅长拿捏文本与读者之间的微妙关系，借助灵活多变的叙事顺序让原本流畅无阻的故事呈现出多层次和多维度的演进方式。随着故事时间的推进，作者将"医院场景"暂时搁置一旁，以倒叙的方式讲述悬念的因由，捎带着让小说的男主人公秦致远正式出场。顾眉与秦致远相识的时候，秦致远还是一个有妇之夫，70后与80后激情碰撞，二人很快逾越道德的边界。秦致远与妻子林晓苇离婚后，与破坏其婚姻的第三者顾眉成婚，林晓苇的弟弟林晓天私自替委屈的姐姐打抱不平，大闹前姐夫的婚礼现场，才意外导致准新娘受伤昏迷。答疑解惑之后，故事时间继续回到现实，秦致远在送走参加婚礼的宾客后，不得不面对并不幸福美满的再婚生活，应付丈母娘徐秋菊的挑拨与刁难,并照顾身体和精神亟待抚慰的妻子。这让一个还算功成名就的男人身心俱疲,嫁接婚姻的种种弊端开始显露出来,这也让秦致远在承受新生活无法缓解的坠重感的同时,时不时对自己的罪错进行应景的反省与疏解。在男主人公灵与肉的艰难跋涉中,作者对其过往的完满生活和现实情绪的有感而发分别进行补叙,虽然带有典型的心灵化叙写的痕迹,却也机敏地打开了人物反观自我与救赎自我的去路,于庸常乏味的婚恋生活中提炼更精纯的生命体验和情感力量,使故事在智性与感性的双重叙述中更具艺术张力。

短篇小说《陪妈妈相亲》的故事开始于冬梅得知妈妈要去相亲。李二婶是十里八乡有名的媒婆,最近她总是时不时地出现在冬梅的视线中,果然不出所料,妈妈在李二婶的劝说下,决定"再走一步"。于是,妈妈要改嫁的消息仿佛晴天霹雳,在冬梅这个心智尚未成熟的孩子心中荡起恐慌畏怯的涛浪,"她觉得他们家就像一年前一样要出大事了"。此时作者插叙了冬梅爸爸一年前死于一场意外车祸的种种细节,给冬梅娘改嫁的事实涂抹上黑白相间的背景底色,一如冬梅在乍暖还寒的春日河边,欣羡着嬉戏玩耍的同龄孩子,挤在婶子大娘中间濯洗沾满泥污的孝服,伤痛与失意在那些黑的白的孝服间缄默无语,却痛彻心扉。《纸婚时代》在共时性的基础上分叙两对新婚小夫妻的婚恋生活,一条线索是章菡与张爱民,另一条线索是叶小满与赵海涛,两段婚姻故事的叙述并非毫无关联,高克芳用"姐妹情谊"将章菡与叶小满放置在"闺密"的身份定位中,因此,两段故事又是交叉进行的。他们的婚姻如同大时代环境中的婚姻"抽样报告",带有典型性,将标榜着各种关键词的纸婚生活进行透彻的解码,对闪婚闪离、两性隐私、夫妻冷战、婆媳矛盾、生养子女、个性追求、网恋外遇等种种问题不失时机地散点透视。正所谓"千江有水千江月",作者在主人公们对婚姻"逃离"与"回归"的情感皈依中纵览纸婚时代的"千江月",这种拼凑出来的叙事技巧,使作者的笔力具备了砺石的锉力,对小说的结构和肌理挑剔砍削,在把握生活质感的同时,为生活塑形,或精雕细刻,或对缝合榫,让故事与故事互动衍生,流溢出独特的人生况味和叙事魅力。除此之外,高克芳对叙事频率、叙事速度和节奏等叙事修辞的把握,也体现于多个小说文本中：《金鹿》中那辆"金鹿牌"自行车意象的反复出现，承载着张玉兰与丈夫之间超越生死界限的情感寄托，让人物与意象的关联意义更丰润繁复；《七年之痒》中比起柴米油盐、平淡如水的家庭生活的舒缓流畅，陈晓荷与魏海东因夫妻矛盾发动的离婚大战，则在狭小逼仄的文本时空中上演内外交困的精神跋涉，字字铿锵有力，叙事速度与节奏极富弹性，串联得恰到好处，反哺给小说以极致的情感投射力和故事张力。

高克芳高举日常化叙事这面大旗，以她独有的女性魅力和艺术表达力成功进军通俗文学的营垒，眼光剔透，标榜自我特色，以感性与智性的双重笔力沿循着日常写实的叙事方式，从生活的根部发轫，描述日常经验和情感流觞，无论是小说的主题预设、场景定位、人物设置、语言表达，还是叙事修辞，均隐匿在文本中不露痕迹，叙事张力自然流淌。正如王安忆所言："小说这东西，难就难在它是现实生活的艺术，所以必须在现实中寻找它的审美性质，也就是寻找生活的形式。"高克芳显然做到了这一点。

三 局限与期待

"文以载道"自古以来就是文人墨客所推崇备至的创作理念，海德格尔也曾用"开启世界，推出大地"来概括文艺作品的质性特点。在这个"全球化阉割了生活的可能性"（达塞尔语）的新新时代，文学日益被边缘化显然不是一个偶然现象。当经济发展的热潮波及文学以后，文学创作的神圣志业已经在扰攘不堪的大环境中沦为"码字匠"赖以谋生甚或"奔小康"的机械化手艺，参差不齐地拼贴出一幅幅忸怩造作的文学图历。

20世纪90年代以来，尤其是新世纪以后，文学创作的数量与日俱增，随之而来的是创作质量的日渐堪忧。山东女作家高克芳与众多的70后作家一样，试图打开一扇半掩的窗，用小说创作撩拨难以索解的生命质地，以此连接起个体与世界、此岸与彼岸，在价值独断与伦理抉择的圆桌会议上急于标榜自我特色。高克芳的婚恋小说延续着日常生活叙事的惯有模式，在物欲繁奢、情欲翻跋的都市浮世绘中言说爱恨交加的世事情感，尝试寻找人性的"桃花源"并建立其独特的日常生活美学，但是问题也随之而来。虽然高克芳对人性的观察不失敏锐细腻，但她在对日常生活的精神意义不断追寻的同时，自觉不自觉地忽视并抛弃了"历史"这一元素，致使其文学创作仅仅拘囿于当下生活经验的碎片化、插曲化的纯粹排列组合当中，突围无果。这种社会和历史经验的缺席，削减和稀释了高克芳小说精神内蕴的厚重感，使其无法跳出精神虚无的围困，流入轻浅的"心灵鸡汤"式的小说创作囹圄也是必然。一部好的小说要耐得住细心咀嚼，反复读之，凝结和弥散在字里行间的饕餮珍馐在阅读者的心中恣意绽放，优哉快哉。高克芳的小说读来暧伤味十足，闭上眼睛还可回味一二，却很难生发再次阅读的冲动，换句话说，她的小说属于快餐式阅读的一种，这也是其婚恋题材小说最致命的弊病。

韦恩·布斯曾说过，作者是文本的建构者，他对叙事因素的选择控制着读者的反应。由此延伸，小说创作者对小说题材的选择、主题的把握、叙事技巧的拿捏使用，甚至创作态度的流露，都在一定程度上对小说质量、读者的阅读与反馈产生或多或少的影响。高克芳的小说创作在近年来的通俗文学市场中轻松谋得一隅，本该乘势再创佳绩，但继2012年在《时代文学》上发表短篇小说《金鹿》之后，我们鲜有看到高的新作，缘何？笔者由此反观高克芳小说创作的局限性如下：

首先，创作资源的局囿和干涸，导致其近乎无力地自我重复与模仿，是高克芳近年来遭遇创作瓶颈的根源。众所周知，高克芳是一个标签化的作家，"第二代婚恋小说领军人物""婚恋专家"等定位恰如其分，"婚恋"和"家庭伦理"是高克芳小说创作中一以贯之的题材，学界有评论家曾评价她发展了婚恋小说的类型化特征。无可否认，这种单一化和类型化的题材选择，本就是一种局限性，同时也造就了其小说内容的不断重复与自我仿写。小说《纸婚时代》《七年之痒》《嫁接婚姻》等作品中无一例外地涉及第三者插足、物欲追求、婚姻解体、婆媳矛盾等读者烂熟于心的老桥段，不同作品中相似情节的反复重现，人物过于平面化与类型化，角色关系的简单化和雷同化，一定程度上暗示了作者个体经验与文学积累方面的先天不足，致使其无法实现自我的超越。在上述小说文本中，高克芳有意将人物活动的场所框定在城市场域中,高楼大厦与霓虹灯装点的道路错落交映,林林总总,跳跃着个体或隐或显的欲望与追求,尤其以物质追求见其深浅。《纸婚时代》中叶小满和赵海涛虽然都是城市出身的独生子女,结婚搭伙过日子后依旧沦为"房奴"一族的忠实追随者,大手大脚地享受金钱堆砌出来的物欲生活的同时,却囊中羞涩地计划着下一年买房生孩子。他们对于金钱的观念近乎执拗,很明显的一点就是,赵海涛因为沉迷于网络而冷落妻子,在叶小满偶然撞见丈夫海涛与另一个女孩举止暧昧地逛超市时,她只是把内心的委屈和气愤发泄到对闺密友情和美食的无节制消费上,"化悲痛为食量"。二十六岁生日当天,丈夫的一份生日礼物瞬间消解了叶小满对二人婚姻危机的猜忌与不安,金钱的力量似乎超过了情感的忠诚厚重,这种金钱至上衍生出来的畸形生活观念显然不再是一种特例,在当下这个时代带有普遍泛化的意义。《七年之痒》中陈晓荷面对捉襟见肘的现实生活处境,在拮据"无能"的丈夫魏海东与富商追求者苏逸轩之间的矛盾游弋以及模棱两可的态度,昭示着人性在遭遇金钱时的无奈表征,与世偕行,若随性自失,必贻咎谴。值得庆幸的是,纵使身处欲望渊薮苦苦沉沦与挣扎,高克芳笔下的人物始终能循嗅着人性本真暖善的气韵迂回至生命的康庄正途,令人欣慰。

  文本的随意移植和自由拼贴也是高克芳自我重复和模仿的表现方式之一。发达的市场经济给文学提供各种便利的同时,也彻底改变了文学生产方式,很多文学创作者在文学商业化的影响下成为竞相追名逐利的"弄潮儿",日趋浮泛,小说创作求多图快,锤炼不够,必然导致整个创作市场的芜杂丛生,付之阙如。有评论家声称,70后作家的"发迹"是伴随着或隐或显的内在功利性的,虽然他们曾宣称不与主流同行,却在社会转型的间隙中失足跌入商业化的漩涡,踏足媚俗的怪圈。不得不承认,高克芳的成名也存在这样的嫌疑,适时地迎合读者和出版社的口味,让其小说创作在继题材拘囿之后,卷入新的压迫机制中。在小说《嫁接婚姻》与《七年之痒》中,高克芳均对70后夫妻做了雷同的身份定位和成长梳理:出身农村,依靠求学与自我奋斗在城市中辛苦打拼并初见成效,陈晓荷与魏海东、林晓苇与秦致远的婚姻之路都经过了甜蜜的初恋,走向琐碎无奈的婚姻困顿期，更为戏谑的是，都有标榜70后的女性第三者（林菲与顾眉）的搅局，直至婚姻分崩离析；中篇小说《婚姻底色》直接就是《七年之痒》的节选改编，《苦咖啡》中"她"与"他"十年后的不期而遇，与《亲人爱人》中于晓梅和叶一凡的遭际如出一辙……如此种种，对内容与情节的随意窜改与嫁接，换汤不换药的创作模式，使故事读来都有一种似曾相识的感觉，一定程度上消解了文本呈现的陌生化效果，间或也破坏了读者的阅读审美活动。高克芳创作中偶尔出现的只"作"不"创"的文字游戏现象，不禁让读者慨叹，她在不断炮制相似质地的都市情感小说过程中，虽然俘获大批忠实粉丝，却也是对其创作能力隐隐走向衰竭的沉重宣判。小说《七年之痒》改编并投拍影视剧之后，高克芳也逐渐将工作重心转向影视剧本的编辑，并且大获成功，但是这种主观倾靠荧屏收视率的尝试与努力，无疑再次印证了消费时代下的文学功利化趋势。

其次，人性审视的简单粗浅，让高克芳笔下的艺术世界间或独立于真实裸露的现实世界。内蕴女性主义气质的写作立场和视角，使得高克芳在其小说创作风格、人物角色定位和阅读受众等方面显露出一定的局限。个体生命体验与女性身份的双重组合，让高克芳有意无意地将带有个人特色的女性意识内化在其小说创作中，导致其对人性的审视局限在简单粗暴的小框子内徘徊。虽然高克芳始终钟情于对庸琐日常的剪贴铺排，但是活跃在这一日常生活场域中的男女两性显然不够接地气。她笔下的主人公，女性多是美丽善良的"安琪儿"，作为美貌与智慧的化身，行动上践行温良恭俭的传统美德，或温婉，或知性，或俏皮骄纵，骨子里都浸透着爱、美和自由的精神特质，即使是以第三者身份出场的女性，也没有彻底背叛道德良知，都能实现自我的救赎与成长；与之相对应，高克芳对其笔下男性角色的观照不足，略显畸形，无论是功成名就的商贾大亨，还是努力奋斗的烟火小市民，大多流于平面化，甚至成为一个符号式的存在体，简单地充当起情节演进的踏板。让男性角色罹患软骨病，必然消解了现实生活中男性生命个体的真实样貌，对女性角色过多的敏感"呵护"，或多或少也会使其故事中的男性形象被不同程度地扭曲与阉割。

《嫁接婚姻》中的男主人公秦致远结婚七年，育有一子，早已被柴米油盐的生活磨平了棱角。作者在观照这一70后有妇之夫的角色时,有意回避他在婚姻中的烟火模样,放大他在80后女孩顾眉眼中的高大形象,"他没戴眼镜,但白衬衣、浅斜纹的领带以及他举手投足间的气质让这个高大挺拔的男人透出一种书卷气"。为了渲染二人的婚外情,高克芳刻意让男主人公双脚离地,变得虚幻起来。另外,高克芳对秦致远人性描摹的深刻性不足,秦从行为上出轨到精神上出轨的内心矛盾与挣扎、嫁接婚姻中秦所表现出来的情感荒芜状态等多流于肤表,如同让读者透过毛玻璃观察秦、顾婚姻的日常,高克芳有意使其第二段婚姻的存续沦为演绎道德伦常的工具,带有宿命论地走向可预见的未来。除了生硬地将男主人公绑在道德的十字架上,赋予其扁平化的人物形象与性格特质,顾眉的父亲则始终游离在故事之外,不曾真正登台,被彻底阉割和抛弃,这对一部烟火气十足的家庭伦理剧来说,显得相当突兀。小说《纸婚时代》中章菡的婆婆因为生男生女问题,联合儿子与章展开的家庭伦理大战回避了公公的存在;《七年之痒2》里魏海东与陈晓荷爱的重建中,第三者林菲有过短暂的出场,其母生病急需用钱,魏海东前来救场,如此关键点上林的父亲却并没有出场。有趣的是,高克芳在短篇小说的创作中善于刻画"遗孀"这一角色,从某种意义上讲,这就把男性驱逐出了故事演绎的舞台。《金鹿》的故事情节相对简单直白——一个女人与两个男人的故事:张玉兰的丈夫意外离世,村长李德才假借帮扶寡妇孤儿的名义公然调戏侵犯张玉兰,自然而然地将两性的存在模式框定在高大与渺小、善良与丑陋的肤浅表层;《陪妈妈去相亲》中冬梅面对妈妈的引导和对上学的渴望,冲着一个陌生男人喊出"爸爸"的时候,显然并没有给读者树立起她生父与继父的清明样子,"他的样子像爸爸",更是把两个男性的形象模糊成一个影子;小说《倾斜的天空》只从题目上就能看出两性的不平衡,在此不再赘述。

有意无意地将笔墨预留给女性角色,渐次丰满其形象和性格,并将其放置在苦难挣扎中透视她们作为弱者的"强大"一面,以水的柔性与韧性温柔触抗现世的残酷与冷漠,并给予世界一个暖心的微笑——无可否认,这是高克芳创作的一大特色。但是笔者认为,这种合理存在的创作特点并不能让我们回避高克芳在人物设置上的诸多缺陷。小说中人物角色的失衡源自偏爱，过分偏爱必然走入类型化和模式化的误区，也容易让人物形象流于表面化，小说中女性人物的繁多所呈现出来的单一性别角色的现象，也将作家的女性身份暴露无遗。当然，这种文本表征的出现与作家的性别身份机制及其生命体验不无关系。首先背叛婚姻的永远是男性，"闺密"角色的安排更是让女主人公于情理缠累中获得了压倒性的胜利，代际矛盾冲突现场发话的永远是"婆婆"和"丈母娘"……如此种种，也合理地解释了为什么喜欢高克芳的读者多以女性为主。

此外，高克芳的小说语言虽然干净暖伤，但欠缺文学性的表达。众所周知，语言艺术褒贬皆纳，虽然有狂妄者发出"宁鸣而死，不默而生"的芜浅呼号，但几乎所有的文学作品都会蕴含作家本人的思想感情。小说借助语言这一媒介，在表现人物的内心情感上享有得天独厚的优势，甚而，借助小说文本的存在实体，语言成功地将创作者的思想性和情感性赋予了具体可感的形式。什么样的语言算是好的语言？如何打磨好小说的语言肌理并随物附形就显得尤为重要了。高克芳的语言尊崇明净舒缓、沉郁暖伤的艺术特质，善于以抒情的形式传达出主人公五味杂陈的情感状态，如"人生是一条不会倒流的河流，那过去的岁月已是镜中花、水中月，可以回忆，可以缅怀，但伸手去碰，瞬间就灰飞烟灭了"，"褐色的咖啡透着浓浓的苦涩在舌尖辗转"等。高克芳有意识地在提升自我语言的文学性表达，小说中随处可见端倪，但无法回避的是，她对语言抒情的钟爱有时候火候太过，不免适得其反。比如对歌词的应景套入和名家名作的僵硬镶嵌，在小说文本中比比皆是，笔者粗略一算，小说《七年之痒2》中添附在文本中的歌曲就有五首之多，其中，引用歌曲《牵手》的歌词有一百七十八个字；小说《亲人爱人》和《嫁接婚姻》中重复援引《有多少爱可以重来》的歌词；张爱玲的名句"见了他，她变得很低很低，低到尘埃里，但她心里是欢喜的，从尘埃里开出花来"同样出现在多部小说中，"尘埃里的花"的意象放置在男女主人公的缠绵情愫中固然妥帖自然，但是过多的重复使用便略显浅陋，有生搬硬套之嫌。小说是一门用语言讲故事的艺术形式，故事与故事之间应保持完整性和相对独立性，高克芳在故事的处理方面就显得有些粗糙，随意跳转套接，缺乏文学性的坚守。《七年之痒》中魏海东的遭际与《人生》中的高加林有相似之处，或偶然，或必然，自然即可，作者却刻板套接：魏海东看到富商苏逸轩开着豪华轿车送妻子回来，想起了《人生》中的高加林，"我现在也知道，我本来已经得到了金子，可我把这金子像土圪塔一样扔了"。将《人生》中的语言原样移植，显然违背了小说语言表达的文学性要求，相同情况还出现在小说《亲人爱人》中对《平凡的世界》的引用中，读来颇有些借风使船的意味。此外，"大团圆"的小说收尾方式也缺乏冒险性与新意，连篇累牍的故事中，创作者对"巧合"的运用带有功利化叙事的色彩，在起承转合间奔向了同一个结局，毫无悬念可言，这些都成为高克芳小说创作中的"阿喀琉斯之踵"。

  高克芳的小说晕染着一种暖伤轻浅的风格，卡尔维诺说过："轻是一种价值而非缺陷。"高克芳的文学创作与同时代作家的创作相比，风采各异，却也殊途同归；她的创作给山东通俗文学乃至中国通俗文学的发展再注活水。他们以自己的方式考量着小说与当代生活的关系，洞悉平凡背后人性的深度与精度，于情感投入与理性审视的方寸之间，架构起现实世界和艺术世界的通路，并且一直在路上。这种"在路上"的尝试与努力，让我们看到包括高克芳在内的众多70后作家新的创作期待，在经过时间的沉潜之后，希望他们能够重新整装上阵，打破缺乏历史感的创作惯性，在凸显日常生活美学的基础上，开掘出新的创作素材，在求新求异的同时，也要在深度上精心打磨小说的质感，坚守作家的道德良知底线，用心讲好一个故事，写好一部小说，给通俗文学复魅。笔者也同众多的读者一样，期待山东女作家高克芳在小说创作和文学造诣上有新的突破。

参考文献：

1. 王安忆：《生活的形式》，《上海文学》，1999年第5期。
2. 卡尔维诺：《未来千年文学备忘录》，杨德友译，辽宁教育出版社，1997年版。
3. 刘权、许保增：《高克芳：破茧成蝶 追梦人生》，《走向世界》，2013年第12期。
4. 米兰·昆德拉：《小说的艺术》，许均译，上海译文出版社，2003年版。
5. 于淑静：《"唯物"的新美学：论当代小说的日常生活叙事》，北京大学出版社，2014年版。
6. 汪政、晓华：《我们如何抵达现场》，江苏文艺出版社，2012年版。
7. 黄晓华：《20世纪中国小说修辞史略》，北大人民出版社，2014年版。
8. 王鸿生：《叙事与中国经验》，同济大学出版社，2008年版。
9. 周礼红：《消费主义文化与90年代都市白领书写》，中央编译出版社，2014年版。
10. 刘忠：《主题学视野下的新文学路径及其走向》，《社会科学研究》，2012年第1期。
11. 福斯特：《小说面面观》，花城出版社，1980年版。
12. 赵月斌：《鲁军新势力》，《时代文学》，2010年第9期。

附 录

　　高克芳，1977年生于山东蒙阴，后定居济南，现为自由撰稿人。山东省作家协会会员，济南市作家协会理事，历城区作家协会副主席，山东省作协第四届、第七届高研班学员。2006年开始在《当代小说》《时代文学》《山东文学》等期刊上发表小说作品。中短篇小说有《金鹿》《倾斜的天空》《陪妈妈相亲》《赶集》《婚姻底色》《身世》等，出版的长篇小说有《七年之痒》《亲人爱人》《嫁接婚姻》《七年之痒2》《纸婚时代》，共发表、出版140余万字。目前为止，《七年之痒》先后获得"宝通杯"济南文学奖长篇小说一等奖，济南市第八届精神文明建设"文艺精品工程"文艺类图书奖，首届、第二届泉城文艺奖文学创作奖等；《陪妈妈相亲》荣获第三届泉城文艺奖短篇小说奖。2012年被评为"齐鲁文化之星"。根据长篇小说《七年之痒》改编并由其本人参与编剧的同名电视剧于2014年4月27日在江西卫视黄金档播出，并一度取得全国收视率第二的收视成绩。先后参与编剧的电视剧有《隋唐英雄4》《钱塘传奇》《永乐传奇之英雄诀》《乞丐皇帝与大脚皇后传奇》《诸葛亮传奇》《霍去病》等。

高克芳小说作品年表

2007年

短篇小说《苦咖啡》，刊于《当代小说》第3期。

2008年

长篇小说《七年之痒》由河南文艺出版社出版。

长篇小说《亲人爱人》由河南文艺出版社出版。

2009 年

　　短篇小说《倾斜的天空》，刊于《当代小说》第 3 期。

　　长篇小说《嫁接婚姻》由现代出版社出版。

　　短篇小说《陪妈妈相亲》，刊于《时代文学》第 9 期。

2010 年

　　长篇小说《七年之痒 2》由江苏文艺出版社出版。

　　长篇小说《纸婚时代》（合）由凤凰出版社出版。

2011 年

　　短篇小说《赶集》，刊于《鉴湖》第 2 期。

　　中篇小说《婚姻底色》，刊于《山东文学》第 3 期。

　　短篇小说《身世》，刊于《当代小说》第 9 期。

2012 年

　　短篇小说《金鹿》，刊于《时代文学》第 3 期。

生命的困厄与找寻

——阿华诗歌论

苏 婧

阿华是一位颇有些低调的女性诗人，把她放在山东青年诗人群体中，分量很重，但是却很安静，并不扎眼。如同燎原所说，阿华是出生并生活在"都市中的村庄"的女性，她愿意漫步田野，向麦穗低语，也愿意走进尘世，和一些人交朋友。然而无论走去哪里，她都很难被潮流和趋势所打动，因为，她是那种有自己世界的人，这类人多半拥有一些不为了表现出来的坚持。收集些什么，不管是漫画书还是恐怖电影，或者种一阳台的花花草草，养一条老狗，留着从小到大的作业本，都是一种个人的习惯，自然而然，不为了诉说与炫耀。最珍贵的是，她的生命的安全感来自对生命的认同，是自足而自洽的。她是这样一位诗人，有一点遗世独立，却不高傲冷漠，就像博尔赫斯所宣称的那样，"我写作，不是为了名声，也不是为了特定的读者，我写作是为了光阴流逝使我心安"。

诗如其人，阿华的诗歌在整体质地上也是低调静好的样子。她的早期诗作温柔娴静，如同脉脉流水，无风无浪，润物无声地呈现人间静好。自然当中的一草一木静静地发生着变化，它不必专门让你看见，它什么也不会说。阿华的诗中不乏这样的唯美洁净，却也并不抗拒"绿蚁新醅酒，红泥小火炉"的清欢和烟火气，不抗拒一切苦难的磨炼和摔打。即便后来，诗人在遭遇重大变故的时刻，也少有歇斯底里，而是表现出一种寂静清冷，感受到人类个体的渺小，感受到一种只有诗人的敏感才能触碰到的深刻的孤独。可是，就是在这样一片安静纯洁的诗歌天地中，萦绕着人间的味道，阿华的诗中仿佛坐着一位故友，每每读到温柔的句子，有人和你一同欣喜，读到酸楚的篇章，有人陪你一同落泪。她创造了一个完整的诗歌世界，让你发现，这世界上竟有和自己心境相同的人。正是这种情感的共鸣，让那些简朴寻常的句子变得张力无穷，让人读之感之，品之念之，爱之思之。

纵观阿华的诗歌，她之所以能够这样自如地感发人们的情感，是因为她最常书写的都是人类情感的"基型"与"共相"。在感情真淳、内蕴深厚的诗意世界中对温暖的往事进行描摹的同时，也将诗意的笔触指向现实的苦难，内心的风暴，生存的艰难，四季，草木，天地，欣慰，伤感，失意，忧虑人生无常，因此诗意的呈现丰富而有层次。然而，她几乎不用激烈的褒贬词，不用感叹号，不进行意识形态判别，不在理解之前做道德审判，没有浓墨重彩，而是悄悄置身其间，或白描人情外物，或直抒心灵悲喜，以表面平淡而内里丰厚的句子，刻写生命曾经的样子，涂绘心灵的困厄与找寻，句读人世间的七情六欲和林林总总。

一　记忆：温柔与残酷

阿华曾写道："在下雪的岁末，在岁末的黄昏，一个人守在温暖的炉火旁，该有多少往事敲响记忆的门呢？从春天到冬天，整整一年的期待，马蹄莲终于如约开放，我知道最小的那朵浮萍也期待着回家。"这是阿华在她第一部诗集《往事温柔》的后记中写下的句子。可以看出，往事里生命曾经的样子是她格外关注的东西。我们在阿华的诗歌中读到，那些被重新唤起的往事散落在每一部诗集中，带着温度和力度，熠熠闪光。她致力于用诗歌挽留记忆，挽留已逝的和正在消逝的，去抵抗越来越坚硬的现实。诗人引导我们走出苍白无聊的房间，在温柔的文字中重返自然的怀抱，"从家园走过去／总有菊花一路开放／总有陌生的名字将我们一路打量／那些不言语的桃花／那些落在枝头的鸟儿／在我们朴素的院落／开成一种风景／／沿着夏天的路走过来／我们深入一段往事"（《深入往事》），时而追逐花香，在秋天怀念平原上的一棵桑树，"怀念一棵桑树 是在秋天／／桑叶总有些无言的心事／飞飞落落 身旁的白菊柔肠百结／从家园走出去／我看见从前的树 阳光／十年以及更长的日子"（《怀念一棵桑》）；时而循着街头老榕树的芳香，"这总让我们想起些什么／比如冬天里的第一场雪／比如雪后的第一次游戏／还有爱人绕在脖子上的手臂／以及小屋里飘出的温暖炊烟"；时而沿着雪天的路走进一片松林，回忆初恋时的语言，"那些最初的风 以及最后的雨／总是一把双刃剑／刺伤一个你 还有一个我"（《往事》）；时而在宁静的午后，微笑着思考生命火焰的来源，"稻子的村庄／麦子的语言／被一些阳光照着／一束兰花在你的庭院里／开得很灿烂／一些笑容就会很美丽／我们被一些往事牵引着／走回你的身边"（《写给父母》）。阿华诗歌中的种种记忆，不仅顽强抵抗着遗忘与淡漠，更是以灵魂的开悟将我们曾体验过的时间重新唤醒。走出门去，看着街上的人群与车流交织不休，行色匆匆，劳碌奔波使我们在很大程度上丢失了内心体验过的美妙。对外物虚荣的追求，让我们被越来越老旧陈腐的规则套牢，被形形色色的欲望和利益煎熬，生而为人的灵性和感受性，就这样被麻醉、被消磨、被弃置了，以至于走得越来越远，却忘记了为什么出发。所以说，在这个快捷消费文化占据整个社会和人心的时代，阿华的诗歌以一种逆潮流的姿态，表达了对乡村、往事之记忆的格外珍视，由此显现出独具一格的诗意美学和文化价值。

首先，阿华诗歌中对乡村记忆的抒写，展示了承托起她的身体和灵魂的那片土地。记忆中的乡村，有亘古不变的宁谧，"平静的夜晚／祥和的村庄／种着野菊花的小院／在秋天／是一道风景"（《平凡的幸福》）。诗的一开头，诗人将村庄放置在平静的夜晚当中，欣赏它的祥和，还有祥和中承载的平凡的幸福。幸福在哲学家那里，是一个久远的难解的题目，在诗人这里，却变成了身边的淙淙流水，变成小院里飘出的袅袅炊烟。对于生活在乡村的人们来说，衣食足、知荣辱也是一种幸福。阿华诗歌中这样的"乡村气氛"并非偶然，《乡村之夜》这首诗便典型地展现了夜晚的乡村静谧恬淡的场景，"夜深人静我们在熄灭火之后／感觉天籁／远去的五月之夜／以及天空下的某些声响／让我们想起从前的村庄／和村庄里的故事∥从去春到今秋／有谁还记得篱笆后的家园／最后一朵野菊／让秋天一点点深远起来／归仓的玉米安分守己／锋利的镰刀挂在墙上"。诗中用了"野菊花"这个意象，"菊"因陶渊明的缘故，被赋予了淡泊名利的象征意义，曲折地隐喻了诗人那种古朴典雅的真性情和对隐逸生活淡淡的钦慕。实际上，诗人的整个少年时代都是在乡村中度过，她熟悉那里的一草一木，走过那里的一山一水，"我曾提着灯笼／在槐树和杨树之间穿行／我曾赤脚蹚过村头清凉的河水／我知道，路边的芒草／爱着田里的苦菜／雨水爱着长出锈迹的缝衣针∥我曾着迷于傍晚的落日／我曾向一片芦苇倾诉过心事／如果我坐在山头／我就会看到坡地上的羔羊／它瘦小的身影在孤寂地行走"（《乡下的少年时代》）。在阿华书写乡村记忆的这部分诗歌中，她的抒情对象是很具象的，"你是我的乡下兄弟／这是我们前世的约定∥但是分手并不是因为／你是乡下兄弟／想着马车载着你的新娘／我的心就不能平静／冬天的炉火旁／总有些你听懂的音乐伴随着你的鼾声起起伏伏／而我的情深意长／只能隔着天空遥望"（《乡下兄弟》）。一个个具体的人，带着对逝去的古朴生活的怀念和人生中最宝贵的纯真年华，在乡村景色的简笔勾勒中立体起来，这样的抒情效果，眼泪与微笑并存。如刘小枫所说，这种记忆"不仅是对过去的事件的重新勾起，以悲歌般的情感去珍视它。回忆，更是一种灵魂的开悟，有如基督教的忏悔感，是灵魂对自己的清洗。这种清洗是用灼热的眼泪，渴求新生的眼泪"。

在阿华的诗歌中，乡村是她的家乡，而她对家乡的感情是复杂的。前面笔者提到的这些诗歌，抒情的向度温柔、清浅，还有一部分诗歌则抒写了她对乡村更为深刻的体悟。比如"羔羊"意象的使用，以其瘦小的身影和它孤寂行走的姿态作为象征，抒发一种内心深处的心酸与痛惜，"那些年，很多事物／都过着每况愈下的生活／我确信，我和羔羊／我们只是其中的一个"（《乡下的少年时代》）。闲适安逸的乡村时光，她并非全然接受，在《这是忧伤》中，我们读出了阿华最初的叛逆："友人和我谈起他们的故乡／江岸开阔，水流舒畅／岸边的树木葱郁苍茫／而他们那浑然天成的小镇／原始，古朴／但有见过大世面的不动声色∥我能理解他们的骄傲／每个人都会夸耀自己的故乡／而我，除了一些大而无当的概念／什么都没有:虚妄,矫情／孤陋寡闻,一生都没有离开故乡"。作为一个浪漫主义者,作为对自然、对万物有着同理同情心的诗人,她克制着自己那种激动的心绪,但是我们还是可以读出此间的批判意识。诗人忧伤着如今人们对"乡村建设"的兴奋,"谈话中,从不涉及／兴建中的发电站,清江边的化工厂／但这并不意味着／我就可以底气十足地／谈起身边的九龙湾和母猪河／／人类的贪欲以及鼠目寸光／让我们再也回不到儿时／畅快淋漓的幸福时光／／这是忧伤,但没法安慰"。乡村在消逝,对于具有乡土传统的中国人来说,乡村在一定意义上代表了家园,离开乡土,难免不舍,阿华诗歌中的"思乡"之作便营构了这类情思空间。"有一种感情落地生根／像母亲的手／温暖院内的那棵梨树／离开家园／这只是一种迫不得已的情感／没有人愿意 在除夕的夜晚／思念那个叫作家的故乡"(《离开家园》)。可以说,现代社会中变动与流通成为常态,总有不得已的理由,让人乘着远去的列车,寻觅别样的生活。时代在被鞭子抽打着前进,更迭不息,没有人愿意与贫穷的往事藕断丝连,纷纷做了异乡的淘金客。然而,在那陌生的地方,我们不过是一块石头,望着、牵挂着家园的方向,"只因乡音未改／／人在天涯／谁伴我 醉中舞",这种回望,让思乡人即便人在天涯,也能抱慰孤冷的灵魂。"乡音未改"体现了人的生命记忆,是一种与时间关联密切的生命痕迹,在这个关联中,词汇或者说语言,是最主要的链接。有人说,语言造就了人,对于长期保留着乡音的人来说,每一次讲话都会提醒自己,你是谁,你从哪里来。

并非所有的过去都带着光荣与梦想,因此在另一方面,阿华有着强烈的"逃乡"意识或者说"判乡"意识。这种"逃乡"意识,形成了阿华诗歌的又一个重要主题,暗含着诗人生命经验的轨迹,以及身份认同的困惑。她的"思恋云南"系列诗歌中深刻体现了这一点,通过极力渲染南方的美丽,来凸显故园之苍白:"南方还会有梅雨／但不会再淋湿我忧伤的记忆／那一个五月已随岁月流逝／爱是不会自圆的梦／南方潇洒如少女的美丽／南方的长青藤不知缠上多少回忆／但一切都不可挽回／南方已在早年与我离别／真想抚摸南方的秀发／真想亲吻那一张流泪的脸／可南方已离我远去／我只能回转头／独自走过生命的风风雨雨／南方还会有多少思恋／属于遥远的渴盼／南方还会有多少情歌／留给失意的游子／无论生命的落叶飘向何方啊／心中总有一个不灭的声音／魂归南方"（《思恋南方》）。南方，是满载着诗人回忆的地方，无法忘怀，烙印在心中，镌刻进了灵魂。诗人甚至觉得自己的老家并非北方的海边小镇，而是在云南，因为"我一向惧怕寒冷和黑夜／而云南，它有／暗涌的甜汁，飞扬跋扈的阳光／它道路宁静，树木安详／我确信，那是一处／能安度晚年的天堂"，诗人毫不迟疑地诉说对云南的渴慕，将之与故乡作比，写道："我对云南旷日持久的暗恋／超过了身边激情澎湃四十年的海洋"（《我爱云南》），以及，"这么多年／我只爱南方的湿地和植物／忽略了北方时光里裂帛的声音"（《我在这里给你们写信》）。她会在关于大海的图纸上绘画云南的石林瀑布，也会在梦中多次造访大理和丽江。并不是简单地因为"熟悉的地方没有风景"才会让诗人如此热切地想要跨越大江大河远走云南，而更多的是因为那里蕴藏着让诗人曾经刻骨铭心的情感记忆。比如这首《云南记》："古语云：一日长一丈，云南在天上／充斥迷雾的清晨，我看到的云南／果然离天堂很近，春天的脂粉／刚在空气里弥散／报春花已经／触到了云彩的边缘／／一个向灰烬索取火焰的人／一度迷恋着云南的春风／他关心它暗藏的倒影，弧度／和边缘的锐利，也关心它所拥有的／小坏和大善／／在云南，他的躯体短暂地／寄居于一座小山寨／而他的魂魄，一度留在春风之上／／直到我们离开的时候／他还在江边叹息：／春风已经所剩无几，还是省着点用吧"。诗歌以雅俗结合的语言，在精致的遣词造句中加入了口语化的表达，使那个让她心系云南的人浮出水面。诗人敢于面对内心，面对自己的感情，让我们体悟到一种真正的坦诚。"逃离"故土，不仅仅是对故乡的审视，也是一种身份认同的困惑，诗人深刻认识到自己与生养她的家乡的格格不入："我的乡下不是我的／我的草垛不是我的／我的马驹也不是我的"，"我和我的乡下，是一个／耳朵和另一个耳朵／是鼻梁和后脑上的反骨／我爱它，却总是输给她"（《我的乡下不是我的》），在重复的强调句式中，诗人告诉我们乡村对她的弃置和拒绝，告诉我们她想要逃离故乡是不得已的，而实际上每一个"逃乡"者的内心往往都会背负一种情感的重量，因此诗人反写"我的乡下就是我的"，为了让它属于自己,"空气和盐巴,我要不停地巴结它／在一条乡下小路上／我要向一丛灌木寻根问祖",然而残酷的是,努力找寻的归属感并没有顺利抵达终点,只能再次喟叹"我的乡下不是我的／我的马驹也不是我的",回到复杂的忧伤中无法自拔。

因此,身份的困惑和暧昧不清,让阿华启程寻找一个真实生活之外的理想家园,主要体现在她的"梨树镇"系列。"梨树镇"系列诗歌形成了阿华诗歌中标志性的文学地标,虚构了"梨树镇"这样一个心灵的存在,以虚写实,以无写有,耐人寻味。主要包括《在乡下》《给我辽阔的……》《一棵失败的卷心菜》《秋天的梨树镇》《少年看到一朵牡丹》《梨树镇》《接骨木》《瓜熟蒂落》《梨树镇的春天》《孤独之书》《坐看云起时》等诗作。《在乡下》这首诗,描摹出了"梨树镇"的雏形:"有人把牡丹看得大富大贵／也有人把兰花当成花中君子／其实哪里有什么贵贱之分／只要肯开花／芨芨草也是炼金锻银的人／／就像我的梨树小镇／它远离闹市,地处偏远／但稻穗饱满,谷物金黄／堤坝上面常有葵花开放／天晴的时候,我时常会听到／翠鸟的歌唱／／我们常在那里喝酒,出游／使小性子,把叫想念的梅枝／在陶罐里一腌就是十年／／春天的时候／我们爱着毛白杨和紫槐树／夏天,我们爱着流水／有大月亮的晚上／我们爱着满天的繁星／这一切,都不是虚设的／良辰美景／／我愿意这样,在乡下／把一个梦中的故土／看成是我今生的福祉",这是阿华设计的关于理想园地的外貌,有着典型的田园景致。它温馨宁谧,也美到蚀骨,美到不可碰触,一碰就会走远,"那一年,在梨树镇／我看到路边的大叶黄杨／一寸一寸地,抽出翠绿的枝芽／／也看到紫色的桐花,漫天飘落／仿佛一个人的童年,正悄悄远去"(《坐看云起时》)。梨树镇的春夏秋冬四季轮回,总是相似的,"四月的蔷薇／看不到九月的黄葵／死去的看不到早晨的霞光／他们用阴云暗示大地／用锈弦暗示破碎／那是些骨缝里藏着悲伤的人／那是些失去盐分一言不发的人／／而活着的人,将慢慢地习惯／落寞垂败,抑或东山再起／／在梨树镇,骨头的支撑力小于／世俗的压力,云压得低……／在低音提琴和大管的持续低音之上／小号尖利的音响表现出天昏地暗般的悲伤"(《梨树镇》),从现实中返归这里,梦里不知身是客,梨树镇的春天告诉诗人，枯萎的万物终将萌动，在"虚无的生活面前"，即便小镇的人都口拙木讷，他们生命的纯度和厚度只在于牛羊是否膘肥体壮，粮食是否回到谷仓，而"在灯下，在黄昏／那些死去的人又活了一遍"。梨树镇，是阿华塑造的能够承载小确幸也能够装载大悲悯的地方，诗人赋予这里的一草一木以灵性的启悟，甚至带了一抹神秘和奇幻色彩。在梨树镇，生长着一种可以与亲人生命相连通的物象——接骨木，那是一种落叶小乔木，它们被大面积地种植，一个死去多年的人可以用接骨木和亲人说话："一个死去多年的人用接骨木说话／告诉我，他多年以前的伤口／仍在阴天里隐隐作痛"（《接骨木》），"接骨木"象征了诗人的心灵愿景，也象征了生命大悲恸后的自我疗救。

其次，对往事的记忆是阿华诗歌的另一个重要内容。阿华诗歌中的记忆没有陈旧时刻的堆积，而是呈现出一种生命的气度和活力。她用带着温凉触感的句子，抒写人间往事："一些玫瑰几度开落／母亲就在乡下白了头发／从冬天的炉火走出来／我们总感到雪如荻花／心疼在冬天／或许只是一种感觉／我们找不到一条围巾／裹住一颗寒冷的心／让一种实实在在的关怀／温暖漫长的雪夜／／两棵相望的树／一双温暖的手／从灯盏中走过来／我只是你梦中的九妹／平淡的一生／我们逃不脱对一个人的思念／这种思念像一种疼／从生到死／让我们甜蜜"（《深入往事》）。"玫瑰"与"炉火"，"雪夜"与"围巾"，这些意象，具有一些隐喻色彩，喻体背后的本体，就是形态各异纷繁复杂的记忆。为什么诗人要那样费心地捡拾过去呢？费孝通在《乡土中国》中曾谈到人的记忆的作用，他说"人之所以要有记忆，也许并不是因为他的脑子是个自动的摄影箱。人有此能力是事实，人利用此能力，发展此能力，还是因为他'当前'的生活必需有着'过去'所传下来的办法"，"文化是依赖象征体系和个人的记忆而维持着的社会共同经验"。因此，记忆是生存的必须，对于诗歌来说，它还深刻地内涵了诗人的文化基因。因为每个人的当前，不但包括他个人"过去"的投影，而且是整个民族"过去"的投影。往事是抽象的甚至虚妄的，不过阿华抒写往事的诗歌中，往往有一个故人的身影作为抒情对象，"春末夏初，在凌乱的公园里／我遇到了死去十年的姑妈／／生前，她是一个唱越剧的／青年演员，有清脆的嗓音／多年以后，她还珍藏着当年的／胭脂红粉和一件大红的披风／／昏暗的光线里／我看到了她游移不定的泪水"（《声声慢》），姑妈的形象犹在眼前，忧伤的往事对照着冷酷的现实，显得更加真实可感。

在阿华追忆往事的诗中，我们经常能够触摸到时间凝滞的感觉，你会觉得时间停了下来。这种带着生命本质孤独底色的时间状态，让人不由联想到明末张岱的散文名作《湖心亭看雪》。接连下了许多天的大雪，湖中没有人，甚至连鸟都没有，作者独自撑着一叶小舟，带着火炉，流水带来冰面破碎爆裂的声音。放眼一望，只有天地、枯木、冰冷的台阶，和蜉蝣于天地的一个我。这个世界的一草一木，甚至河面的冰，都在悄悄地运动变化着，发出细密的爆破的小小声音。阿华的诗中，这种寒冬湖心亭般冰清玉洁的唯美数之不尽，而阿华笔下更有一种透彻世象的孤独感——如果没有我，世界还是世界，春夏秋冬还是春夏秋冬，宇宙还是宇宙，你还是你，我笔下的诗行依然茕茕孑立。威海的海水日复一日地波动，就像千百年前的天光水色，皑皑一片，世界如此寂静，诗性诗意如此恒久自持。我们不禁要问，为什么阿华的诗歌能够呈现这类时间感觉？实际上，时间感是很多不同的认知感觉聚集在一起所呈现的，对于有记忆与思维能力的人来说，没有一个单独的大脑区域负责时间感，这和单独的视、听、嗅、触、味五觉又是完全不同的。因为阿华诗歌中使用了一种立体的、多侧面的抒情方式，结合声音、影像、触觉、味觉等等勾连过去与现在、具象与抽象。比如《去年的桃符》就综合运用了对色彩的感知，"一束灰白的艾叶／在风里飘散"，"去年的桃符／被今年的代替／血液新鲜，像青胜于蓝"，对动态影像的把握，"一些影子擦洗门窗／铲除院子里的荒草"，对声音的捕捉，"那个院子闲置多年／野草茂密，秋虫啁啾／干枯的藤蔓上面／落满飞鸟的低唱"，以抵达对记忆的重新勾起——"有人在暗的灯光里唱戏／才子佳人，王孙嫔妃／水榭亭台，花园绣楼／然后是红绸和环佩／花朵热爱的小女儿／终于走进了玻璃房／／风声飘过，戏曲停止／一段虚空的谷仓里面／是一段消失的田地"。历史与现实旋而结合又分开，从而升腾出相对阔大的抒情时空，这种诗歌里体现的时间感觉的转换，悠悠然、温吞吞，悄无声息几十几百年，让人顿时生出恍如隔世之感。

二　生命：热爱与承受

阿华的诗歌质地纤柔，情调忧伤而又温柔敦厚，她用女性独有的纤细的生命体验指认生活的欢愉与疼痛，倾诉着一生的心灵际遇。而作为女性，她不仅描写了女性的在世体验，情感的、心理的、生存的样态，并且以一种本质主义的生命感受，关注着世间万物的呼吸、欢笑和眼泪。这些诗歌背后，站立着的是一个善良、细腻、忧愁而又孤独的诗人形象，她心疼大地上的一切美丽，她愤怒人世间的种种丑陋，她更加着迷的是这之间的那个灰色地带，说不清道不明的善恶交界点。因此，在阿华的诗歌中，张扬着灿烂闪光的生命意识和悲悯情怀，去思考我们从哪里来、在哪里，又要走向哪里。

在诗集《我们的美人时代》中的一些诗歌中，阿华对于女性身份的思索比较集中也比较突出。阿华不是一个彻底的女权主义者，她的诗歌中含有一些女性意识的成分，却不激烈、不喧嚣，这些作品主要表达的是女性面对这个世界、面对他者的一些心理感受。女性的敏感，可以分辨呼吸中暗含的能量，"一些浪漫的火柴／习惯了一个女子的呼吸／习惯了一个女子的呼吸／习惯了一个女子的浅吟低唱／它让我皱纹消失／它让我皮肤润泽／／一切都风平浪静／我是个没有野心的女人／在梦呓里／说出时间盛开的花朵"（《一些浪漫的火柴》）；而当面对身体和精神的矛盾时，温柔如水的女性也会变得叛逆，以堕落换取快乐，"错过和把握／激情和幻想／柳暗和花明／笑和伤／／细语和呢喃／厮磨和转身／身体和谎言／爱和痛／／我知道我开始爱他／像夜晚爱上黑暗／／我被蛊惑／专说废话，假装不正经／／时代这么波澜壮阔／请原谅我的颓废／原谅我越堕落，越快乐"（《去享用他，去爱他》）。

一个女性的一生，会面临多种身份转换的机会，女儿、情人、妻子、母亲，而每一次转换都是人对新身份的思考和探寻，暗示一种命运的降临。不仅如此，当女性身份发生变化时，她对自己过去的身份，以及过去的自身对其他身份的思索，往往会发生一些改变。当诗人作为女儿面对母亲的时候，内心汹涌着深爱却讷讷讲不出，"我不能当面说出我爱你／就像我总是羞于提起我的从前／母亲节的这一天／我买了水果，买了鲜花／我把它们交到你的手上／／五月的院飘满槐花的香／我们谈天气谈孩子／谈日子里的甜和酸／我从你暮年的身体里／看到了你早年的沧桑／泪水在即将奔涌的那一瞬间／我忍住了，我／不愿意让你看到我的泪水／／我们面对面地坐在树下／这样的时光不常有／我常常会忽略你的需求／在你想我的时候／在你需要我的时候／／你是否和我一样／也期待过来生／你是否和我一样／还想着做来世的亲人／五月的槐花没有轮回／而我愿意坚持往返／在你的暮年一直爱到你的花季／／我爱你，母亲／虽然面对你／我一直不能说出它"（《表达》）。这是很多人在亲情迷宫中面临的境遇，所谓情深之处怯于言表，阿华将这种人之共情在细碎、温婉的抒写中恰如其分地流露出来，扣人心弦。当自己继承了母亲的身份，成为另一个女孩的母亲时，内心的风景悄然而动："我曾跟踪过你的成长／但是，请原谅／我的奔走总是跟不上／你的健步如飞……只有爱和善良，才是你给我的指明灯"（《谢谢你光芒四射》），看着女儿的出生、成长，已然明了生命延续的意义，温暖着心中最柔软的地方。

  生而为人，如不经历爱情，不经历爱情中不由自主的甜蜜，莫名其妙的彷徨，坠入心底的寂寞，百无禁忌的恶搞，如影随形的思念，踽踽难行的悲伤，又有什么意义呢？女人对待爱情，往往更感性更彻底，也往往会跌入慧极必伤、情深不寿的感情漩涡。可是，正如薄伽丘说的那样，"在各种事物的常理中，爱情是无法改变和阻挡的。因为就其本性而言，爱只会自行消亡，任何计谋都难以使它逆转。"阿华描写爱情的诗歌，与描写亲情的诗歌中的那种温暖有所不同，我们可以更多地感受到她的细腻、绵柔和灵敏。比如《说吧，爱情》一诗中这样提及对爱情的向往："我这一生，最大的梦想就是／把家安在大海的旁边，和你一起／去堤岸散步，到沙滩消暑／在深夜的露台，看远处的星光和灯火／／这濒临黄海的小镇／扑打的海水，因我们的存在／而呈现更多的柔软／／我这一生，最喜欢做的事就是／给露水找蔷薇，给爱情找玫瑰／／春天繁花奢侈，你要戴着柳枝／编织的草帽，和我一起种菊结篱／秋天山谷生烟，我要你和我／一起去山顶看落日之美／／我们读书，写诗，交换心事／乱石凌厉的浅滩，听得见／波浪撞击、锦帛撕裂的声音／／有时候，风也会把世界吹得阴冷虚寒／我们分开又抱紧，滂沱的泪水里／带着起伏和停顿"。诗歌第一小节直抒胸臆地将爱情的愿景描画出来，温馨美满，在爱河中的人，要山得山要水得水，诗人随后写到小镇的海水也像是被爱感动了一样呈现出更多柔软。然而明敏如阿华，深知爱情中更多的是不完美，因此，尽管秋天的山谷与落日那么美好，当凛风把这世界吹得寒冷的时候，相恋的人只好分开又抱紧。诗人对爱情的思考，更多的是一种爱而不得的伤感，因为这个时代的爱情已经无法承担更多的重量，诗人反讽地将其命名为"抒情时代"："'抒情时代的痛苦／只是一场无法避免的流行病'／在小镇，爱情是小桃花／时间才是良药／它让一支乡村的小夜曲／从明亮的高处／回到锈落的局部／以缺席，退让，沉默／来获得狗尾续貂的忧伤"（《抒情时代》），面对粗粝的生活，爱情无处可逃，慌乱的人"无法坚持理想／也不能做到，充实至上"。纯粹已无处可寻无处可逃，如木心所说，唯有"慌张失措的爱，才慑人醉人，才幸乐得时刻情愿以死赴之，以死明之，行行重行行，自身自心的规律演变，世事世风的劫数运转，不知不觉，全知全觉地怨了恨了，怨之镂心恨之刻骨了"。诗人清醒地看到，"粗粝的生活／需要麻木的心灵与之相匹配／而这嘈杂，纷乱的意象的合唱／更多的是落满灰尘／有少不更事的肆意和逞强"，无论这个世界美好与荒芜怎样交替，爱情的暗疾和伤痛一直都在扩大，而我们仿佛丧失了准确叙述它的能力，这是抒情时代最无奈的痛苦。

爱情中的孤独，并不足以描述生命深处更繁华的孤独感受。对于阿华来说，孤独的深刻体验和精确表达，来自对自由的思考。萨特说过，"自由是我们承担的一种沉重的使命"，人作为有灵存在，既是一种宿命的幸运，也是一种宿命的孤独。因此，阿华在诗歌中广泛地描述了人的孤独是那样不可救药："作为影子，我没有同伴／作为树木，我没有年轮／作为一个乏味无趣的旅行者／我说一些口是心非的客套话／／在小酒馆里唱越剧／

在宣纸上写情书／在一贫如洗的路上／去参加一阵风的葬礼／／我的身边，没有绯闻和隐私／离开故乡的路上／没有信使送来家书／／我作茧却不能自缚／爱着草原的植被／却生活在海边／／海水日日敲打着船舷／它给我带来一只鸥鸟的爱情／却不让我献出水汁丰沛的青春／／我想高贵地死去／它却让我屈辱地活／我把苹果分成公母／把老鸦当成枯藤／／我是打着雨伞走路的盲人／我是怀揣着忧伤回家的哑巴／我站在大地的中央／流着秋天的泪水"（《我是一个孤独的人》）。诗歌中出现的无数身份最终指向一种虚空；忙碌的一生之中，所追求的东西最终变作东逝的流水、空荡的夜空："当十月降至，美被掠夺／我爱的是路边常年绿着的冬青／／当黑夜光临，寂寞来时／我爱的是怀抱里华丽的锦缎褙子／／当焦灼的音乐无法将／一地的碎片拼拢，我爱的是／窗外水墨色的朗月星空／／划伤的生活里，我写不出／百味杂陈的人生／／'我一直都孤独'／这暗示不是给某一个人的／／我这一生，爱的／只是春来秋去的流水／只是夜晚的空空荡荡"（《我一直都孤独》）；而当把目光放入芸芸众生之处，孤独渗入骨髓，最后连唯一剩下的孤独感受都消失殆尽："所有的金属，都带着与生俱来的冷气／在建筑工地，一根不断把滑翔降低的钢管／与他的头颅，做了亲密的接触／／他们都想在表达中接近／无论是钢管在陈述生／还是他在陈述死／他们都有些迫不及待／／他是一个经常把工作和爱情弄丢的人／在罂粟的绚丽里，活得随意、轻慢／他知道，爱与爱肯定是不一样的／／但却从没人，对他说早安／这让他沮丧，在十里堡／他什么都抓不住／只有出窍的灵魂，有时会穿过黑夜／在江边，听江水／一遍一遍听他复数回家的想念／／如今，他的生活一减再减：罂粟再美，也不需要了／沿着江边散步，再孤独，也都消失了"（《浮生记》）。

人类的孤独在于不能相互理解和抱慰，因为我们是通过感觉认识这个世界的，有一千个人就会有一千个不同的世界。问题在于，每个人的感觉总有微妙的差别，没有一个人能确切地告诉你真实的世界是什么样子的，也没有人能告诉你他的世界和你的世界有什么不同。从这一点说，我们永远都活在属于自己一个人创造的世界中，很孤独。就像于尔克·舒比格的那个著名的比方："对于火来说简单的事情，对于风来说却未必；对鱼来说简单的事情，对鸟来说却未必；对树根来说简单的事情，对树枝也未必。"特别是当最能够抱慰自己的人离去，就是压垮骆驼的最后一根稻草，在阿华的生命体验中，丈夫的离去就是这样一种不可解的悲恸："最亲的人，/ 在前年 / 成了异乡人 / 像一滴水在他乡漫游 / '手摸不到的就是远' / 我对着榕树 / 说出我的沮丧和颓唐"（《我的天空》）。这个时候，孤独的重量如同洪水，甚至丧失了自由选择的机会，"我甚至不能选择抢先一步 / 离开这个世界 / 好留下无尽的想念 / 给那个爱我的人"（《我不能选择》）。长诗《与贝草亦有关的叙述》是她抒写生命中至爱之人离世的大悲痛的典型诗作，"悲莫悲兮生别离"抑或说"行行重行行，与君生别离"，这种抒情的向度延续了中国现实主义诗歌中"离别"的母题，温柔敦厚，内涵丰富。阿华所述之情全系自身生命感觉的生成，然而也因为这种情感"基型"与"共相"的力量面向了更为广阔的审美情境。诗歌中的"离别"抵达了离别的极致，即死生相隔。人生最痛苦的事情是什么呢？那就是情还在，人却走了。朋友和爱人存在的意义，就是你无意中发觉自己的世界和别人世界有一样的部分，你们的感受是相似的，所以建立起来的世界也是相似的，因此足以抵抗孤独的重量。因此，挚爱之人的离世，无疑是命运的惊雷，她依然依赖他、爱着他，却再也感觉不到真正的他，对于敏感的诗人来说，还有比这更纠结的痛苦吗？并且，人在真正悲恸之时，是无法被安慰的，因此，诗歌的第一节就写道："海水就要 / 没过我的头顶，无人知晓的寂静里 / 我找不到可以说话的同类"。

因此，诗人的中年，被巨大的孤独、无力、悲伤笼罩。面对命运的降落、心灵的困厄，诗人并非没有进行抗争："我试图拍出一棵 / 狗尾草的孤独，但它却倔强地 / 迎着风，倒伏又站立"，"对岸的钓者，是沉静的……但我相信，他一定是个心里装着清风明月的人"（《与贝草亦有关的叙述》）。事实上，诗人对这种风生水起的生活充满了向往，只是厄运的阴影沉重，抽打在人生路上，沉重的忧伤如同世纪末的洪荒，让中年的精神岛屿布满暗礁。诗人用宏阔壮大的意象，如海洋、湖泊、石头、枯木等，与婉约玲珑的意象，如野葵花、玉兰、羔羊等，相互交织，写出了内心情绪细微的明暗变化，这是诗歌最为曲折动人的部分。"我有很多的害怕，害怕雪打桃花／害怕光线倾斜／／害怕所有三三两两的枯木，横七竖八／没有天长地久的模样"（《与贝草岕有关的叙述》），抽象的情绪投射于具体的物象中，将诗人在阴暗的时光中矛盾度日的感受形象地刻画了出来，二者的结合传递出一些更为精微细小的情绪，似有若无，直指人心。我们说人生最痛莫过死别，而人生中最最痛苦的事情是什么呢？那就是无法坦然痛快地去痛苦。"当我避开车马喧嚣，从婆娑的闹市／来到这寂静的贝草岕／／我将以游戏对抗严肃，以夸张消解紧张／对旧时光，要有壮士断腕的决绝"，诗人并非没有对心灵的困厄做出挣扎，她想要诀别往日的伤疤，忘掉隐隐作痛的旧时光。只是世俗世界要求所有人去热爱生活，无论你经历了怎样的悲痛，世人总要说，"都会过去的"，"日子还要继续"，因此，无论是英雄末路、刀山火海，还是泥沙俱下、鱼龙混杂，你都必须保持热情往前奔跑，不允许停下。生活剥夺了一个成年人脆弱的权利，剥夺了一个成年人脆弱的资格，这是人到中年不得不面临的最残酷的现实。尽管阿华清醒地看到"这无趣的人间，遍布的只是／无助的黄昏"，从中年就可以一眼望穿老年的日子是心灵的巨大困厄，但她更加清醒地知道"为了走出心灵的困厄／你必须学会和自己谈判"。诗歌没有正面描写人到中年必须承担的生活重压和生命责任，而是通过抒写不得不咬牙冲出云翳的那种矛盾内心来侧面体现日子的苦熬之痛。这种痛苦，在阿华的《跛足之年》《中年》《我在这里给你们写信》等"中年系列"诗作中很常见。

　　在阿华的诗歌中，个体的私人化的生命体验是她的主要抒情内容，但是我们不能否认，阿华是一个心怀世界、心怀他者的歌者，因为在她的诗歌中，我们已经看到了更宏阔的灵魂审视和主题向度，看到了她在面向现实的批判中走向大我的生命反思。诗人作为这个世界的观察者，将她最温柔的悲悯给予最底层的人："'我的鞋箱被城管收走了'／一个不能撒谎的国家／还允许他收荒度日，这还不算是最糟糕的事""他用自己的方式爱着别人的城市／克制，隐忍／偶尔还要用笑脸来献媚／这是哀叹，而不是指责"，我"来不及悲伤"（《悲伤练习曲》），写出流浪汉和拾荒匠的心酸。而与此对立的，是所谓上流人的奢侈与空虚："有人空着几套房子／有人找不到栖身地／有人心思纷纭，杂念丛生／有人淋雨，失窃，寒冷／身体里大面积的溃疡／来自生活里来不及抹去的忧伤"（《不要说，生活》）。这苦乐交织的人生，无论上山砍柴，下海捕鱼还是端坐于金融中心的不苟言笑，对于"从云间走过的闪电／高于大地沉默的稻穗"，显得格外空灵，在这个波澜壮阔的时代，诗人对过去淳朴、简单生活的怀念，骤然放大了当下的虚无与寂寞。

  阿华热爱自然，她对自然的向往更深刻地揭示了她生命意识中的悲悯情怀。生活在海滨小镇的诗人，打小便与家乡山水无限亲近，熟悉自然的呼吸脉搏。眼看着青山绿水在时代蒸汽机的躁动下，被涂抹得面目全非，打桩机、空压机、货车喇叭的声音嘈杂拥挤，强行传入我们的耳膜，电脑手机的辐射，空气中的灰尘如影随形，对新建的化工厂，大家态度暧昧，有苟安的意味。阿华书写了这种沉默与妥协的心境："那么，好吧，妥协吧／让我们在日常生活里／戴化学安全防护眼镜／穿防静电工作服／／空气中浓度超标时／建议我们一起佩戴空气呼吸机"（《做一份环境监测报告》），诗人无可奈何，使用了反讽的修辞，对人与自然的关系进行了反思。这种反思中不仅有冷峻的批判，还充盈着细腻的情感浪花："我居住在海边／却看不到鱼群了／这次是真的／我有两年，或者更长的时间／没有看到它们了"；诗人搜索记忆的线索，界定了比两年更久的时间，悼念和回忆曾经的鱼群，追问它们的去向："它们去了哪里／／我关心它们的行程／因为每一条鱼在旅途中／都有丢失的可能性／没有人能确定，回到故乡来的那一条／就是前年的那一只"，更是追问丢失的与它们相处过的记忆："关于他们，似乎还有很多回忆／现在都已经消失了"，而这一切的答案显得理所应当："新的码头在此建立／新的商业区占据了从前的海岸线／／我们闻到的只是渐离偏远的／海水的气息，我们体会到的／是从心底慢慢生出来的惆怅／／鱼群，去了哪里"（《鱼群去哪里了》）。诗歌抒发了长居海边的诗人对鱼群的回忆，在清浅的白描中，透露着浓重的哀伤。

三 古典式抒情：直而不野，怊怅切情

在一个急功近利的时代，在一个娱乐至上、娱乐至死的当代感十足的年代，生而为人，似乎丧失了抵御腐朽和精神下滑的能力。如木心所言，如今"急功近利的观念蔓延全世界，并不意味着人和社会的充沛捷活，正是显露了人和社会的虚浮孱弱——朝不保夕，才努力于以朝保夕，事已至此，必是朝亦不保夕亦不保。急功近利者们是来不及知道悲哀的，所以一个个都很快乐的样子"。此言不虚，深陷物欲、情欲、利欲的泥潭不能自拔，的确是当代人最大的精神疾痛。最大的孱弱在于，人不愿面对自己的这种精神痼疾，认为人人如此，我便如此，人人都做，便是对的。随意打量一下我们身处的城市，霓虹在暗夜彻夜辉煌，整个时代被蒙上倔强的浮夸，它坚硬冷酷，却也反映了放大的虚无，经不得推敲，一击即碎。所以，再粗糙的社会，再忙碌的人，都会有孤独深入骨髓的时刻，都会向往一个安静的、安全的空间。阿华的诗就以她逆潮流的古典式的姿态，为所有流浪的心灵提供了一个诗意的处所，因而她这样古典宁静的方式，也在当代诗歌喧嚣杂乱的格局和语境中显得弥足珍贵。

阿华的诗歌内敛、沉静，外表平淡而情意缠绵，赓续了中国古代诗歌中温柔敦厚、幽微窈眇的抒情传统。她续写了李商隐、温庭筠一脉的挥之不去的灵魂忧伤，"它不在这里，也不在那里／它不是东，也不是西／它没有名字，它消失／／它是浅薄的伤感，它是廉价的愤怒／它是一颗因丰润而爆裂的豆荚／它是观或者望，它啜泣／／它不是夜光酒杯，也不是红粉胭脂／在午后懊恼的时光里／它情未动而风云起／／它今日淬火、易碎／请勿触摸和倒立"（《马不停蹄的忧伤》），将忧伤放在日常生活的情境里审视，写出忧伤的体验对于敏感的诗人来说已经如同呼吸一般自然。然而，对于阿华来说，忧伤并不是"为赋新词强说愁"，而是一个细腻明敏的诗人的自然表现。菲茨杰拉德说过，"但凡是个敏感的成人，生来就有资格郁郁寡欢"，何况本就格外敏感的诗人呢？有时，诗人会将这种愁

绪以一种呓语的方式表达出来,伤痛并无具体所指,仅仅是一种感觉:"天使们在半明半暗的台前/唱戏,我在长镜头与暗光里/怀旧和伤感//今夜,我有双重的忧愁/但它拒绝说出布里的棉花/拒绝说出时光里的流水//我步行,穿过步行街/我写诗,却不相信爱情/一段湖水流逝的部分/让火焰陷入孤独/我所知道的香气/让星辰隐于星辰//今夜,我有双重的忧愁/但它一定不是枯黄色的/它也不再说出城池和湖泊//今夜的月光有所不同//但没有谁会为我的忧伤/偷梁换柱、釜底抽薪"(《我有双重的忧伤》);它不容拒绝,也无法减轻:"车水马龙的大道/我低着头走路/路边的店铺亮起灯火/橱窗里的钟表、雨伞、钻石/和瓷盘都交相辉映/夜晚令他们辉煌/但它们不会知道一个人的落寞//是凉,还是冷/九月,我走得累了/我坐在大树旁/我没有办法让骨头减轻忧伤"(《是冷,还是凉》);在俗世的烟火气和浮尘中,春天孤寂空阔,河流永远奔走,风也一如既往地穿梭于冬青和云杉之间,所有的一切无法阻挡,"忧伤刚刚过去,风继续吹"(《风吹浮世》),莫名的惆怅和疼痛与波澜起伏的内心,"装着清风和虚无/流水和火焰","有微风,微浪/和停不下来的荡漾"(《坐看云起时》)。

阿华的诗歌古典优雅,不仅在于她的抒情向度是温李一脉的忧伤悲凉、凄切缠绵,也体现在一种古典式的抒情方式和艺术风格上。

阿华的诗歌中经常出现两个相对的抒情对象,是一种对照式的抒情,一脉相承了古典诗歌中的"比兴"之法,如《中年》中的"我"与"他"。这与《诗经》中的"比兴"手法虽并不完全相同,但有相似之处,属于对中国古典诗歌抒情方式的挪用与化用。《诗经》中的"比兴"是开头先言他物以引所咏之辞,如众所周知的《周南·关雎》,"关关雎鸠,在河之洲",用关雎有别以引出歌颂周文王的后妃。在阿华的诗歌中,对这种开头先言他物的写法进行了一些改造,改为开头先写次要抒情对象,然后引出主要抒情对象。如《以前和现在》,先言过去的生命状态:"以前,我在众多的书籍中学习/相信宇宙的无穷小和无穷大/串联硅片、阿司匹林、胰岛素//关于印度人哲修/我相信:他在成年之后/依旧保持孩子的纯真",在铺垫完整,渲染了足够的怀旧气氛时,转而描写现在:"而现在,我对一切持有怀疑／果盘里的水果／茶杯里的绿茶／一些旧歌／以及渐渐漫上来的暮色／／甚至我不知道／在秋风乍起的时光里／有谁能和在我的梦境里一样／可以偶尔想想／暖一下自己"，现在与过去在抒情方式的突变中形成强烈的情感宣泄。在《相思令》一诗中，诗人想要描摹一个少女的心灵风暴，开头却不写少女本身，而是去描述她的父亲："她的父亲是钟表匠／常与顾客暗送秋波"，通过与父亲的对比，来显示少女的清纯寂寞，她"整天打扫房间／清理古书里的蛀虫"，在子虚乌有的黄昏里，想象自己是大户人家的小姐，她痴痴地笑，却只有梦中可以放纵，在她这样花样的年纪，"应知世间有七情六欲／也可以谈欢卖笑／却羞与一个陌生男人对望／羞于与一棵榕树说起爱情／／藤萝在暗影里生长／她在暗影里思念／小时候留下的凌乱的记忆／会顺延终生／／她像从前一样满含期待／子虚乌有的黄昏里／她要用指甲花染一条布裙子"。诗人设置两个对立的抒情对象，是为了烘托少女的羞涩与幻想，以及渲染少女内心摇曳着的绰绰风姿。

另外，阿华也将《诗经》中"重章叠句"的笔法进行了化用与改写。这种重章手法，有时是为了起铺垫情感的作用，比如《我不能选择》，用三个相似的句式分别结构前两小节："我不能选择阳光、江水"，"也不能选择春风秋雨／杏花梧桐"，最后引发抒情的主题："我不能选择抢先一步／离开这个世界／好留下无尽的想念"，"就是这样啊／在我浅浅的小睡里／我还是不能选择／不要那些如影随形的忧伤"，用富有节奏与韵律感的重复，渲染了中年丧夫之痛和深沉的忧伤。再比如《一个和祖母在一起的下午》中，"一个下午,她都在弹棉花"，"一个下午,她都不说话"，"一个下午，她都在弹棉花"，诗歌充满了孩童的天真与忧伤，设置了一个与祖母在一起的日常场景——祖母专心做着活计，诗人在她旁边，在旧瓦罐里找丢失的铜纽扣，看两队蚂蚁战斗，小孩子实在无聊，她想引起祖母的注意，以至于弄翻了水盆里的水，洒了一地。前面重复抒写的"一个下午，她都在弹棉花"是为了铺垫后面的孩子心态，孩子身体里的声音急着要跑出来，讲出珍藏已久的秘密，与祖母的沉默淡定形成对比，使孩子的寂寞忧伤更加纯粹浓烈。有时，这样的重复是为了强调诗人的感情，比如《你要去哪里》中，"你要去哪里／还要走多远的路／那个地方是春天还是秋天……"，"你要去哪里／还要走多远的路／褐色的黄昏里／有没有人给你指明道路……"，"你要去哪里／还要走多远的路／如果要穿过玫瑰绿地／就一定要小心翼翼……"，连用三个同样的句式，强化了诗人的疑问。有时也会用这种重章手法，使诗人的思乡更深刻地烙印在读者的印象中："亲爱的，你一定见过矮枞上的糖果／松枝上的铃铛／你一定见过九月的浓雾十二月的银霜／／'死是最快的，活着是最慢的'／热爱天空的人抓住云朵不放／他们不关心镜子和春天／也不关心身边的合欢／如何朝开暮落，带走草地密不透风的绿／／'死是最快的，活着是最慢的'／十月，我对着江水说话／喜欢大悲咒，昨天／我还听了仓央嘉措／我喜欢这些颜色暗淡的歌唱／／亲爱的，你一定看到了／风哗哗地钻进桦树林／大雾在我的眼睛里降临"（《活着是最慢的》），两次重复，告诉读者，生与死的真相不是你想象的那样，活着是一种修行与苦熬。

阿华的古典式抒情，还体现在景语皆情语的运思方式上。我们知道，阿华早期的诗歌比较温暖静好，这个时候她更多地会选择抒写一些明亮的景物、温馨的意象，来衬托和表达自己"岁月静好，现世安稳"的人生理想。到了后期，由于生命经验的变动，经历了许多人生磨难，那些荒原景象衬托的凄切之情多了起来，如《与贝草乔有关的叙述》中，那些阴冷黯淡的意象。诗人借物抒怀，"在贝草乔，我看见木樨憔悴／云朵涣散，因这人间的伤心事／它们每一个都神情黯淡"，展现出一种心灵困厄的景象。

从意象上来看，阿华对于"春""秋""桃花""月亮""流水""树叶"等古典意象有明显的偏爱。诗人创作了大量与四季有关的诗歌：写秋天，但是去除了"秋"这个意象中的凋零、寂寥之感，更多地挖掘出其中的丰收、闲适、温馨、喜悦内涵，如《幸福的秋天》《秋天的原野》《秋天的心思》《一粒米》《野百合的梦》《秋天的果实》《七天的意境》《守望高粱》等；写春天，从生机和希望中看到一种孤独，如《春天是怀念的季节》《走过春天》《初春记》《梨树镇的春天》《风吹浮世》等，让我们看到一种冷色调的春。

阿华诗歌中大量地写到了"桃花"。"桃花"是一个历史悠久的富有隐喻色彩的意象,比如《周南·桃夭》中:"桃之夭夭,灼灼其华。之子于归,宜其室家。桃之夭夭,有蕡其实。之子于归,宜其家室。桃之夭夭,其叶蓁蓁。之子于归,宜其家人。"以桃花起兴作喻,而桃树又能开花、结果、发叶,因此以花之鲜艳喻新娘的年轻娇美,果之肥硕喻新娘婚后早生贵子,叶之茂盛喻新娘家庭兴旺发达。因此,"桃花"这个意象与情爱密不可分,这在阿华的诗歌中也有体现。比如《黄昏》中:"我决定这样爱春风／低下头,再低一些／让它的爱很容易抵达桃枝",将少女的心思暗藏在春风拂过黄昏中;再如《我决定》中,用"桃花"与"桃树"的意象,"光线暗了下来／书上的字迹开始模糊／可我还是看清了自己的身世／出身卑微,有黄的头发／少年时喜欢火柴和灯盏／长大后在桃花林里往返／看不到时光的流逝／／我已经习惯了这样的黄昏／来自五月的菖蒲和艾叶／／我靠着桃树坐着／身影有些孤单／但这并不意味着／我已饱履世事,历经坎坷",将少年时的情愫曲折有致地表达了出来。

阿华善于发现日常生活中的诗意,一枝一叶降落在她的情思空间,都会开出花来,从而组成了一系列以植物树木为主要意象的诗歌,"这些菖蒲、苇草、美女樱、矮牵牛","这些艾蒿、连翘、石斛、风信子","这些鸢尾、马蹄莲、金鱼草"(《这些有名字的草》)是阿华诗歌中值得驻足停留的角落。阿华的这些诗歌,追求的不是壮阔宏大,而是婉约玲珑的细小精美。舒马赫说过,"小的就是美的",在阿华的这部分诗作中,淋漓尽致地诠释了这一美学追求。《十月的堤坝上开满了我的野葵花》中,诗人告诉我们,梨树镇的青山绿水间,"戏水,歌唱／用枝条嫁接玫瑰／此地山高水远,我们儿女情长","野葵花"见证了完美的生活曾经发生过。《木槿花开》中,木槿花开放在远处的山冈,"你无力在人间芬芳／就只能让自己死掉／像那些褐色的种子／先把自己埋在土里,然后再以／另外的方式复活"。这尘世的薄土打败了人间的想念,庸常的生活将热血熬成灰烬,木槿花死掉后以种子的方式复活,而诗人爱的人却无法因她的哭泣再回到她身边。《桐花飘落》里,涂绘出一幅父母在山上劳作的画面,"我"追随一只大眼睛蜻蜓,从一块地头到另一块地头,"八月葱茏,阳光汹涌／我没有看到,身边的桐树／已经饮着清风雨露长大／在岁月里开枝散叶,做梦，叹息//等我满头大汗回来/却看到，桐花已经落了一地//桐花落了一地/只是我从一块地头/到另一块地头的时间//就像我长成少年，父亲黑发变白/似乎也是眨眼之间的事情//此后，在这寂寞人间，我再也没有/看到桐花做梦，叹息，也不再有/受伤的蜂鸟，活过寒冬"，白描了桐花飘落那一瞬的时间感受，因事缘情，托物言志，借物抒情。而《旷野之诗》中，旷野荒芜中生长的蟋蟀草，身边是蚂蚁慌张行走的队伍，"固守着自己的位置/看木兰坠露，秋菊落英//把去不了的地方，都叫作远方"，将一个简单却高深的道理以一株蟋蟀草的姿态镂刻出来。《花楸树》则传递了人世间温暖的爱与奇迹，"这真是奇迹，这落叶小乔木/会和云团一起长大/幼时生绒毛，夏天开白花/秋天的时候，它就把/一串一串的果实，藏在绿叶间/火红，耀眼"，用简洁的白描写出了花楸树的敏感温柔、充满呓语，写出了它秋波荡漾、怀抱温暖的种种风姿。

这种小而美的艺术境界的追求，体现出一种"以轻就重"的艺术构思。阿华匠心独运地选择了"清逸"而非"沉重"的艺术表达去接近最富有诗意的世界。米兰·昆德拉曾阐述过"轻逸"的价值，它作为一种生命德性，对于艺术表达来说是首先值得推荐的，它指信赖看起来注定要消亡的东西，"让人像植物——比如根植在土地里的忘忧树——那样经受生命"。阿华的诗歌中不乏这样的"树叶"："那些树叶落下来了/那些桦树，桉树，杨树的/叶子全部落下来了//那些叶子落下来之后/就不能再感受清晨的露水了/可它们还是愿意落下来/它们，一片一片的/都回到了泪水中的土地//这个季节，白天总是/显得短暂，风总是很大/风在树顶上叫/它不肯下来/它只让叶子替他下来/看一看这个秋天/和相继而来的冬天"（《那些树叶落下来了》）。诗人笔下的风与树叶，已经没有了杜工部"八月秋高风怒号，卷我屋上三重茅"的滞重之感，而是在有些悲剧意味的意象组合中加入了信赖的质素，在依稀可见的情感踪迹中包含着伦理的价值，没有大张旗鼓的赞扬，没有撕心裂肺的痛哭，虽刻意隐藏着什么，可是内心深处的情绪"还是愿意落下来"，去感受世界的变化。近年来，因为快节奏的当代生活、速食主义文化已让人们吃不消，木心的一首《从前慢》受到了诸多文艺爱好者的追捧。其实，木心的诗歌也体现了这种以

"轻"就"重"的意味,他在《哥伦比亚的倒影》中写道:"小窗打开又关上又打开,两拍子的进行曲,铜管乐队走在大街上,早安,日安,一夜平安。"一个简单场景的再现,一种"平安"的简单心愿,显现出诗人内心深处的柔软。两位诗人都是想以这样轻盈灵动的诗行消除世俗带给人的无法忍受的石头般的凝重,而正是这种作为美学风格的"轻"与"柔",体现出阿华诗歌独特的审美价值。

有人说,"我们活在形容词的荒年",虽然有些偏激,但的确反映出我们表达和理解这个世界与周遭他人的无力与苍白。最可怕的是,当一个人历尽恩仇爱怨之后,重新面对自己的生活,却无法准确地表达自己的内心际遇,踽踽难行。所以说,表达上的守身如玉,对于人,特别是对于诗人来说恰好是灾难。海德格尔说,语言是存在的家,而语言对诗人来说,不仅是家,更是他们和他们的诗歌本身。一个在表达上有追求的诗人,宁为玉碎不为瓦全,通悟语言的锻炼之术,要求语言的绽放。对于阿华来说,诗歌不是修辞的堆砌铺陈,有时只是用一种简单的修辞、简单的描写,让诗意富有生命力:"风经过的路是必经之路／小镇的街道,乡村的树林／火车站的旧铁轨／／风爱过的事物都是世俗之物／晒在草垛上的衣物,长在滩涂上的芦苇／枝头上归巢的鸟雀／／风的爱是辽阔的／它爱过低头的草,也爱过仰头的树／有时它也爱／蓝色的苍穹和棕色的屋宇／／这个春天季节,只有毛白杨不开花／是静默的,只有毛白杨不开花／却拼命地长叶子／它不想把泪水洒在谁的怀里／也不想把歌声唱给谁听／／而此时,风还在路上／被一些东西推着走"(《风还在路上》)。以拟人化的物象把风的悲悯置放在人间喜乐之中,不觉陌生,而又恰切通透,用适当的少量的字,调理出风烟漂泊的人间事,虽说透着淡淡的哀伤,遑恤我后,却又知优哉游哉,能够一个字一个字地从诗歌中救出自己。

因此,阿华的修辞术在某种意义上是纯然的抒情、语言的舞蹈,她对"唯美"有近乎执拗的追求。但是,一种风格鲜明的语言,用得太过频繁也有陷入模式化的困境和危险。比如,唯美与忧伤的搭配在阿华的诗歌中就显得有些重复和单调:"我记得桃花落时的季节——／雨水碰落花瓣,南来的热风／覆盖着扬穗的麦子／隔着无边的绿意,我偏爱地头／一只麻雀的从容不迫//我记得桃花落时的季节——／轻轻的茅草已经茂盛得／像一片草原，咕咕叫的鸽子／在呼唤它的伴侣／而远处的桃花水开始上涨／它们快乐向前／荡着一圈圈的涟漪去了远方//我记得桃花落时的季节——／我穿过废弃的竹林／去看那个无力搬走的老人／她在屋后挖野菜／雨过天晴，她依旧爱着屋檐下的生活//黄昏的时候，我默默地沿着小路回家／看夕阳下沉，牛羊入圈／看变换着颜色的树／一点点地没入黑暗中//忧伤就是那个时候／从心底慢慢爬过"（《我记得桃花落时的季节——》）。诗歌中的情感含量与审美含量缺乏层次感和立体感，过度追求语言的唯美与抒情，显得张力不足。而阿华大多时候集中于书写个人经验的喜怒哀乐、爱恨情仇，使得诗歌的抒情空间稍显单薄，格局相对狭窄。不过，我们已经在阿华近年的《与贝荠有关的叙述》等作品中看到了一些改变，她倾听那飘忽的心灵的语言，捕捉一些在刹那间闪出金光的意象，将个人经验的书写与抽象的哲思相结合，诗歌意境更加浑圆深邃，也能从中读出更复杂的生活真味与人世体验。

参考文献：

1. 阿华：《往事温柔》，作家出版社，1999年版。
2. 阿华、徐颖、田暖：《我们的美人时代》，海风出版社，2007年版。
3. 阿华：《风吹浮世》，中国戏剧出版社，2013年版。
4. 尼采：《悲剧的诞生》（第2版），译林出版社，2012年版。
5. 陈圣生：《诗路历程：诗歌意象纵横论》，中国社会科学出版社，2011年版。
6. 张汝伦：《现代西方哲学十五讲》，北京大学出版社，2003年版。
7. 洪子诚：《作家姿态与自我意识》，北京大学出版社，2010年版。

附 录

阿华,原名王晓华,笔名阿华,山东威海人。诗歌作品散见于《人民文学》《诗刊》《山花》《飞天》《十月》等,有作品入选各种诗歌选本,著有诗集《往事温柔》《风吹浮世》,与徐颖、田暖合著诗集《我们的美人时代》。参加诗刊社第二十五届青春诗会。获得首届红高粱诗歌奖、首届刘伯温诗歌奖、首届茅台杯诗歌奖二等奖、《山东文学》《时代文学》年度诗歌奖。中国作家协会会员,山东省作家协会签约作家。

阿华诗歌作品年表

1989 年

  诗歌《思》,刊于《淮风》第 2 期。

1990 年

  组诗《蓝色的回忆》,刊于《长城文艺》第 4 期。

1998 年

  诗集《往事温柔》由作家出版社出版。

2000 年

  诗合集《发现》由远方出版社出版(与兆艮、强子、冰岩、苏军合著)。

2004 年

  组诗《西部的朋友》,刊于《星星》第 2 期。

2005 年

  组诗《美人迟暮》，刊于《诗刊》7 月（下）。

2006 年

  组诗《阿华的诗》，刊于《诗选刊》第 12 期中国诗歌年度大展。

2007 年

  组诗《花好月圆》，刊于《星星》第 7 期。
  组诗《梨树镇》，刊于《诗刊》11 月（下）。
  诗合集《我们的美人时代》由海风出版社出版（与徐颖、田暖合著）。

2008 年

  组诗《梨树镇》，刊于《山花》第 8 期。
  组诗《梨树镇笔记》，刊于《诗歌月刊》第 10 期。

2009 年

  组诗《风过浮世》，刊于《诗刊》12 月（上）青春诗会专号。
  组诗《接骨木》，刊于《飞天》第 2 期。

2010 年

  组诗《阿华的诗》30 首，刊于《诗探索》第 2 期。
  组诗《人间笔记》，刊于《中国诗歌》第 7 期女诗人专栏。

2011 年

  组诗《一个人张灯结彩》，刊于《诗选刊》第 6 期。
  组诗《同色卉木》，刊于《山东文学》第 9 期。
  组诗《阿华的诗》获首届红高粱诗歌奖。

2012 年

 组诗《香蒲记》，刊于《人民文学》第 1 期。

 组诗《梨树镇》，刊于《山东文学》第 5 期新锐作家专号。

2013 年

 诗集《风吹浮世》由中国戏剧出版社出版。

 获首届刘伯温诗歌奖。

2014 年

 组诗《迷魂术》，刊于《诗刊》第 8 期每月诗星栏目。

 组诗《隐身术》，刊于《人民文学》第 9 期。

2015 年

 组诗《醉酒歌》获首届茅台杯诗歌奖二等奖。

2016 年

 组诗《像大海一样离群索居》，刊于《山花》第 1 期。

 组诗《松诺的蝴蝶》，刊于《十月》第 2 期。

 长诗《与贝草夼有关的叙述》，刊于《山东文学》第 6 期。

通往澄明之境的修行

——李林芳诗歌论

殷 惠

　　李林芳的诗歌作品具有一种朴素、本真又不失美感的艺术质地。对于诗歌,她不愿浓妆艳抹地去装扮,风姿绰约花气袭人地去引诱;也不愿横行于世,热烈地奔跑,急切地倾诉;更不愿坐在暗淡的影子里守住对这俗世的抵制,然后带着这些斑驳的光跳出来,笔尖滴落着桀骜不驯。她只愿于自然的明镜下,掬一把清泉,闻几声鸟鸣,清风徐来,自带一缕香。一切皆因她心中的"桃花源"——艾洞,那隐秘又显在、婉曲又直白、质朴又神圣,藏于胸揉于骨渗于血的理想之地。她一次次地在诗歌里回望这块心中的沃土,笃定地坚守并一点点地构建这个精神家园,以此达到她期望的"让我的气息接通艾洞的每一个角落和每一条筋脉,我们要一起飞升",勾勒出一种在现代文明中坚守传统文化底蕴以及希冀驰骋于理想之境的诗人姿态。

　　为了达到她理想的"澄明之境",她在自己的诗歌世界中修行,安静地写作,虔诚地酿造,让诗歌如酒一样自然发酵,等待时间经过,达成恰如其分、水到渠成的期望。她还在自己的诗歌王国中布置、建造,一如冰心的"爱在左,同情在右,走在生命路的两旁,随时撒种,随时开花,将这一径长途点缀得香花弥漫,使穿枝拂叶的行人,踏着荆棘不觉得痛苦;有泪可落,却不是悲凉"。读李林芳的诗,诚恳是第一感觉,不矫揉造作,不虚情假意,不故弄玄虚,不高高在上,她诚恳地向贴近她诗歌的人发出邀请，以极富画面感的视觉呈现和侧重于叙事的抒情等技法连缀成诗，一串一串的诗行里，长出生动的景，跳出活跃的物，藏着真挚的情，展现出美好、纯粹、平和的价值诉求。

一　精神家园的寻访者

李林芳的诗歌中储藏着一个精神性空间——艾涧，在她的多篇诗歌中都有所体现。她在回忆性文章《一个局外人和她的诗歌写作》中明确提到："那个途中的村子有一个美丽的名字——艾蒿涧，第二天一早回程时我会在那棵消息树下好好端详一下那个被清晨薄雾笼罩的村子，那是世界上最美丽的村庄，温暖而安详。很多年后，我为自己用诗歌构建的村庄起了一个诗意的名字——艾涧，我不能完整地交出她——艾蒿涧，我要留下一些秘密，那是我年少时代的积蓄。"艾涧不仅是她成长之路上的一个具体实地，更是她精神空间扩大提升的归宿。艾涧是李林芳"诗意创建"的"自己的村庄，自己的院落"，"在大地上，一砖一瓦，一字一词"构筑的"安身立命的家园"。有如沈从文构建的"湘西世界"一样，艾涧也充满着安宁、美好，因而李林芳的诗歌中汩汩流淌着饱满的纯粹、本真、向善。谢冕曾有此评价："李林芳的诗歌有着热烈饱满的情感，爱、家园、大地是她诗歌创作的不倦主题。她满怀激情，时而忧郁，时而欢欣，用诗歌创造了艾涧，重塑了故乡，为我们搭建了一座喧嚣生活中寄居心灵的'乡村别墅'。这是现代的宁静、温婉、丰富的《归去来兮辞》。"

然而，这个精神家园的建构不是照着蓝图建造出来的，它与作者的人生经验日趋饱满一致，作者经历了在起承转合的生命体验中逐渐明晰并不辞辛苦持续建造的过程。因此，艾涧是一个从寻找到构建渐进的过程。

1."失乐园"的文化守望

《山庄》是作者的第一部诗集，表现了对故乡深深的眷恋和爱，感情宣泄一览无余。故乡的山川、大地、河流……每一处都是作者熟稔之地，藏着她的笑、她的足迹、她少年时代的记忆。故乡对于诗人来说，是人生的必经之地，是梦开始的地方，充满了梦幻色彩。第二部诗集《素花襁褓》仍旧延续了故乡的题材，主题仍趋于对故乡本土的赞美和爱恋。

出版了这两部诗集后，李林芳诗歌的枝丫该伸向何处，成为她迷茫的问题。故乡依然让她抱有满腔的爱，但已盛不下盛开的理想，把诗歌安身立命在何处才能寄放初绽放的精神蓓蕾，是她长久思考的问题。身在远方，在城市的脚步中她发现自己已经丢失了村庄——她内心深处最温暖安定的地方。她在《一个局外人和她的诗歌写作》里描写自己看到的现实中的村庄是这样的："红瓦绿树掩映在尘土飞扬中，抑或一片空空荡荡的死寂，七七八八的塑料袋、纸盒子这些城市的垃圾散落在干涸脏污的河道里，现代文明的荡涤已经让我们的村庄面目全非。"在这里，男人不是"在家里等着自己的女人嫁过来，为她撑起村庄的天空"，而是远走他乡，为生计四处奔波，女人则"生活在日渐颓败却勉力支撑的村庄里"。现代经济进程的发展改变了村庄的古老生活方式，现代工业文明正逐步吞噬人与自然的存在方式，扎根在心底的故乡的面目让她感到失望，她失去了现实中的精神乐园，只能转向笔下寻找，艾涧由此而来："我要从这个广阔、嘈杂的世界里寻找到她的影子，要从纷繁杂乱的词语的缝隙中寻找到合适的材料，搭建房屋，规划田园，整理柴扉和院墙，渲染、勾勒雨水、山峦和溪流，我在纸上重置并建构这个叫艾涧的村庄，用我的生命，和与生俱来的脆弱和敏感，构建我的王国。"诗集《艾涧诗草》以及组诗《纸上艾涧》都记录了诗人在艾涧里拂去满身灰尘和疲惫的悦然。

艾涧的溪水能够"映照年华 日月 冲刷生活表层的垢质"，能"闪着孩子的眼波 把石头打磨出灵性"，能"将大地和大地上的事物／一一还原"，能让"我停下奔波的脚步"，"洗濯一路的疲惫 污渍 风尘 碎屑"，能"一遍遍地漂洗／那些灯红柳绿 浮躁 喧嚣／直至皮肤显出原野一样的本色／直至生活蝴蝶一样展开翅翼／直至我们内心纯净 透明"（《溪水》）。艾涧能够容纳"被城市的鸿篇巨制抖落掉的两粒尘屑"，"用她的宽厚将我们揽在怀里"，"收留了我们的炊烟啊／还有我们的坏脾气"（《没有说出的感激》）。艾涧打开门户，张开怀抱，我如"一粒从城市的乐章里落荒而逃的音符／扑进你期待已久的柴扉"（《到你那儿去》）。

诗人试图摒弃城市的繁华浮躁，回归本真自然。在艾涧里，她把自己还原成最本真的农妇，一如荷锄而归的陶潜，在归园田居后寻找人生的真谛。她做农妇日常的活计："我粗糙的大手掠过锅灶／看看农妇的戏法吧／把玉米饼子还原太阳的颜色／刚刚走下晒场　在碾盘上压过在簸箕里捎过／谷子就是光屁股的小米了／在锅里还哼着稻草人乌拉拉的歌谣／豆角　茄子是沾着露水摘下的／新嫁娘一样矜持的红辣椒／渴望着三寸金莲迈下窄窄的阡陌／就让一块风里浸过雨里漂过烈日下晒过的石头／承载这顿早餐吧／自酿的米酒把艾涧的早晨熏醉了"（《炊烟》）；会"坐住了一小块田地上／提起水罐，又多出一小块／每块田都是我要照料的孩子／分别种满了谷子，大豆，秩秩和红薯／像碎布片拼成的百衲衣／罩在南山清瘦的骨架上／尘间的烟火上升，我在碎石矮墙里／晾晒旧棉絮和厚毯子／柴门上三个茄子一把韭菜／邻人不知何时随手就放上了"（《亲密无间》）；她有撑起她的村庄的夫婿："夫婿是深山樵夫／抑或荷锄的农人　躬耕乡里的士绅／也曾是狂放不羁的书生。现在他老成，持重／胸中藏经纬，腔子里响雷霆，眼神饱含悲悯／他和岩石一样沉默。胡髭高扬／是没入山林的大儒"（《我在艾涧》）；她把日子过成了庸常、透明、安静的："我要让我的烟囱向着天空吐出平庸日子的底气"（《屋顶上的旗子》），"我坐在透明的日子里、始终柴门虚掩，我的心里／住着我的神"（《雨水降临艾涧》），"我一退再退，退回艾涧／晾衣绳上移动的光阴是我的……我是艾涧安静的农妇"（《农妇》）。

现实的世界是现代文明入侵后的世界，带着工业文明的浮华和浮躁，乡土文化被蚕食，人们的价值观趋于对利益的追逐，人与人之间的关系更为疏离与隔膜，让诗人产生了"失乐园"的精神困顿。艾涧的构建不仅是诗人对于乡村与城市生存秩序批判性反思的结果，更是诗人对传统文化回归的渴望，对人与自然关系发出的诉求之声。

2. 天人合一的主题指向

艾蒿涧是诗人少年足迹中最让她动容之地，美丽、温暖、安详，是疲惫之人栖息之地，是受惊之人温暖的怀抱，具有让人安身立命扎根在此的吸引力。当诗人的目光投向远方，而远方并非故乡，并非心灵安顿的地方，才惊觉艾涧才是她要寻找的地方。回望成为她诗歌的题材,这时的艾涧已不再是少年时代经过的具体实地,而是嵌入心底、取之不尽用之不竭的生命源泉,它滋养诗人的灵魂,供给诗人精神力量。诗集《艾涧诗草》即是她勾勒的艾涧,充斥着山峦、溪水、紫铜铃、草屑、炊烟、桔梗、雨、流霞、虫鸣……万物生动有趣,色彩分明。海德格尔说,人应该"诗意地栖居在大地上",显然,诗人正是把所有景物与生物自然和谐地安插到一起,让艾涧呈现出美丽的面容和旺盛的生命力。在她笔下,"石壁脉脉含情 岩草疯长／紫铜铃鼓着小嘴还没有调匀喘息／储存在苔藓上的国画颜料 被夏天不小心打翻了／被季节的雨水润透了 南山这道薄如蝉翼的屏障／沟沟壑壑 丰盈而充沛／悬崖上的飞瀑都被青草的爱情染绿了／一声惊叹夹进老庄吟哦的字里行间"(《南山》),所有的景物都有了生命,有了情感,他们各自存在,又相依相存,诗人用以证明,"其实艾涧是这样的／生活终于还原了本来的颜色"(《其实艾涧是这样的》)。

李林芳所说的"本来的颜色"是上苍赐予的颜色,是经过岁月的洗礼,亘古不变天然的一切。它们遵循着自然规律的变化,经由四季更迭,经由风沙雨露,在不变中呈现出万千变化。在诗人看来,一切都应保持事物本来的样子,保持天然的生命力,这样的自然才最具美感。在《艾涧诗草》中,她屏息静气,一笔一画将艾涧的山川风物勾画出来,还原事物的本原,还原生命的本真。在艾涧,"雨想来就来呵"(《其实艾涧是这样的》),"一切都恰到好处",只因"他们也是上帝派来的"(《上苍的餐桌》),是上苍的杰作。"我垂目、合掌,感谢上苍／你只从我的视线里丢失一刻钟／就把你隆重送还,还有这个尘世／这个尘世的烟火、庄稼／都像最初赐予的一样"(《雨从南山上下来》)。上苍对艾涧也格外疼爱,"太阳掉下西山艾涧的门／被上苍轻轻合上／月亮从东山爬上来了／上帝又为叫艾涧的村子打开一扇窗"(《月亮》)。

艾涧最具美感,不仅在于它保留有大自然最初的样子,更在于诗人与它心灵相通,她用慈爱之目怀着敬畏之心,看到万物相融的美好,感受到生机盎然中万物具有的情感,她坚持认为,万物的情感并非是被赋予的,它们与人类一样,因而彼此之间都应相互尊重,和谐相处。在她构建的艾涧里,"安放在河里的石头／用简明扼要的语言连接河南河北／或者说这些不规则的省略号　略去过渡的繁文缛节／直接贯穿南方北方","河南沿的房子是艾涧的散兵游勇"(《其实艾涧是这样的》),"沿着山涧顺着藤条的指引／走进纵深里　我们多疯啊／我听见满山遍野都是六月的喊叫／你咬着我的耳朵悄声说:／你满身都是紫铜铃的芬芳"(《紫铜铃》)。就连住在艾涧的月亮也"把童话的外衣别在艾涧了",它"躲进梳齿里吁了口气",又"忍不住跳进溪水里弹了两声琵琶／瞅着暗影愣了会神","替上帝打开艾涧的门,悄悄地走了"(《月亮》)。艾涧的万物都有独特的生命存在方式,在外人看来,很多景物只是沉默的无生命的对象,"层层翻开南山素雅的纸笺／山石　树木　阴暗相间的峰峦／屋顶一如既往地沉默着／木栅栏看着月亮的眼色屏息静气／溪流淙淙",而诗人坚信:"今夜　所有心意相通的都能对话"(《沉静》)。它们共同接受光影的洗礼,享受雨露的润泽,具有毓秀灵气,彼此依靠慰藉。

　　那么,作为具有智慧、生命情感可以自由宣泄的人该如何存在?李林芳给出了自己的答案。艾涧是一个温暖的存在,是肉与灵栖息的地方,诗人回到这里,总能让心灵平静:"在夜间,你会攥紧我的手／按住坡度平缓的心跳"(《十五年之后》),"生活原来可以如此简单　轻轻吐出一口长气／一切就可以这么舒心　泰然";也可以找到幸福:"一餐饭就这样落下帷幕／屋檐滴水的时候　你懒懒地推开碗筷／我的幸福就是挂起雨帘　收拾残羹／看你在雨后的山野里随心所欲地舒展"(《下雨了》),"你的味道让我成为艾涧最幸福的女人"(《你的味道》);我们能从艾涧得到很多:"从阳光里提炼金子,从一场场雨水里／提炼珠玉,从花盘里提炼妖冶／从根茎里提炼无畏,喂养渐渐散失的锐气／从一幕幕场景里提炼回忆和构想／从一沓沓夜晚里提炼煤／艾涧给予的这么多,我还需要无穷无尽的蓝和旷野／需要山峦,雾霭,从日子里提炼出一缕烟尘";艾涧中的人生活是本色的:"就像打开一颗饱满的咧嘴石榴／挤挤歪歪的村居是汁液丰沛的果粒","不安分的孩子／在村街上跑来跑去　搅起艾涧的涟漪／蜂儿劳作的思绪被打乱了　聚在树荫里钩花的女人／扬起向日葵一样粗糙的脸盘","一个女人从艾涧的溪水里抽出滴水的头发／直起腰身和河水一起向我眨眼／询问的眼波","那草屋里骨节粗大的男人／为我们砌好了老泥土灶　等着我／操持爱情的柴火"(《走进艾涧》)。艾涧是不可缺少的,是诗人精神最稳定的根基,充满了无穷的魅力:"艾涧是浮躁繁重的内心里腾出的／最清静圣洁的空间／盛满一世的相望"(《有个村子叫艾涧》)。

诗人把自己放置在艾涧中,不仅把自己当作耕种、收获、过平常日子的农妇,还愿把自己当作艾涧的一个分子,"我就是涧水,世间的陡峭和嶙峋／诠释成跌宕和柔软。崎岖和沟壑／平抑于缓慢的流淌里／我还是紫铜铃,狗尾巴草,是漫山遍野烂漫的艾子／用羽毛铺垫艾涧这间暖暖的窝厮"(《比喻》)。对于艾涧,她充满了饱满又安静的爱,她倾听"柔软的风声,涧里溪水喧哗"(《上苍的餐桌》)的声音,静观"淋漓尽致的雨正在写意"(《这个下午：你遗落了画笔》),感受"被流苏一样的青草镶起来的天空／幸福横空出世"(《来吧　跟我来吧》)的感觉,诗句总"被草汁和野花渲染得大红大绿　精彩纷呈"(《其实艾涧是这样的》)。同时,她又相当敬重虔诚,"不要惊动和草尖吻别的雨珠"(《南山》),"我们轻轻地走在涧谷峰峦／不伤害一棵山棘一只虫子／我们和艾涧血脉相连"(《没有说出的感激》)。她用最朴素真挚的情感,力图诠释天人合一的理想诗歌境界。

二　精神空间的拓荒者

在《一个局外人和她的诗歌写作》里,李林芳曾这样确定艾涧的经纬:"在鲁东南,在黄海的海岸线和连绵起伏的山峦之间,在海洋性气候和陆地气候性气候的交合处,在胶东半岛和沂蒙山的对接中,在一条大河和一条大江分割的纬度里,我安于长江以北和黄河以南的南北方交接的艾涧,我布置好艾涧这半间属于自己的屋子,从整个黄海的阔大院落看过去,我看见了我的莒国,在齐国和鲁国之间,在先秦,在魏晋,清澈、悠远地在古今之间,我的脚步向着沭河冲积平原的腹地,向着更加辽阔深厚的内陆潜行，并缓慢地探索。"她还强调，"艾涧的经纬就是我的诗歌经纬"。

从诗人诗歌经纬的界定看，她的诗歌具有特定的地标和时间上的回溯性。特定的地标从诗人的视阈看是根植于齐鲁大地，展现其风土人情的，而时间上的回溯性则是以历史的情思回溯齐鲁文化，追溯大河文明的踪迹。诗人以此在精神家园中拓荒，试图将荒园变成花园，并朝着更广阔的远方一路耕种。

1、诗歌题材开拓——涵远多向的播种

在诗歌经纬的界定下，为了使自己的诗歌王国更多彩馥郁，李林芳的诗歌除了诗意地构建艾涧，还包含其他内容。

故乡曾是她诗歌中一个重要的题材，其中有故乡风土、亲情、时光。这些题材在李林芳早期的诗集《山庄》《素花襁褓》中都有所体现，其中亲情、人情所折射的美让人动容。在之后的诗歌写作中，亲情题材一直是她诗歌的重要部分，如《时至今日——中元节给亲人》："时至今日，一把海水磨碎海浪夯实的沙面上／衣衫破败的女人，一截防波堤的手臂／还是准确摸到最疼处——大洼子，李家墓地／一场雨后，故乡换上簇新的衣服／亲人们出来抽纸烟，对坐。亲人们远远走来／他们也偶尔低语"，将过去的时光倏而拉入眼前，记忆中的场景浮现，亲人们一如往日，但就是这样的温情才会产生疼痛，物是人非，那人那时永不再现，天涯分离的痛楚弥漫开来。《细瓷》组诗更是充满深情地表达了对母亲的深深思念。因为母亲的离去，在诗歌《跪拜》中，她"跪拜山川"，"跪拜河流"，"跪谢大雪"，感谢它们对母亲的接纳，跪拜从前自己不接纳的"天上的神，尘世的土地，灶王爷，门神，炕奶奶"，让母亲在他处有依托，拜谢"长街上送别的乡亲"，感谢他们的一路相送，表达了对母亲被庇佑的虔诚之心；在《最后》中，她回忆了母亲临终时的场景，匆忙地离去"还是搋到了我身体里疼痛的开关／我全身战栗，在寂静的冬夜里号啕大哭"，"黑夜收藏了你，却语焉不详／从此攥住了我一生的隐痛"。在母亲去世多年后，她仍旧怀着深深的思念，一切母亲的物品，缝纫机、细瓷大碗、盘子、碟子、汤勺、白棉布都会让诗人产生对母亲的想念以及情到深处的九转回肠。"在秋天的某个夜晚，我坐下来，在漆黑里／不回头，我拼命忍着／不回头，十年了，我知道我的母亲／一直站在我身后／她从缝纫机前站起来，手持黑夜宽厚的／棉袍子，不疾不徐／从身后环拥过来／像一遍遍回应她关于我出处的交代：她从草丛里捡回我，抱起／她无助的小婴儿"（《中年之后》）。人到中年，回想母亲，仍有生活的迷茫无人可授："我已人到中年，领教了生活易碎的质地／还是不知道，那些细瓷／我该如何处置"（《细瓷》），也终于理解母亲的过往："我顶着你还给我的整个村庄／战战兢兢，穿过我的车水马龙／你的眼神泄露了我内心的惶恐／隐忍和宽容也是你给我的／妈妈，怔忡间，我领受了你的笃定／我还要一点点领受／你中年以后的衰老／没来得及爬上你额头的沟壑，梯田／终会水印在我的额上"（《领受》）。更有难以割舍的情愫化在含泪的字里行间："你走了以后／我才习惯着叫妈妈 习惯着／咽下一串串'妈妈'／带起的泪水"（《你走后》）。

　　诗人还着意描摹现实世界的日常生活，内容通常是一时一地的感想，往往侧重于描写人物的一个断面或生活的一个侧面，表现对庸常人生的个人体验。《十二马力的拖拉机手》中截取了拖拉机手 1984 年与如今两个时间点的断面，重复使用了三次"突突突"，刻画了在生活面前逐渐衰老但永远向前的舅舅形象，以此展现为衣食为子孙不敢停歇、拼尽力气的农村父辈生存际遇。而《红背心》则以"红背心"作为意象，勾勒了一个木匠——远方表哥会"施展水云纹的魔法"，在我十八岁半时将楸树变成家具的神奇形象。表哥最终因病轰然倒下，诗人发出无奈感慨，表达了对人生无常、命运起伏的不胜唏嘘。而俗世生活中的很多触发点都能引起诗人的关注，引起她的情绪起伏，引发对日常人生的思考。《列车进站了》选取的是等待动车进站时以及动车疾驰的生活小场景，诗人的情绪随着动车的进站产生了四次起伏，进站时"我突然想退避三舍／仿佛爱情呼啸而至。一个深呼吸止住欢叫跳闹的骨头"，诗人的激动心情溢于笔端；而动车行进时如"一匹凭空的烈马"，"它疯狂的加速度／它义无反顾／翻江倒海，上天入地，混天绫冲出乾坤圈／只有命运急骤后退"，将诗人的情绪带到高点；最后"白色的巨大的鲸鱼缓缓停住／我心里泛起失落／又涌上小小的欢喜"则是与素昧平生的旅客短暂相遇又马上分离产生的失落，转而又想到与故人相见的欣喜。无论出行方式先进到何种程度，人生又何尝不是一段相见、别离又相见的旅程?《下午五点,如果我不在厨房》以反问"这时刻,如果我不在厨房／我还能去哪里?"起始,通过对特定一个时刻的描写,浮想联翩,又重复以"我如果不将身影静止在玻璃上／我还能去哪里?"作为结句,表现对机械重复的琐细生活的安然。《冷空气》中诗人面对日常的气候变化,对冷空气来临前人们的惊慌作了凸显,"巨大的螺旋翼和预言者的惊呼／更早抵达。铺天盖地的谣言／风卷残云,风卷／人群,风卷一个野心勃勃的人",又书写了冷空气来袭时的身体和心理体验,"像一场没有期待中猛烈的爱情／意料之中的冷空气,似乎平淡了些",把冷空气与爱情作比,随着时令的变化,冷空气犹如"呼啸的爱情过去"归于平静,反映了诗人对日常生活的敏感以及从细微处描摹人生的创作体验。

历史题材更是诗人着意书写的内容,诗人不仅认识到人与自然的和谐相处,更认识到人是社会的一分子,不能割裂文明发展的一步步进程,艾涧的经纬里藏着历史的厚重。诗人怀着历史情思追根溯源,探寻齐鲁文化的风采如何被孕育,大河文明在齐鲁之地究竟如何发展。在很多艾涧题材的诗歌中,诗人往往借助古代传说、神话、文化遗风来增加艾涧的历史厚重感,书写对精神家园的浓重情感。如"在艾涧的山道上 你长臂舒展／脚印里蕴藏着孔孟遗风／这是在艾涧 你对着南山展开线装老庄"(《其实艾涧是这样的》)。诗人惊叹于齐鲁文明古国的辉煌,试图从古迹中寻找历史的痕迹。在组诗《马牧池的枪声》里,有描写战争英雄壮举的感慨:"整个世界便在刹那间进入他的时空……一小块阵地／一个英雄时代的最后天台,我愿意被举起／在无以比拟的高处。苍天在上,苍茫在下／一棵浪漫主义的萱草横空／展开绚黄的翅翼"(《英雄崮》);有书写英雄柔肠家书的动容:"壮怀激烈的人走了／一封家书,让我泪水夺眶的敌人的／一截柔肠,在孟良崮上／荡了半个多世纪,撞向我／一个脆弱的女人,在沂南的大街上／号啕大哭"(《家书》);有见到红嫂后的感伤:"她被鼻涕、污渍和炊烟熏得锃亮的老棉袄／裹着一团烟火,坐在不能言语的冬天里／人群簇拥中,她的晚年／在那个小女兵的解说里更明快了一些"(《在红嫂纪念馆》);更有对齐鲁生民及古朴文明的景仰:"我爱冬天的寒霜,夏天的酷烈／爱憎分明的四季推涌着山峦／爱暖风缓步鲁东南,渔夫和耕农／各领封地，原野浩荡，海平面／铺开暗礁、漩涡之上的家园／大海拥吻半岛，润泽山峦／峡谷摆动清澈的溪流／齐民和鲁众落地生根，莒人吹响号角／东夷的火苗，从暮色里燎原（《把天上的神领回家》）"。

2、审美空间开拓——意远开阔的腾挪

李林芳的很多诗歌作品都喜欢把描摹的物或自己放置在时空中翻转腾挪，借以拉近历史与现实的距离，历史就在眼前，就在身边，就在触手可及、眼到之处，以栩栩如生代替了枯死沉寂，增加了诗歌的审美想象空间和无穷的审美意蕴。

时空穿梭是诗人惯常采用的方式，让物与人游走在古今之中。在诗人的笔下，景和物都具有全新的生命力以及人类的智慧和情感，它们悠然于古今之中，隐藏着亘古不变的主题。在森林公园里看到水杉："似乎他一直安居于他的书卷／凌驾于战国，不问春秋，将世事纷纭／皆以为等闲／似乎他们，一群儒雅才子，专注于／研读，修身，玉立于光影里／头顶云朵，脚下踩着庞大的水系／从白垩纪踏波而来，穿过陆离云烟／暂将烟火层层围困的森林公园／当作落脚的书院"（《我撞见了水杉的爱情》）。她也时常让自己穿梭于时空之中，具有真切强烈的体验感。艾涧是诗人的依恋之地："一幅魏晋山水舒展，流动，荡漾的声音／你盘腿榻上，笔尖饱蘸的墨在宣纸上……我要说的，千年前就抵达你那里／千年前，我就在这里"（《回来》），她与艾涧从不曾分离，形象地表达出艾涧作为诗人的精神栖居地强大的吸引力。在浮来山突遇大雨："天地之间，只剩一把竖琴／三万根琴弦铮铮作响／人群溃散。我逃进校经楼／抚琴的人，端坐案前／隔着一千五百年的时光，我们风雨同舟／木窗栅外，洋洋洒洒／一个人口若悬河，在讲他的《文心雕龙》／他的万言书"（《浮来山遇雨》），诗人打通了时空之间的界限，与古人对话、同境，诗歌空间绵延古今，具有无穷的张力。

在她咏怀古迹的诗歌作品中，诗人深沉的历史与家国情怀得到充分体现。如在博物馆里看到陶质牛角："吹响它的人，只留给我振臂的侧影／东夷群山呼应，托盘里的海／浮起圆日头，我酿酒，采桑，养蚕／予他的臂膀披挂一缕布纱／细草叶，弯月牙，流水暗含的泡影都是他的偏旁部首。

我用他的图像文字／操持我的家园,我的都城,掠过天空的闪电／暗含了通向莒国的密码,我的爱恋"(《博物馆》)。再如《到莒国去》:"顺从三座山峰,一弯月牙的指引／峰尖之上,硕大的日晷高悬／——到莒国去／一壶清酒,一枚刀币,一个手势／这些图像文字,这些散落的莒人在细石器时代／留下的暗语,声调柔软:／毋忘在莒／／丢失的光阴在一块玉佩上旋转,涡轮里埋伏了／找寻的秘道,蛋壳陶有前世／一块泥坯聚起一路抖落的尘土／我的埙烧制了一千年,终于出窑／听起来多么像落地的婴儿／在空荡荡的尘世里哭:／我要到莒国去　//'劓劓雝雝,闻于夏冬'／从姑幕,经城阳,到莒国／残破的城墙上,看户户炊烟／谦卑的腰身,像一棵蜀黍／一点点举起自己,细长的叶片像轻盈的旗子／悄悄领回世袭的封地",诗人以对莒国之思完成了到莒国去的畅想,历史场景阔大。

而在重演的历史面前,则往往表现为诗人的旁观,或者从真实历史的氛围中抽身出来,回到庸碌的现实中,具有反讽的意味。"枪声响起的时候,没有人惊慌／一群女战士继续小声聊天,一个小战士／仰躺在牛车里睡得香甜／岗哨背着小米养活的步枪／漫不经心巡逻。穿盘扣对襟布衫打裹腿的男人／在摄影师的指挥下,摆着打太极的pose／怎么看都像汉奸。刚刚四月／院墙上热烈的紫藤开得纷繁／却一点儿也不馥郁——估计是道具／地主大院的新门牌上端正的隶书"八路军第一〇八指挥部"／作为游客,我们兴奋,尖叫,也想／穿越回战争年代,领一份战斗任务。神秘的屏风后／闪出一个人,'嘘,里面在拍电影'／一张写字楼的脸,一本正经的神情／让我相信,革命老区马牧池的春天／是太平的春天,这个阳光明媚的上午／枪声压根儿就没响起"(《马牧池的枪声》)。诗人想站在历史里,却猝不及防地被现实的一句话惊醒,让她确信历史不是演绎出来的。在诗歌《老院子》里,在看到电视剧《沂蒙》的场景时,她"被两扇木门吸引,觉得我亲爱的奶奶／前妇救会长,冷不丁就打开门,挪着小脚／从黑漆漆的屋子里出来／引领我,一个掉队的女战士／妥帖地安顿好身体里的烟火",然而结尾沂蒙大嫂"俺头发太短,演不了俺奶奶那辈的群众演员／只能看护这院子,一天挣三十五元"的嘟囔声瞬间让历史的真实成为现实的嘲讽。

值得注意的是,李林芳的诗歌于古今之间的絮语中还充斥着浅尝辄止的禅意,如"我悄悄走近她们,谈佛,也论道／前尘后世暂且不表。只说今世／艾涧和这些神性事物之间的缘分／一道流云峡,在佛与道之间／足以安抚,那些走失的／未被领养的灵魂"(《流云霞》),又如"一只水袖甩出,一千只水袖／抛出,一万只水袖抖,荡,摆,绕,撩,翻／轻柔的丝线解开了扣袢／一把悬空的拂尘／悄然散开"(《海的袍袖拂过来》)。佛家的悲悯情怀和道家的自然冲淡氤氲在她的诗歌中,散发出悠悠的禅意,具有独特的审美意蕴。霍俊明论及当代女性诗歌创作时说:"中国当代的女性诗歌在半个多世纪的多舛命运中其宗教性质素一直是被排斥和稀缺的。即使'文革'中的林昭、朦胧诗时代的舒婷以及晚近时期的鲁西西、沙光却不一而足地投向了基督教,而与更具中国性和本土化的佛禅相关的女性写作却一直处于空白。与此同时当下的女性写作不仅在新媒体空间中坠入到自我迷恋的天鹅绒的温暖牢笼之中,而且这一阶段的女性写作已经整体意义上被窄化的'私人性'和西方话语的'自白性'所统领。而在此语境下新世纪以来从容一直坚持的'现代女性心灵禅诗'的写作就显得尤为珍贵。"从这个意义上说,尽管李林芳诗歌中流露的浅尝辄止的禅意还稍显直白,但在由禅意到玄思禅理的道路上毕竟迈出了尝试的一步。

三 澄明之境的艺术探寻者

李林芳的诗歌给人的总体感觉是情感态度上诚恳节制,意境上悠远开阔,艺术风格上朴素明澈、自然飘逸。在散文《一个局外人和她的诗歌写作》中,她明确提出了自己的诗观:"我觉得我是一个修行的人,在尘世中,在烟火里,在嘈杂的人群中,在日常的琐碎里进行缓慢的诗歌修行。首先自己要内心纯净,诗有着酒一样的形态,写诗的过程就是发酵的过程,诗人就是酿酒师,好的粮食的词语在好的酿酒师手里经过缓慢的恰到好处的发酵,直到所有的通道打开,内心一片澄明,才会酿出令人沉醉的好诗。但酿酒师不在酒里,是局外人,一坛好酒要经过时间漫长的发酵,像手握神明的谕示,行走在大地上,在人群里,在世俗中,在其中又在其外的诗人。波德莱尔说,'一个旁观者在任何地方都是微服私访的王子',我愿意是那个旁观者,像王子一样生活在人群里,但我不只是旁观者,我还要安静地生活,缓慢地酿酒。"为求得澄澈、明晰之境,她在诗歌中将艾涧自然格物的情思用于诗歌创作中,形成独特的画、音、意一体的话语系统,具有个人化的艺术魅力。

1. 画面感、即视感的视觉呈现

李林芳的诗歌往往由很多物象组成,它们之间不见得有很多必然联系,但经过诗人的想象联结,组合叠加出来的作品却极富画面感,具有可视性。她倾向于用国画的线条、形状和色彩为诗歌结构布局,呈现出具有古典意蕴的绘画美。

如"东山,北叉,西南旺,梯田从山脚一层层撂上去／新摊的煎饼一层层撂上去,母亲凭空抖开／一块花布包袱,山顶树木葱郁／我看见的远方浩瀚,罩在纱质雾霭里／一层层将我劫持——时光的软轿／潜行在出嫁女的暮色里"(《时至今日——中元节给亲人》)。许多空间中的物象被整合在一个场景中,有东、北、西南的空间方位;有"时光的软轿"和"暮色"的时间断面;三个"一层层"有自下而上、自里而外的对比;有近景"煎饼、花布包袱",有远景"梯田、树木";有实景"东山,北叉,西南旺,梯田",有虚景"远方的浩瀚、时光的软轿",远近相映,虚实相生,犹如一幅色调丰富、层次分明的画,诗人的思绪回迁至彼时,绵延到彼处,思念的情绪延宕开来。

再如《青龙偃月刀》:"我使剑,喜偏锋,九曲回环,波光粼粼的鱼肠剑／不封喉,剑气游走,在心里婉转／也善软索,凌空抖开,山峦荡漾覆盖了地平线／万物和爱情／都收入囊中／手扣暗器,梅花点穴,天女散花,只为／风摆杨柳的绰约身形／一变二变三变……千万变／／但我始终惊惧于一把刀,一把青龙偃月刀／竖于门前,持刀的男人威风凛凛／红脸,面如满月,却不留情／刀锋闪过,一柄弯月,清辉遍野／世界安静,万物被施了定身术／／那日关公门前看他耍过一回,我偷偷将它封存在／一帖过门笺里,老旧的门楣上／垂下来的过门笺,深紫的灰蓝的鹅黄的嫩绿的嫣红的五彩纸幡／老北风里轻盈地飘拂／解蛊,驱鬼,除魔,辟邪,也斩杀心里的碎碎念／我已没有仇敌，假想敌也从我的剧目里遁迹／我已不用／／亮出锋刃"。

　　这首诗有两个显在的场景对立，一是"我"使剑、用软索的风姿，另一个是关公使大刀的英姿，诗人用工笔的形式刻画了两个截然不同的人物形象。"我"以柔的姿态对抗，没有狠心，获誉天下；关公的青龙偃月刀威猛刚硬，出手无情，征服天下。个人认为，诗歌反映了矛盾复杂的心理，独立于世间的"我"是柔的一面，刚是"我"所惧但又所缺的另一面，将柔与刚结合在一起，才能遗世独立，无所畏惧，用表面上的刚强支撑柔弱的内心，使自己变得强大，也是独立于世的一种姿态。诗歌用人物的具象隐喻心理，所勾勒的人物形象跃然纸上，惟妙惟肖，再加上"深紫的灰蓝的鹅黄的嫩绿的嫣红的"色彩作衬，一幅色彩斑斓、缤纷耀眼、深浅有致的连环画被翻开。

　　《虚晃一枪》则有着类似于电影拍摄的画面感："我看见的村庄屋顶挨着屋顶／像被驱赶的羊群，瑟缩在山坳里／被镜头和剧情不停复制／虚晃一枪，掠过头顶的鞭影／大地上的人群，习惯了劳作，生育／和承受，灾荒年逃难，战乱中躲返／四散，溃逃。厄运过去／缓慢聚拢，团在一起／／一把枪，虚虚一指／战争开始了／一把枪，虚虚一指／战争结束了／谁嘶喊着流尽了鲜血，含住罪恶的子弹／而我更喜欢红缨枪，握在儿童团的手里／明晃晃的枪尖，懵懂，稚嫩，但指向明确／／若干年后，我又看见了璎珞／泛着耀目的红，比新嫁娘的红盖头／还要鲜艳"。这首诗有这样几个镜头：凌空拍摄的坐落于山坳里密密匝匝的屋顶，枪响后受惊吓四散的人群，被举的一把枪，另一把被举的枪，战争后流尽鲜血的人物的特写，儿童团的红缨枪，璎珞的红。这首诗写的是战争给人们带来的创伤，虽然出现的几个镜头里并未把战争的厮杀场面呈现出来，但毫无疑问指向明确。屋顶和人群两个画面显示战争指向居住密集的村庄，给无辜群众带来深重创伤。两次举枪，使用了蒙太奇的手法，一方被另一方战胜，而双方的战争场面被省略，中间的留白给读者巨大的想象空间。战争结束后人物的特写，是一曲为正义为家园的英雄赞歌。红缨枪是全民战争的标志，璎珞的红是鲜血的象征，与红缨枪的红相映照，具有不怕牺牲勇往直前的气势。

色调上前面几个战争的镜头是灰色的调子,与后面的两个"红"形成强烈的色彩对比反差。虽然只有这几个类似于镜头的画面,但已把战争的罪恶与正义的反抗描摹得淋漓尽致。

2. 语言的锤炼

朱光潜曾说,"诗是一种惊奇",没有语言的创造就没有诗。李林芳诗观中说,一首好诗应该是"好的粮食的词语在好的酿酒师手里经过缓慢的恰到好处的发酵"。恰到好处地使用词语,从而连缀成诗,需要诗人具有深厚的语言功底。

以《有个村子叫艾涧》为例:"在群山的褶和皱里 汗水一样流淌的／是一条小溪和另一条小溪 他们宿命的相遇／像一个男人和一个女人 像一棵树上唯一的两个枝子／这里是一条河的源头 叫艾涧的村子／是缀在大树枝桠间一嘟噜一嘟噜的玉米／／艾涧的男人是一往直前的溪水／他们强壮 健康／他们招蜂引蝶／那些母性的溪水总是不知不觉朝这里汇聚／于是艾涧这棵大树不断萌发新的枝条／可你不是艾涧的溪水呵／命运的暗示嵌进艾涧的某一个夏天／季节的截面上 一个男人走近一个女人／一个女人走近一个男人／成为一棵树上的两个枝子／让我们把爱情的核种在这里／小河一样从艾涧长大长高／树干一样从艾涧汲取生命的养分／艾涧是浮躁繁重的内心里腾出的／最清净圣洁的空间／盛满一世的相望"。这首诗读起来气息均匀,张弛有度,诗人用最简单的量词"一条、一个、一棵、两个、一嘟噜"连缀成句,以复沓铺排的修辞手段,不仅在诗歌形式上具有美感,还造成诗歌韵律的往返回旋,具有节奏感和音乐美。诗人林莽曾有此评价:"《艾涧诗草》写得坦然自在,澄澈明亮,像一个放下诗人架子的女性在轻轻地说话,但内里实际上对语言有着天生的敏感和训练有素的节制。李林芳找到了属于自己的优美旋律。"

诗情表达还需要意象的采撷与提炼,多个意象的组合与叠加能增加语言的浓度,增强诗歌的审美意蕴。李林芳在有关艾涧的诗章里往往选取明朗的意象,形成自然、温暖的诗歌语言质地,比如烟火、画笔、婚床、家园等等。她也选用历史的物象,如剑、老庄、卷轴山水画、沙场、盔甲等作为诗歌的意象,通古博今,语言厚实,诗歌维度开阔。《博物馆》就是如此:

"我一眼就认出了那个瓷瓶／优美的弧度临摹了我前世的腰身／幽暗的灯光弹拨着它,将我越收越紧／青铜器皿尚留有我的手纹／锈蚀的鱼肠剑,剑气还荡漾在我的体内／轻薄和一枚刀币没什么分别／我的银簪,玉,金步摇／流落风尘,历经生死轮回朝代更迭／还有一息余温尚存／／终于看见了那个陶制牛角／吹响它的人,只留给我振臂的侧影／东夷群山呼应,托盘里的海／浮起圆日头,我酿酒,采桑,养蚕／予他的臂膀披挂一缕布纱／细草叶,弯月牙,流水暗含的泡影都是他的偏旁部首。我用他的图像文字／操持我的家园,我的都城,掠过天空的闪电／暗含了通向莒国的密码,我的爱恋／／经纬和版图砌在墙上,在莒州博物馆,古国的巨大仓房里／一个失忆的臣民,笃信考古学／反复敲打错乱的年代／把回望来路当作一门学问／河山败落,我手足无措／像一个铜匠,手里空余半坯黏泥"。诗人将青铜器皿、剑、首饰、经纬、版图等多个历史意象自然地整合在一起,揉进想象的历史中,物我两换,娓娓道来,语言形象、沉实,点石成金,珠圆玉润,把追寻古代文明的情思流畅地表达了出来。

恰切的动词运用也能使诗歌意象变得灵动鲜活,意蕴更生动。如《海的袍袖拂过来》:"海的袍袖拂过来／我的来历,我的背景／甚嚣尘上的投影都掩上了／／绸缎的华贵衬一层安详的纯棉,一只阔大的袖筒／拂过来,鼓荡,舒展。这么多年／我沉醉于清冽之气／将自己深埋进蔚蓝和辽阔／从不去深究袖口的纹饰,风吹涛动／鳞爪红羽一闪即逝的印迹。一只宽袍大袖／从秦砖汉瓦间拂过来,从浪子的魏晋／拂过来;从明朝,从抑扬的京剧,急骤的鼓点／拂过来。时空打通了穴道／横扫过来,花朵和蕾丝消逝在掌心里／睡着的美人摆动腰肢,拨响古琴遗下的最后一根弦／一只水袖甩出,一千只水袖／抛出,一万只水袖抖,荡,摆,绕,撩,翻／轻柔的丝线解开了扣袢／一把悬空的拂尘／悄然散开／／细密的丝,施展法术／空出偌大的海滩,像一个平缓的过渡／空出我和海的距离／／海呜咽着,挥动／忧伤的袍袖,节节溃退……"这首篇幅不长的诗歌使用了三十多个动词,将动词的运用发挥到了一个高点,拂、甩、抛、抖、荡、摆、绕、撩、翻……一只袍袖竟有如此多形态各异的动作来展示,动态意象具有饱满的内在张力,把海浪奔涌流动的场面细致入微地表现出来。单音节动词和双音节动词的独立成句，节奏短促有力，是海浪前涌的姿态，配合长句的使用，缓急相间，节奏感呼之欲出。

3.叙事的抒情技法

李林芳的诗歌叙述因作者的参与其中，似在娓娓道来一件事情、一个故事，以此表达主题，抒发情感，从整体上看，没有极端陌生化的语言。这种以平和的叙事来抒情的写作技法，与她构建的美好精神世界的初衷是密切相连的，与诗人的精神气质也是相融的。她从群山环抱的家乡走出来，家乡风土人情中的简单、醇厚、善良、灵秀深深影响了诗人的精神气质，面对快速、浮华、喧嚣的城市以及现代文明对古朴农耕文明的吞噬，诗人构建了属于自己的精神王国，行走在诗歌中，做一名酿酒师，意图使诗歌达到一种纯度。

首先，诗人善于运用讲故事的方法叙事，设置悬疑，生动形象，引人入胜，以抒发情感。如"那个人正在南山上闲看孤云／雨就来了，一群蹑足潜行的小兽／从山石上现身。在马尾松疏离的指缝里躲了一会儿／又佯装吮舔野刺槐的长指甲／那个人回头的时候，雨避在了崖下／一场雨的到来，婉转，低回，一步三徘徊／／沿着雨雾里垂下的软索／那个人滑翔而下。雨开始疾行／给他张开了巨大的翅膀。他裹着一场雨／带着仪仗、车辇、翠羽屏风，带着帝王君临世间的礼乐／衣袂飘飘，掠过壁刃，丛林／就要抽穗的谷子地；举着花巴掌的一小块花生地／斜坡上的红薯地，薯秧爬满了垄沟／尘世的烟火浓了，那个人面容渐渐清晰／我的指尖蠢蠢欲动／一千遍一万遍的描摹／他就是你呵。隐去翅翼／他一伸手就拉开了柴扉……"（《雨从南山上下来》），诗人在诗歌中摹画了雨落的过程，"我"是故事的叙述者。故事叙述了主人公"那个人"踏雨而来的盛大出场产生的惊叹，场面犹如君王礼乐天下，宏大庄严、风度翩翩，让"我"蠢蠢欲动，最后叙述者话语一转，指出"他"就是"你"，结果明晓是艾涧，因为艾涧的美景才招惹的雨，将艾涧的美生动有趣地表现出来。

在《红背心》里，诗人用叙述的手法讲述了作为木匠的远方表哥的鬼斧神工："一整个上午，他蹲在西墙下，静止的光影里／斧子寻找着年轮的纹理／尺寸之间游刃有余／一棵年老的楸树就要成为我的书橱／／截留了阳光的香气和明月倒影的老楸树／他的锯子去年秋天就探入它的内部／它的伤疤，沉积，心结都被剖开／坦陈了一个冬天，风干成大写意的纹饰／他心里有墨斗，手上有刨子／从年轮的内部掏出云朵，蝶翅，鸟羽……刨花飞舞／我的魔术师／头发微卷，叼一支纸烟／眯缝着清澈的眼睛／我眼睁睁看着正午来临／眼睁睁看着燃烧的刺目的红背心／在时光里渐渐泛白……直到光线下沉，终于带走了颓废的中年木匠／肺癌。撇下了老父老母，两个瘦弱的女儿／泛白的红背心和／一地刨花"。从整首诗看，时间从上午到中午再到下午，诗人似乎讲述了表哥一天时间的劳作，但细看时间节点与空间节点并不相称，上午到中午是表哥的青年时期，下午是表哥的中年时期，在时间上发生了跳跃，而空间距离上也相应发生了跳跃。用一天讲述一生，红背心的意象代表了青春和热情，泛白的红背心则隐喻着时光的流逝，给人一种不胜唏嘘之感。

其次，诗人还善于用对话、独白等多种叙事技巧表情达意，"我愿意是那个旁观者，像王子一样生活在人群里，但我不只是旁观者，我还要安静地生活，缓慢地酿酒"。李林芳这种旁观的态度与参与生活的对立，使诗歌呈现出叙事上的亲临感，而抒情上有时则节制、含蓄、理性。

诗人会频繁使用人称代词"我""你""他"，主体参与到诗歌中，与客体形成共处对话的模式，在生活中穿行。如《紫铜铃》中："沿着山涧顺着藤条的指引／走进纵深里 我们多疯啊／我听见漫山遍野都是六月的喊叫／你咬着我的耳朵悄声说：／你满身都是紫铜铃的芬芳／／这里摇曳着故乡的紫铜铃／这些在崖下素净着年华的小女子／努着嘴巴默默无语／／农历七月 原野的素衣布衫松松垮垮地裹着瘦溪／追随你的背影 紫铜铃放开喉咙／吐出了一个夏天不能说出的忧伤／／可是现在 紫铜铃让我无言以对／我心系你六月的山野里让人心疼的伟岸／傻傻地低下头按住心里的狂跳和欣喜"，这首诗中有"我""你"之间的亲密对话以及"我们"融在一起兴奋地"疯"的状态，"我"和"你"即诗人与艾润，他们血脉相连，情感相依，展现出平和、对等、温情的情感价值体现，而诗人将情感尽量压抑，学会有节制的爱。

而在《比喻》中，"我把你比喻成刺槐，马尾松／携带着与生俱来的犀利。

刺槐有暗棘／马尾松像出征的将军，背上插满箭簇／我们的南山泊着借箭归来的草船／／把锦囊和剑鞘打开／在艾涧，一场芒、刺、针和荆棘狂欢的盛宴／笔墨和箭哨齐飞，你的顿笔，收笔／你的抑，扬，宛转，腾挪，斜劈／刀枪剑戟和花锄一起悬于笔锋／在宣纸上逐鹿／光影恍惚，消匿于浅绛山水里／／你还是岩石，峭壁／你比他们还要跋扈／当南山俯下高大的身躯／你双肩瘦削，骨节奔突，绣袍绵延，鲲鹏一样掠过山际／／我就是涧水，世间的陡峭和嶙峋／诠释成跌宕和柔软。崎岖和沟壑／平抑于缓慢的流淌里／我还是紫铜铃，狗尾巴草，是漫山遍野烂漫的艾子／用羽毛铺垫艾涧这间暖暖的窝厩／我这个农妇，像炊烟，从房顶的泥烟囱里诞出／负责和尘世缔结和解的契约"，诗人用一连串比喻突出"你"和"我"的特征与关系："你"具有男性特征，代表犀利、坚硬、刚强、力量；"我"是女人，代表婉曲、柔软、缓慢、美丽，"我们"互为衬托、互为补充，相融相依，和谐自然。诗人用比喻和象征的手法，把艾涧具有的刚中有柔、刚柔并济的美表现出来，具有思辨色彩，在抒情上非直抒告白，非对话，而是用内心独白，通过叙述含蓄理性地表达了艾涧的美以及个人的依恋之情。

综观李林芳的诗歌，她书写内功深厚，技法醇熟，为追求澄明之境，创作手法上愈发多元，意境开阔，情感意味含蓄深远，具有平和、自然、美好的价值追求。近年来她在诗歌题材上有很大开拓，除了故乡、艾涧，也关注日常生活的个人体验，但还有进一步丰富、深刻的可能性；作者常用繁复的意象造境，给人以画面感的视觉冲击，但繁复的意象需要作者更自然妥帖地选用或放置，把握留白的技巧，以使诗歌画面更为疏密有致，诗歌结构更为紧凑；侧重于叙事的抒情，在抒情方式上仍有开拓的空间。秉持着"在诗歌中修行"的信条，李林芳在"艾涧"的用心建构将带给读者更为广阔的期待视野。

参考文献:

1. 罗振亚:《当代女性主义诗歌论》,《文学与文化》,2010 年第 3 期。
2. 张清华主编:《中国新时期女性文学研究资料》,山东文艺出版社,2006 年版。
3. 霍俊明:《古老的敌意与新鲜的荆棘——2012 年〈诗刊〉年度诗选读记》,《南方文坛》,2013 年第 1 期。
4. 陈卫:《光与影的辉映——论新世纪大陆女性诗歌》,《名作欣赏》,2011 年第 9 期。
5. 耿建华:《诗歌的意象艺术与批评》,山东大学出版社,2010 年版。
6. 周瓒:《新世纪中国女性诗歌的发展态势》,《文艺报》,2011 年 8 月 24 日。

附 录

李林芳，1970年生，山东五莲人，青岛文学杂志社编辑，毕业于山东大学文学院作家研究生班。中国作家协会会员，山东省作家协会签约作家。1988年开始发表作品，作品曾被收入《当代中学生诗歌选》。诗歌作品散见于《人民文学》《诗刊》《诗选刊》《中国诗歌》《山东文学》《时代文学》《飞天》《北方文学》《星星诗刊》《绿风》《诗潮》等国内文学期刊，入选《中国年度诗歌》《中国诗歌精选》《当代爱情诗鉴赏辞典》《当代青年诗歌选》《中国当代诗歌选本》等几十种选本。主要作品有组诗《花冠》、组诗《山中的紫铜铃》、组诗《其实艾涧是这样的》系列、组诗《纸上艾涧》系列、写给母亲的组诗《缝纫机上的母亲》系列、组诗《十二马力的拖拉机手》等，"艾涧"成为个人的诗歌故乡和标签。著有个人诗集《素花襁褓》《艾涧诗草》（70后诗歌大系），诗合集《山庄》（二人集）、《七印张》。其中，《素花襁褓》获诗刊社优秀诗集奖，《艾涧诗草》获全国十佳教师作家奖，并以组诗《纸上艾涧》获得中国红高粱诗歌奖，组诗《十二马力的拖拉机手》获得刘伯温诗歌奖提名奖。

李林芳诗歌作品年表

1988年

　　诗歌《三月的小雨》入选《当代中学生诗歌选》。

1991年

　　诗歌《荠菜》，刊于《时代文学》第5期，《诗歌报》第10期选载。

1992 年

组诗《花冠》收入山泉文学社社员诗合集《土地的花冠》。

1994 年

诗歌《菊之歌》，刊于《山东文学》第 1 期。

诗歌《花冠》入选《中国当代爱情诗鉴赏辞典》。

诗合集《山庄》（与王世龙合著）由新华出版社出版。

1998 年

诗歌《两种麦子》（2 首），刊于《山东文学》第 9 期。

2001 年

诗歌《荞麦》，刊于《诗刊》第 7 期。

2002 年

诗歌《素花》，刊于《诗刊》1 月（下）。

诗歌《荞麦》入选漓江出版社《2001 中国年度最佳诗歌》。

2003 年

诗歌《合掌而歌》，刊于《北京晚报》2 月 28 日。

诗集《素花襁褓》出版，获诗刊社优秀诗集奖。

2004 年

诗集《素花襁褓》获日照市文艺奖。

诗歌《滴露的花冠》（5 首），刊于《诗刊》2 月（下）。

2005 年

诗歌《山中的紫铜铃》（7 首），刊于《诗刊》1 月（下）。

诗歌《给你和你的村庄》入选漓江出版社《2004 中国年度诗歌》，入围华文青年诗人奖。

2006 年

    诗歌《紫铜铃》入选漓江出版社《2005 中国年度诗歌》。

    组诗《艾涧其实是这样的》，刊于《诗刊》2 月（下）。

    组诗《艾涧其实是这样的》（选五），刊于《北方文学》第 11 期诗歌头题。

    诗歌《艾涧其实是这样的》，收入《诗刊》50 周年庆典专号。

2007 年

    诗歌《花开的时候》入选长江文艺出版社《2006 年中国年度诗歌精选》。

    诗歌《南山》入选漓江出版社《2006 中国年度诗歌》。

2008 年

    组诗《澄澈的天空下》，刊于《诗刊》1 月（下）。

2009 年

    诗歌《地图上的家乡》入选漓江出版社《2008 中国年度诗歌》。

    组诗《倒退的时光》，刊于《北方文学》第 2 期，入围第七届华文青年诗人奖。

    诗歌《九仙山上的芦花》（4 首），刊于《诗刊》5 月（下）（华文青年诗人奖特刊）。

2010 年

    诗歌《九仙山上的芦花》《山里的小屋》2 首入选漓江出版社《2009 中国年度诗歌》。

2011 年

    诗歌《九仙山上》入选漓江出版社《2010 中国年度诗歌》。

    组诗《山湖志》，刊于《诗刊》2 月（下）。

组诗《艾洄诗章》，刊于《飞天》9月（上）诗歌头题。

入围2011年华文青年诗人奖。

诗歌《雨从南山上下来》，刊于《诗刊》2011年度诗选专号。

《诗六首》及诗论《将诗意的目光再抬高一寸》，刊于《诗探索》作品卷第4辑。

2012年

诗歌《白云飘》《故乡的山脊上遇见大婶》2首入选漓江出版社《2011中国年度诗歌》。

组诗《纸上艾洄》（9首）、随笔《丢失的村庄》由《诗刊》2月（下）双子星座头题推出，获第二届中国红高粱诗歌奖。

组诗《低下去的回望》，刊于《绿风》第2期。

诗集《艾洄诗草》出版。

《李林芳诗歌》5首，刊于《诗选刊》第4期。

组诗《化妆间》，刊于《星星》诗刊第6期。

组诗《寻亲者说》，刊于《诗刊》11月（下）。

2013年

诗歌《涉水石》《回望芦花》2首入选漓江出版社《2012中国年度诗歌》。

诗歌《木栈道》，刊于《诗探索》作品卷第1辑。

诗歌《农妇》《涉水石》2首入选中国文联出版社《中国当代诗歌选本》。

组诗《我在艾洄》，刊于《山东文学》第10期。

组诗《见证》，刊于《诗刊》11月（上）。

2014年

诗歌《倾听》《倒退的时光》2首入选漓江出版社《2013中国年度诗歌》。

组诗《把天上的星宿领回家》，刊于《青岛文学》第1期。

诗歌《我在艾洄》入选《中国诗歌》。

组诗《她们》，刊于《时代文学》上半月第2期。

《诗四首》，刊于《诗潮》第3期。

获第二届教师文学表彰奖全国十佳教师作家奖,诗集《艾涧诗草》获专著奖。

组诗《细瓷》（11首），刊于《时代文学》上半月第9期。

组诗《山顶上的油菜花》，刊于《诗刊》11月（上）。

2015年

诗歌《黑夜》入选漓江出版社《2014中国年度诗歌》。

组诗《海岸线》入选《2014齐鲁文学作品年展》。

组诗《海岸线》，刊于《青岛文学》第1期。

《李林芳诗歌》（17首）及随笔、评论文章等由《山东文学》下半月第3期青年诗人档案推出。组诗《白棉布》刊于同期女诗人诗歌栏目。

组诗《流水暗含的泡影》，刊于《星星》诗刊第5期。

组诗《艾涧诗草》，刊于《诗选刊》第9期。

组诗《马牧池的枪声》，刊于《青岛文学》第9期。

组诗《海岸线》，刊于《滇池》第12期。

2016年

诗歌《青杏》入选漓江出版社《2015中国年度诗歌》。

诗歌《青杏》《青龙偃月刀》《那些山》3首入选现代出版社《2015中国年度作品·诗歌》。

诗歌《博物馆》入选海风出版社《2015中国诗歌选》。

情感幽栖中的诗和远方
——林纾英散文论

孟庆惠

  林纾英祖籍胶东半岛，深受中国传统齐文化的影响，这样的文化氛围也孕育出当今中国文坛最具影响力的作家，如莫言、张炜等。一方水土养一方人，林纾英也沾染了这脉水土的灵性。林纾英留着极短的头发，虽然外表娇小瘦弱，但生活中她从事警察职业，利落干练，英姿飒爽。文学创作对于林纾英来讲，是真实地表达自我、与世界与未来沟通的神圣媒介，是一个作家的精神世界和看待事物的方式方法、审美趣味、人生态度以及思想追求。她笔下的文字都是内心真实情感及思想的产物。在当下价值多元化和市场化的时代背景下，以揭示生活真相和探究生命本身为旨归的写作，既是一种文学立场和精神坚守，也是自由灵魂的翔舞和生命的绽放。理性赋予了我们生存的工具和手段，情感赋予了我们生存的意义和价值。所以，情感是我们生存的目的，生命的完善和幸福是生活的最高价值，追求自由幸福的生活是我们至高无上的权利。林纾英正是在这种追求中不断自我完善的。

一　古典诗词的散文化演绎

　　林纾英的作品中随处可见中国古典文学的投影,她楫舟荡桨在源远流长的中国文化长河中,以浓郁的诗心诗情左撷右采,经过她的解读和擦拭,使古典诗词焕发出新的光彩。在林纾英的诗性散文中,她把一些历史典故、诗词名句巧妙地融入写景抒情之中,旁征博引地演绎那些诗词歌赋里叙述的情感故事,从而营造出一种既古朴隽永而又诗意盎然的意境,让人读罢醺然若醉,击节而叹林纾英的散文都是有魔力的。在《多情似我以卿狂》中,她认为读宋词应该是这样的状态:"内心里总觉得,要读宋词,是需要一个与宋词相谐的环境的。最好是在沐浴更衣之后,月光融融的夜晚,撇开光电,燃一炷熏香,点一根红烛,手边是透明的高脚玻璃杯,灌半盏花雕,于妖艳暧昧中,率一份浪漫的情致,怀一颗虔诚的心,于浅斟慢饮,低吟浅唱中,去体味那份淡淡的婉约与曼妙。"

　　阅读林纾英的古文化系列散文,常不自觉地在心里暗暗嫉妒:怎么可以写得这么美、这么富有诗意呢?甚至会让人感叹,文字的组合竟可以如此巧妙。她的散文中随处可见的是那浓得化不开的诗情诗韵、跳接的意象、温和的节奏,从意象的选择到意境的营造,乃至语言的锤炼,莫不体现出以诗美为其自觉追求的目标。她以聪颖的慧心去发现情感之美、自然之美、生活之美,以诗性的情怀去体恤美好的爱的力量。读林纾英的散文,你是无法置身其外的,必须投入到里面去,用诗性情怀去品味、去感受、去了悟,才能抵达那文字幻化的美妙桃源。

　　林纾英是爱宋词、爱写词的人,喜爱宋词中的故事以及情愫,爱得痴狂。她将那些精美的词句信手拈来,毫不吝啬对那些文人墨客的喜爱和赞美,透露着对古典美的崇拜:"夜幕渐合,信步闲庭,昏暗的池边沙岸,一对鸳鸯交颈并栖。忽而风起,将重重乌云吹散,月光融融泻下。月下花枝在微风中轻轻摇曳。'云破月来花弄影',他信手一'弄',巧妙工致,把花的妩媚、月的妖娆,恰到好处地点染出来。前面是伤春怅春,到此时,一字之弄,全部转换了性情,诸多的旖旎与无限的欣悦尽于此句中展现出来。沈际飞《草堂余正集》有评他的一字之妙:'心与景会,落笔既是,着意即非,故当脍炙。'杨慎《词品》亦有语:'景物如画,画亦不能至此,绝倒绝倒!'而我此时,面对着他也拊掌一赞:'画龙点睛,莫非如此,绝妙绝妙!'"她倾心于张先的才情,忽而把自己当作一个冷静的旁观者,忽而把自己看作张先词中主角,忽而又有了对张先英雄迟暮的慨叹。她这样写道:"相对而坐,他自斟半盏杏花村。正可谓,花雕妖冶,映我红颜。白酒离离,忖他眉似雪,发如霜,一个白字正合他模样。"林纾英采撷张先的这首《天仙子》作为书写的契机,跨越时光与他相遇相知,不仅发现了这位词人绝顶高超的天赋,更是从人的角度去感受他的词,感受这词句背后的悲欢离合。张先这样一个才华横溢、仕至尚书都官郎中,名垂文史的词人,在史书对他的记载中,我们只知道他风流成性,一生阅女无数,八十五岁还娶了一个小妾,然而如此多情的他也难逃寂寞和孤独。林纾英在这些艳丽的词句背后,用人的自然情感去体味和演绎。跨越千年,林纾英同张先把酒对饮,她把手递给他,被他轻轻暖暖地握着,聆听着他的惆怅和感伤:对生命快要走到尽头的感伤,对来日无多的感伤,对春去秋来的感伤。不管日常的生活发生怎样的变化,人类的爱恨情仇、嫉妒贪婪、希望宽容等这些情感欲望是永远不会变化的,这就是人性。在林纾英的作品里,她用历史的时间置换为与张先对话的私密空间,在这个空间里,张先脱离了尚书都官郎中、才华横溢的词人等等历史定位的角色,简化为一个单纯的年迈男性,而林纾英在这个空间里也脱离警察、作家等各种社会角色,变为可以倾听张先一吐衷肠的红颜知己。这个时候人的心灵是开放的,人的思想是活跃的。她把人在现实中得不到满足的欲望放置于这个空间里,表达欲望或本能支配的人性,使自我与本我在文章里自由地流动。

除了张先,在林纾英的笔下还闪现出一大批中国文学史上熠熠生辉的名字,尤其是许多才华横溢而又命运多蹇的女性,李清照、朱淑真、贺双卿等。林纾英在《朱淑真 潸然看断梨花落》和《李清照 为伊消得人憔悴》两篇散文里写了两位女词人相同而又不同的情感心路历程。《李清照 为伊消得人憔悴》中,作家把李清照的个人情感放在家国情怀的时代大背景中进行书写,以客观世界的时空变化为线索表达了主人公对情感无从把握的失落,对李清照在各个人生阶段所创作的诗词进行形象化的解读和阐释,将女词人从情窦初开到获得爱情,到人生遇挫再到国破家亡的一生经历诗意地展现出来,并融入了作家自己的思考。而在《朱淑真 潸然看断梨花落》中,林纾英叙写朱淑真的情感历程与李清照有所不同。她选取"梨花"意象作为题眼,用梨花的"梨"字作"离"字,表现那种遗憾和哀婉。朱淑真的词中,女主人公与情投意合的心上人无奈分别,林纾英描绘了她闲来无事独立窗前,或坐于帘内向外凝望,由春桃绽放、燕子筑巢而联想到时光流逝及韶华不在,抚今追昔,产生无限的伤感,由此表现出一种浓郁的愁情恨意。林纾英善于选取词人的创作去涂绘典型画面,如朱淑真的《江城子·赏春》:"斜风细雨作春寒。对尊前,忆前欢,曾把梨花,寂寞泪阑干。芳草断烟南浦路,和别泪,看青山。　昨宵结得梦夤缘。水云间,悄无言。争奈醒来,愁恨又依然。辗转衾绸空懊恼,天易见,见伊难。"这首词中写斜风细雨的春寒,写梨花尽落的寂寞,在伤春中注入主人公的痴情和心上人再见无望的懊丧,读之令人无限怅惘。这首词迷蒙、灰暗、凄凉的气氛,被林纾英散文化地嫁接过来,写出初春时节斜风阵阵,微雨横飞,寒意袭人之时,愁思郁积的女子内心的伤感。林纾英借用这首词,把春天和朱淑真绵绵的愁丝连在一起,面对春天流露出对时易景迁的感叹,表现了多愁善感的女子触景生情,情绪低落,传达了女主人公对人生苦短、命运无常的感伤与哀愁。

在林纾英的这类散文中,我们看到了一种女性意识浓厚的人文关怀。虽然李、朱都是女才子,但她们的情感生活大部分时间处于苦闷之中,因情绪得不到宣泄,致使整个人生都呈现出慵懒惆怅的色调。林纾英的散文描摹了她们的愁情与幽怨,并且把她们的愁情解读得很不相同。李清照夫妻情深却无奈别离,焦急地期望与丈夫团聚。在《李清照 为伊消得人憔悴》中,林纾英把她少女的淡淡轻愁、闺中少妇的闲愁、不舍的离愁以及光复河山的忧国之愁抒发得委曲动人,蕴藉深婉,这样表现的愁有分量、有力度、有魅力。在《朱淑真 潸然看断梨花落》中朱淑真因婚姻的不幸,对那些与闺阁有关的情感体悟洞察得更为细腻精准,也正因为闺阁的限制,她仅从所观所感所闻的事物上寻找闺情的寄托，使她的词显得情致哀婉，感人至深。林纾英着力于把朱淑真词中的意象情感化，情感化意象的艺术表现又达到物意融合的程度，以物观心，令人震撼，在女主人公的内部心态和外部景致之间搭起了一座情感的"桥梁"，使得作者以梨花意象为肇端，升华了散文人物的情感，留下了属于作家的个性化色彩。情感是人作为万物之灵长的特殊体验，而情感的辜负与被辜负是人类永远无法超脱的困境。芳菲已尽，残红满地，无情的风雨，不老的天地，在一次又一次的月缺月圆、寒暑轮回中见证着心灵在一次又一次的情天幻海中起伏颠簸，种种悲凉的人生况味在心中翻腾。这种情感加以艺术化的言说，就有了一种超脱的意境。林纾英看到，这些优秀的女词人富有才华，具有高贵又苦闷的灵魂，而她们绝世独立的个性与世俗不容，她们的情感被冷落、被放逐，生命力受到挤压和摧残。但是，无论她们处在怎样的恶劣条件之下，都有不变的情怀、不被恶劣的环境折服的性格。这正是林纾英所肯定和坚持的一种人生观。

二 挚爱亲情的诗性书写

在林纾英的散文中，不仅有古典诗词的华美呈现，也有人间至爱的温柔绽放。多愁善感的作家，生活中有慈爱的父母，有可爱的女儿，她的散文中，亲情亦是一个重要的主题，在"与之相关的幸福"中体现尤为突出。在这一辑里共收录了《母亲的天空》《那一席父亲母亲的炕》《与奶奶有关》《斯人既去了无声》《苍老的父亲》《母亲的身影》《你是我永远的痛》《曾经的一份温柔》《你是千里之外另一个我的存在》九篇作品。在这些作品中，作者对人间亲情进行了富有个人经验的主体阐释，毫不保留地抒发了对女儿的怜爱之情、对父母的感激之情、对朋友的诚挚之情和对柔弱生命的呵护之情。

林纾英在日常生活的思维空间背景下思考生命的价值，在弱小的生命里发现人生的无常，关注命运，以充满哲理意味的审视和独特的体悟揭示了生命存在的意义，以诗意的情怀发掘了生命之美、人性之真。她在《那一席父亲母亲的炕》中写道："父亲与母亲，他们的感情就如他们那盘土炕，永远都是温突突的，没有火热刺激，没有冰寒刺骨。他们之间似乎永远都是温情脉脉的，他们之间似乎永远都是默契的……母亲称呼父亲，总是只喊名字的后两字。开始，我听出的是亲昵；后来我听出的是依赖。而父亲叫母亲更奇怪，不管母亲多大岁数，他总是叫母亲小兰，母亲在他眼里，似乎永远都长不大，永远都需要他的呵护。他们把这温柔与细腻一并传导给了后代。""他虽然不能给她锦衣玉食，不能给她貂裘宝马，却使她和儿女们温暖无限，就像一席永远燃烧着的暖炕。他宠爱着自己的妻子，无论生活多么艰难，他都舍不得她暴露在毒辣的太阳下、在凄冷的风雨中下地劳作。她总被温暖地藏在家里。"在女性的生命里，妻性、女儿性和母性在不同的阶段以及面对不同的对象各有侧重，但是它们又是相互交叉的，隐含在一个女人的成长过程中，成为一个女人的综合属性，尤其是在中国母性文化的强大集体无意识中，女性的母性意识更为强烈。在现当代很多作家关于母亲的书写中，偏重于追求的是精神化、诗意化的母亲，作为他们对于母性理想的延伸以及向往，而对于人间化、欲望化的母亲则多采取否定或者回避的情感态度，对于母亲的性别书写更是显得游移。然而，无法正视母亲正当的生命需求，就不能实现母性的生命主体性，也不能把母亲当作一个人看待，只有当母性摒弃了传统的精神负担，成为一个真正的精神实体，父性与母性才能达到和谐和相互尊重的平衡。

所谓母性，不同于女性，也不同于男性，是一种性别意义上的第三性。母性是母亲的内在性质，具有生理学范畴的母亲性质和社会学性质的母亲性质。置身于社会文化、历史环境中的父权制，对母性的解释以及对母性的造就，直接影响到母亲形象和母亲性角色的理论以及母亲价值本位的确定。母亲的本质是奉献、牺牲、支撑、包容。男女作家基于不同的生命体验对母性有不同的书写，男性作家是把母性放在父性家族的边缘处进行叙述，主要诉说母亲在人格塑成、拯救力度、家园守护等方面的作用，最终呈现的是传统母性在各方面的无助和无力以及母性牺牲意义的廉价，他们书写的侧重点是母性生存苦难的表达。女性作家对母性的书写侧重于父性给母性带来的精神创伤和她们被压抑的生命意志。母性不仅是动物本能的，同时也带有文化、社会的属性。女性为人母的社会本性作为社会遗业，积淀在女性心理深处，是她们难以拒绝的传统职责。女人在向母性的皈依中不自觉地圣化自己的文化性格，这些不会因时间的变化发生质变。和男性相比，女性在性爱中承担着繁衍种族的责任，因此，母性包含的宽容、忍让、柔韧、慈祥使女人活得伟大、活得崇高、活得独特。母性是本能和文化塑造的结果，母性不仅贯穿于代与代之间，而且因婚姻存在于两性关系中。我国古代的母亲形象因为代表规范伦理，得到正面肯定，处于神圣一极。在父权的制度下对于母亲表面上是尊重的，但是，中国古代的母亲是没有性别的母亲，她们的神圣崇高是以牺牲自己的性别换来的，男人们敬重的只是作为母亲的女人，而不是作为女人的母亲。

在传统的叙述中，母亲留给人们的印象是慷慨、博大、宽厚的，她们是男人意识中的完美女性，她们存在的出发点是男性立场男权意识，是作为男性心理甚至本能上对母性依恋的对象。在男性话语中，为妻、为母、为媳，她们的存在只因为他人而存在。而当她们自我主体意识被自己所扮演的妻子、母亲、儿媳的角色意识销蚀时，她们也会表现出内心的痛苦不堪，但由于责任的存在，她们又不得不微笑着默默地承受。她们被人们崇敬，其实那只不过是她们真实生活痛苦所换来的虚假幻象。她们被紧紧钉在尽职的角色中，使得她们应有的超越于角色意识之上的自我主体意识被人们忽略，被作家压抑到文本叙述之外。而林纾英站在女性作家的角度叙述的母亲和传统文本叙述的母亲就很不相同："父亲比母亲大五岁，他们从小青梅竹马。到牵了手，走到现在，已是儿孙绕膝，他们是满足的。儿女离开他们羽翼的庇护，独自飞行后，家里只有他们两个人了。此时，母亲总是爱端量父亲的表情，她总是希望在父亲面上看到什么。父亲总是不负所望，在脸上展现出他对这生活的惬意与满足。父亲斟满了酒，母亲会轻轻端起，与父亲轻轻碰一下。父亲大口地喝，她自知酒力不济，只是轻啜一点。但是，为了迎合父亲，那轻啜中，总是发出丝丝之声。不一会儿，母亲脸上就会多出了许多的红晕。这时，父亲就把眼从酒杯上移开，眯缝着笑眼，投去一丝只可意会的疼爱。这一投，就是几十年。她那红润的脸，已经不再白皙如初,却仍是健康而光润。母亲顾不得父亲看她笑话,她一手往嘴里扇些风,一手忙不迭地去夹菜,并以极快的速度咀嚼着,她要压下那老白干留在嘴里的辛辣。过后,她眼里带着被酒辣出来的泪花,却满脸带笑,歪着头把酒杯挪到一边,嗔父亲:辣死了,人家不喝不喝,你非要人家喝。而父亲就会再一次把酒杯送到母亲面前,笑眯眯地又与母亲碰杯,哄着她喝下这辛辣的老白干!"林纾英笔下这一幕父母在一起生活的温馨画面,让人深深为之动容,生活在这样充满人情味的家庭中,让她对情感充满了尊重与敬仰。林纾英书写的母亲,在母性与女性之间、父性与母性之间找到了叙述的平衡点,找到了女性生命的整体感,瓦解了传统母亲的圣母形象以及关于母性无性别的书写。她笔下的母亲是有性别的,除了作为母亲,还是一个女人。

三 自然山水的诗性书写

天地之间有大美,在不同的诗人和作家眼中体现了不同的自然之独特之处:在陶渊明那里,是采菊东篱,悠然南山;在李白那里是千里江陵,两岸猿声;在苏轼那里是江上清风,山间明月。到了林纾英这里,一系列诗意盎然的山水散文,让自然山水透出一种永恒之美、无尽之美、人性之美。

林纾英的山水散文中处处充满诗意与美感,她以自己的诗性思维重塑了现代抒情散文的艺术品位,让我们一同感受她是如何以生花妙笔描山绘水、摹景状物、写人抒情,如何以诗意的玄想与想象为世间的万事万物做笺注,如何从一片槐花中体悟与自然的邂逅:

它们飞入我的衣衫,亲吻着我的肌肤,几番狎昵温存,令我心柔软、温暖,还有无以言说的暧昧、喜悦。

其实在见你前,我心中是有情绪的,它们消极的滞涩游移着我的脚步,让我稍稍来迟了几天。这些五月的精灵们,她们几时等不得我消息,便匆匆离了枝头,来尘下探看,静候我的温润与多情。我来了……与你相识在纷扬落花中。

……

这使我恍然迷离起来，顿然忘记周身所在，内心因欢愉而呻吟，甜蜜与娇羞浮上我的脸，在那些浅浅的红晕里，写满了我的婉约与多情。

贴近了，我摩挲着他年轻而壮硕的躯干，"林妹妹来迟了，没有与你相遇在多情的花期。能见着你此刻的青绿，能与你在一起，哪怕是一刻，我依然是满怀的幸福与满足！"

——《花开花落都是缘》

在这篇文章里，她与槐树缠绵，这里的槐花飘飞，是作者创造的富于人性精神和美感的艺术形象，如同朱自清的名篇《荷塘月色》中的荷叶荷花，花草有了人的生命感，便能够灵动起来，飞扬起来。高尔基曾说过，艺术是靠想象而存在的，法捷耶夫亦言，散文应当是有翅膀的，这都是在强调依靠文学想象所塑造的艺术形象。这种艺术形象，在林纾英的山水散文中比比皆是，显示出作家崇尚自然、赞美自然的情怀。

进入新世纪，山水游记渐渐地趋向黯淡，其中的原因当然很复杂。随着物质文明以及摄影摄像技术的高度发展，影视、摄影已部分地取代了游记的功能；交通的发达，也使世界的距离相对缩小。林纾英写游记，但她的游记却写得与众不同。她在《期冀千年的美丽》这篇描写山水的散文中是这样写的："折过了石壁，有水流的哗哗声特别清晰地进入耳中，此时此刻，山无语鸟声寂，仿佛一切的静都只为了倾听那一弦丝的高山流水。"文章写到这里，我们以为林纾英会按照传统的写法，先介绍美好的景点、这些景点的美学特征，然后再抒发一点主体的感怀。而她却把美景作为情感符号，一个言说的起点，围绕着景物用多维的视角着重强调人与自然的情感融合："走近了，我埋下身来，轻轻地将两臂完全地浸入这条在江南炎热天气里仍然清凉着的小河。我看着她在我两臂间轻盈地欢跃，听她为我演绎了满满一溪流动的乐韵。她在轻柔地漫过了我手臂的时候，在我的臂根处短暂地回旋了一下，仿佛是恋恋不舍，依依地绕过我的肉身，然后穿过我温婉的心间，裹挟着我多情的魂缓缓地流向远方。我被轻轻拂过的两臂,仿佛是被心上人温柔地把握,又似被用情地抚摸,一种旖旎婉婉起自心底,意欲的暧昧曼妙了时空。"尊崇自然、皈依自然一直是中国文学艺术一个重要的审美观念。伴随着物质文明的高度发展,人对大自然的改造与征服已接近最大限度,即大自然在今天基本上已是人化的自然,人们对其至少在心理上已不如过去那么陌生,而是相当熟悉。因此,古人在探索大自然奥秘时所特有的那份新鲜、惊奇、困惑、激动,在今天几乎已不存在了。传统游记写法偏重于临摹自然山水的外在形态再加上一两点主体感悟的表达程式已相当陈旧,激不起读者的审美兴趣,这使得今天的游记越来越不好写了,因此必须另辟蹊径。林纾英的探索为我们提供了一种新的艺术经验,这就是突破传统游记散文"移步换形"、借游说理的简单套路,将游览过程退居为某种断续的、或隐或现的情节框架或开启情感闸门的触点,从而突出了作家所要开掘的与本次游览相关的内容。比如《心灵的悸动》《水墨里婺源》《千年风流铜钹山》,作家在文中那些地方的游览过程已不重要,也无意全面描写具体的风光景点,而侧重关注这些地方的人文形态以及自然与人的情感沟通。

对自然的歌咏,是文学艺术一个永恒的主题。纵观中国文学艺术史可见,中国相当多的文学艺术精品表现的都是诗人或艺术家崇尚自然的人生追求与审美理想。经过了林纾英慧心慧眼的过滤、分解与再造并涂抹以诗意的情思,把粗粝的槐树比作前世的际遇,给人极为强烈的美感冲击。赞颂自然山水、吟咏田园风光的作品,往往是杰出作家、艺术家作品中最能显示其审美情趣与艺术功力,也是最有艺术光彩的部分。

四 故乡愁绪的诗性书写

我们自古就有怀乡思归的文学传统。对于古代作家来说,战乱、灾荒、戍边、羁旅或为官在外,都有可能使其远离家乡,自然而然便会思乡,因此,羁念故土、渴望返回家园是中国人普遍的一种文化心态。乡愁,不知演绎出多少荡气回肠、催人泪下的诗章,它是中国文学中的一种"悲剧"

美学，具有中华民族独特的情思和意蕴。漂泊的灵魂需要探寻精神的栖息地，历代不知有多少文人墨客都曾黯然神伤地吟咏过他们的离愁别恨和绵绵乡思，诸如"此夜曲中闻折柳,何人不起故园情"（李白《春夜洛城笛》),"边月无端照别离，故园何处寄相思"（纳兰性德《记征人语》），"乡梦不曾休，惹甚闲愁？忠州过了又涪州"（左辅《浪淘沙》），"不忍登高临远，望故乡渺邈，归思难收"（柳永《八声甘州》）等等。可以说，文化乡愁是中华民族情感的一部分，是民族文化在民族心理上的积淀。因此，故乡的意义往往超越了时间和空间，超越了实指的故乡，上升为对精神家园的探寻、倾慕与向往。

林纾英也经常在自然山水之中追寻她的文化乡愁，在自然风光与诗词歌赋交相辉映之中，她的乡愁得到纾解，她的乡心得到了抚慰。对过去的无限留恋和追忆，使林纾英面对家乡的山山水水、风景风物，亦不时流露出珍惜与自豪之感。乡愁是一种话语言说方式，不同的叙述者由于自身的人生经历与切身体验的不同，其感受与表达的方式也各有特色。林纾英对于家乡的记忆是流过家门前的那条清澈的小河，小河日夜不停地流淌进她的血脉里，雕琢并印证着她许多记忆的细节，赋予她婉约生命的个性。但是在《一个失血的村庄》里那条小河干涸了，家乡变得面目全非。她这样描写现在家乡的模样："村庄的河流消失了，随之而去的就是青山，是山林。一棵棵古老的大树轰然倒下，成片的大树相继轰轰烈烈地倒在现代化的电动工具之下。曾经乌油油的青山经过人十几年、几十年无休止地砍伐与开采，如今就像患了斑秃人的头颅，裸露出一方方青煌煌的头皮，而后被雨水，被冷厉的风淘洗，青筋历历，沟壑嶙峋。"从心理学的角度来看，时间的流逝和空间的分隔，可以使审美主体超以象外，用审美心理时空去观照对象，而审美心理时空则是由记忆、联想、想象、情绪、情感以及无意识欲望等心理因素介入的复合时空表象。由此，逝去的一切因情感的投入和想象的力量而被极大地美化了，旧时光阴、故人情怀都氤氲着一层诗意的光晕，于是，记忆中的世界便幻化成了最美的天地。现实的、地理意义上故土的变化已不能承受生命和心灵的寄托："时间是无情的，它淡去了村庄昔日的温情，也淡去了村人熟悉的容颜。城市化改造给村庄带来了许多陌生的建筑、陌生的人、陌生的面孔。开发者们掠去了村庄的青山,掠取了村人的土地,他们在曾经的青山、曾经的小桥流水上大兴土木。一座座豪华别墅遮蔽了村庄老旧的房舍,西服革履于是得意地昂扬于灰头土脸乡亲之上。高速路、高铁、豪宅名车、夜总会、高尔夫毫不手软地挥霍掉了村庄鸡鸭牛羊们世代繁衍生息的牧场。"家园是灵魂的栖居之地,作家的文学创作表现出对失落的家园的苦苦寻觅,家园意识体现了林纾英对人文精神的关怀、对人们生存状况及传统文明与现代文明的双向思考,流露出了当代人对生存困境的现实焦虑和精神的无所皈依。

林纾英痛心地写道:"村庄,终究是被掏空了。村庄成了入侵者的村庄,成了暴发户的天堂,原本那些土地的主人一转身就成了在自己土地上给他人打工的奴仆。曾经自给自足的农耕生活被现代文明彻底地打破,笼罩在村庄上空的是焦虑,是躁动、迷惘与不安。昔日安详踏实的小村庄终究远去了,它只在大地上留下了一抹苍凉而落寞的背影。"通过描写城市化转型中人们的生存现状和灵魂的痛楚与蜕变,表达了作者深重的忧世情怀和内在精神的彷徨。村庄的消失,真实地再现了现代化发展对传统农耕经济的摧残,村庄的必然消亡象征着农业文明的没落,整个村庄在物欲支配下呈现出的是冷酷与浮躁,城市与乡村都成为残缺的世界。

城市文明与农耕文明的冲突造成了人们精神意义上的无家感,大家在寻找新的家园,然而却又疑惑、茫然。乡村城市化,既反映了传统文明与现代文明的对立,也反映了人的选择和困惑。林纾英揭示了乡村的城市化问题,对城市文明的野蛮无情进行了批判。作家既认识到城市文明的发展标志着时代的进步,却又满怀对城市文明侵吞传统农耕文明的焦虑,她对人类精神家园的探寻在作品中是从不同角度表现出来的。她记忆中的家乡应该是这样的:"小河的源头隐藏在西山一条深沟里。水从沟壁一米多高的石缝里哗哗啦啦冒出来,落在下方的水湾里。沟壁上生着一丛丛的刺槐与棉槐。刺槐已经过了花期,长出了扁扁的豆荚。棉槐一嘟噜一嘟噜的正开着紫色的花。"山东胶东的小村庄成全了林纾英作为一个作家的存在,成了她创作的根据地。以家乡作为一个点,详细地考察它、研究它,从而得出中国农村的历史演进和社会变迁以及这个大千世界人的生活、情绪、心理结构变化的轨迹。在时代变化不息的潮流里，林纾英在自己的世界中开拓对于城市和乡村的理解，坚持着自己对文学的理解。乡村不仅是生养她的故乡，也是她的文学创作沃土。家乡不仅成为林纾英认识世界、历史、人生的一扇门，而且还是她精神世界的圣地，永远是她的心灵家园。

林纾英精神的故乡，就是产生她独有的一种精神的那块土地，找到了那块土地，种子便会在那里种植和结果。故土和家园的回忆已不仅是一种心灵获得暂时安慰的手段，更是一种获得力量的途径。林纾英从小在农村生活，长大后进城读书，城市生活使她有了新的视角。在生活变化和文明的反差中，乡土令她魂牵梦绕，她在不得不告别乡土的过程中徘徊反顾，寄情于村野，托志于乡情，从乡土文明中挖掘理想的生存方式和生命形式。家乡与她的生命有着一种内在的交融与对应，家乡情结内化为一种价值观念，成为她观照和反思城市化与乡村对立的参照尺度。林纾英在困惑与无可奈何中构筑着自己心中的乡土圣地，以此对抗现代文明，坚守属于自己的精神家园。

目前，城市化已经成为不容回避的问题，在这一历史进程中，各种社会因素和关系在空间上不断扩展，人的行为方式、思想观念以及社会力量也在不断发生变化。理想的生存家园在哪里呢？作者展开对现代城市文明侵蚀传统农耕文明的批判，试图寻找一种独立、健全的文化理想来调和乡土与都市、传统与现代之间的对立冲突。乡村的变化只能用物是人非、斗转星移来形容，昔日田园诗画般的乡村渐渐衰败了，自然、原生态的乡村蕴含的灵光慢慢消逝了，故乡正在消逝、死亡。曾经，如果不愿意面对城市的喧嚣，还可以回到家乡，现在，这样做已经无法实现。随着物质文明的日益发展，乡村受到的影响不断扩大，乡村生活传统的每个方面、每个角落都衰败下去。如今的乡村，乡土诗性已不复存，把土地、风俗、民情、传奇等作为创作对象的历史似乎已经过去，乡村这个矿藏很难再开掘下去。作家热爱故乡的感情逐渐进入自我重复的状态，热情也慢慢冷却，转入理性的思考、冷静的求索。当田园诗画般的乡村一去不复返，乡土不再适合精神的回归，留给我们的就只能是失落和无望了。在文学作品中，乡村大都以原乡神话式的形象存在，包含着深远的象征性，而今田园诗画已经被彻底消解了，作家心中对乡村的记忆变得越来越模糊，现实中的乡土与曾经魂牵梦萦的故乡相差越来越远。《被水富养着的村庄》就是对故乡的纪念，是对故乡深情的回忆，是与故乡无可奈何的告别。

五 婉转清丽的诗化笔法

林纾英的散文在整体质地上柔和、干净、婉转、清丽，艺术风格延续了古典诗词的抒情传统，呈现出幽微窈眇的古典韵味。然而，作为现代散文的书写者，林纾英将古典与现代的艺术技法相糅合，在艺术表现上独具匠心，精致地打磨字句、段落、篇章，呈现出别具一格的散文学艺术空间。

1. 借鉴小说笔法呈现人物

外貌、心理和性格特征的描写，能够使人物形象生动而传神。艺术的借鉴都源自内在的需要，源自艺术家欲借某种形式表现其生命冲动或生存体验的审美需求。因此，林纾英把自己的情思适时地嵌入诗词演绎的故事里，用自己的感受去体会故事里主人公的情感，以"我"的视角贯穿情节的发展，这是林纾英散文艺术的一大特点，也是她善于博采众长、别创新风的艺术追求之所在。在《万叶千声皆是恨》中，她借用欧阳修的十首《玉楼春》，讲述了一段痛彻骨髓、缠绵悱恻的情爱故事：

> 无情未必真豪杰，亦未必真文人。因为风花雪月本身就有消解一切生硬的真力，一场轰轰烈烈的爱情，使他超旷之外添了许多的沉挚，雄俊卓砾与悱恻善怀成就了他非凡的人生境界。
>
> 文道从容宽厚、真率自然，诗风一贯沉郁顿挫、笔墨淋漓的欧阳修，在经历了一场风花雪月的爱情后，在经历了玉楼一夜耕云雨，回首来春已无春的故事后，也难免儿女情长，他阔远的士子襟怀，只充溢了无限的惆怅与哀婉，那几十首《玉楼春》，情韵尽皆妍美幽约，哀感婉艳。这或许是他要留给心灵的一个证明，也似乎只有这样，才能表达他那隐忍的铁血柔肠。

明明知道这是没有结局的奢望,却总不甘心就这样明白地放手,宁愿拼尽余生,去兑现这片刻美好、分秒的爱欢。从不相信承诺,从不期待誓言,不计较后果,我甘愿沉沦于眼前,把我年少的轻狂与精彩,盎然践赴你张扬的怀抱,无论地狱与天堂。

月光隐去,一场暮春的雨淅淅沥沥地落下来,落在窗外那簇生的蔷薇丛中,我听见了落花哭泣的声音。于是,我便在这样的夜里彻底地陷落,陷落在这样阴郁的雨中,陷落在与你一夕欢爱的记忆中!

我,便这样孑然,游走在此生爱的荒芜!

欧阳修作为林纾英散文的主人公,应该是因为林纾英对诗文一代宗师铁血柔肠的倾慕。小说对人物的描写力求细致,特别是抓住人物的典型细节,展开人物的性格特征来突出主题;散文写人则常常呈现粗线条的勾勒,粗粗几笔,"粗"成了散文写人的特点。林纾英的散文写人时用了小说的笔法,她用比较开放的外向思维来结构散文,抓住人物性格的特征细致描摹,注重主观情绪的投射和意识流动以及象征、暗示、隐喻的作用。她不仅叙述了人的意识活动,还探索到人的潜意识中去,通过细节的描写折射心灵的奥秘,揭示人物复杂的内心世界。在所有的文化背景下,爱的关系都是人的关系最强烈的表示,在某种程度上反映了人伦和社会关系的实质以及人性的本质。欧阳修的词解读的是女性,林纾英的散文解读欧阳修以及欧词中的人物情绪。人在恋爱的时候最放恣、最真实、最少伪装。她的散文肯定了人与人之间真挚的爱情,反映女性对爱的渴望,对感情的珍惜。她设身处地地体察女性情感,表现女性情怀,把情感和生理欲望细腻化、丰富化,用心灵沟通展现内心世界,展现感情生活,肯定爱的权利,体现出作家的率真个性。

小说和散文是两种不同的文学体裁:小说是以塑造人物典型形象、生动曲折的故事情节和具体的环境描写为特点反映社会生活,并且以不同程度的虚构想象为创作基础的文学体裁;散文是用凝练、生动、优美的文学语言来写景、状物、抒情的,艺术手法灵活自由,注重的是意境和情感的书写。小说和散文文体不同,写作要求和写作特点也不同,传统散文以自足封闭的主观内向为基本特征,而林纾英则充分发挥小说的技巧,按照自己的性情嬉笑怒骂,兴之所至随意行文,无拘无束地表达着对于生活的感受和思考,拓宽了散文创作的书写方式。

2. 古典意境的现代转化

意境指的是通过形象化的、情景交融的艺术描写,能够把读者引入想象空间的艺术化境。我们知道,中国古典诗歌重视意境的营造,从而提供了富含韵味、言在此而意无穷的境界。林纾英的散文也借鉴了这种传统的古典的美学法则,致力于在现代散文中通过意境的营构提供这样一种古典韵味。"以我观物,故物皆著我之色彩。"林纾英常摘引古诗词曲句入散文,使之成为散文整体有机的组成部分,将古诗词曲句的意境融入散文,巧妙地使之散文化而不露痕迹,创作出饱含作者主观情感的理想景观。更重要的是,她善于用清新隽永的文字,把人物、情景、感受融为一体,以景显情,或者融景入情,情景交融,能够把抽象的感情带入委婉含蓄的艺术境界。

营造散文意境的关键在于作家主观的情与客观的物相融,在物与我的交融中抒发自己的情感,林纾英的散文就荡漾着古典诗歌的意境。她散文中的人物浸透着至善至美的情怀,呈现出唯美的特色。李清照、朱淑真、冯小青以及青楼的歌姬被摄入到艺术的境界里,这些真挚的温馨情感,是生命的温暖和人间的爱意,林纾英把她们放在客观的情境里,这些情境融注着作者真挚细腻的印记,就成了物态化的境,是境中之情,显得情深意浓,达到了客观物象与主观情思的融合。她用虚幻、绰约、朦胧、轻灵弥合种种物象的界限,整体上产生了一种摇曳的韵致,有一种含蓄不尽的余味。她化实为虚,将实在硬朗的物象柔和化、虚幻化,使物与物的界限模糊,整个情思空间扩大,具有飘忽不定的、捉摸不清的感觉,使当代散文具有传统诗歌的美学特征。王国维说:"一切景语皆情语。"这样的描写使林纾英的散文充满了诗情画意,有自然独特的美感,有哀伤的诗意情怀,更有纯美的散文意境。

3. 焕美的诗化语言

林纾英的诗性散文除了具有婉约的诗情、隽永的诗境和秀美的诗思三大特征外,焕美的诗语追求亦是光华璀璨的一部分。文学所借者为语言,林纾英的散文语言焕美如诗，别具特色，古意盎然。深厚的古典文学根底，使她的散文氤氲着浓郁的古诗古语古韵之风。中国古典诗词对散文语言的影响是巨大的，作家借鉴中国古典诗词语言进行散文创造的自觉性和中国古典诗词对散文语言影响的潜在性，决定了诗化语言与散文语言复杂的传承性。在这两种文体语言的对接中，能够自觉而娴熟地运用中国古典诗词语言进行个性化的散文语言形式创造，并不是一件轻而易举的事情，作者不但需要具有驾驭语言的能力和创造语言的技巧，还必须具备深厚的古典文学修养。林纾英的散文之所以极具感染力，与她大量地引用古典诗词语言是分不开的。她的散文中，古典诗词同现代汉语的融合不是蜻蜓点水，而是两者融为一体，构成一种新的语言形式，即诗为文用，文为诗作，古语今用，诗文结合。因此，她用心灵智慧的书写表达对生命价值的体验和对人生的思索的同时，也是在用她个性化的语言来进行开拓创新的语言形式创造。在她的散文中，历史典故和诗词歌赋随处可见，或直接引用，或灵活化用，并加以曲折动人的诗意阐发，使文章散发着缕缕诗情诗韵，古体的词汇因为情感的融入显示出独特的艺术魅力，使作品既洋溢着浓浓的韵味，又散发出超越时空的现代性，欣赏这样古意盎然却又充满现代气息的作品怎能不觉诗意酽然。

在《衔恨只同天上月，未晓年年向谁圆》中，林纾英写了这样一首词：

妆前凝绪，此意无凭，此情以何寄？筝柱咽，伯牙早逝，几可听诉？此恨悠悠，几解情意？平添惆怅，何如薄幸，黄粱一枕山盟誓。梦空幽，谁问留楚佩？浮萍茹恸，随波逐浪任流，万般绮丽全碎。

楼空人老，芳草依然，叹韶华易逝。忆无信，忱忱月醉，把酒临风，携手登临，斯情堪悔。鹊桥断却，天河难渡，别分牛女千万里。黯然处，独教千年泪。伤心惆怅横笛，遥对寒琼，冰蟾如水。

林纾英对诗化语言的运用是非常娴熟的，她心中仿佛澎湃着一个中国古典诗词的海洋，古典诗词在她的创作中潮涨潮落，风起云涌，于是就有许多散文主题储存在她的脑海中，而这些主题大多是先有诗意，后有行文，由诗化语言开发出来的。无论是写景、写人还是写事、写理,她心中都有许多诗性在涌动,诗化的语言构成她散文语言的中心部分,围绕着诗篇的意蕴,一个个新的情感故事就产生了。

有人说林纾英的文字还有林纾英这个人都很有气质,无论是外在还是内在总是给人诗意的感觉。林纾英认为这些气质是与生俱来的。她生在农村,儿时淳朴乡情民风的涵养使她的气质里存进了很多农村土性的质朴、率意和天真,对家乡的一草一木、一情一景赋予了很多浪漫色彩,酝酿了她一溪春水般的婉约情怀。在这表象背后,我们又分明感受到一个女性要保持自我又要超越自我的内心挣扎,一个陷落在自我世界又始终努力拥抱世俗人生的心理图景;她对生命的赞美和对生命意义的探索则体现了一个敏于思考、善于体悟的作家的意义和价值。打动读者的并不是什么猎奇的故事,而是生活中普通的人身上闪耀的凡人琐事,是作者对情感、对人间真爱的挖掘和表现。作为一个知识女性,生活在这样一个文化交融冲突、生活价值多元的时代里,如何才能获得理想的人格和内心的完整?如何最终走向自我价值的实现?林纾英在作品中表现出的生命体验与价值取向,对于女性基于现实又困于现实、构造理想但又沉于幻想的处境和状态,提供了一些可借鉴的经验。可以说,林纾英成功地实现了自己文学创作上的更新和突破,取得了突出的成就。无论是她哪个阶段的作品,都洋溢着浓郁的抒情色彩,她的笔尖总是蘸满感情,有一种特有的温柔亲切、委婉细腻。而她之所以能那么自如地抒真情、发己见,与"以我手写我口"的写作理念有密切关系。在她的很多作品中,"我"都是事件的目睹者或亲历者,通过"我"对人物和事件的真切感受,自然而直接地表露审美感情,并积极发挥着美学评价作用。

六 结语

在两千多年的男权文化里,女性一直作为男性的附庸而存在。三纲五常、三从四德严格地禁锢着女性的行为,将其囿于狭小的空间里:贤妻良母、家庭主妇、生育机器、性爱工具成为她们不可变更的性角色模式,守节、忍辱让无数的女性成为病态社会的殉葬品;女性没有做人的权利,没有做人的价值,没有做人的尊严,本是生命哲学核心的爱和欲望成了她们悲剧的根源。在男权语境下,女性的个性突围行为显得盲目而乏力,更增加了悲剧的意味。女性与生俱来的依附性和对男性掠夺的坦然,几乎消解了女性个性突围的价值和意义,不管是身体上还是精神上,女性压抑的精神状态和女性意识都是男权社会中的悲剧性结局。这种压抑来自女性意识不能伸张,而女性意识不能伸张的根源在于男权社会的束缚。千百年来,男性掌握着话语权,他们用种种规范束缚着女性的发展,以至于女性背负着沉重的精神负荷而不自知,女性生存困境的根源就是这种传统的观念。林纾英的古文化系列散文对于女性的书写以情感为主线,虽然具有女性意识,但她笔下的女性多以怨女为主。女性的怨的情绪多来自情感的不如意,这种怨是一种小火慢炖似的怨,没日没夜,不分此时彼时。因找不到发泄的渠道,这怨便指向自我,使自己成为最大的受害者,不管是朱淑真还是贺双卿,不管是张先的《谢池春慢·玉仙观道中逢谢媚卿》中的谢媚卿还是欧阳修《玉楼春》中的歌女,不管是才华卓著的女词人还是青楼中的歌舞伎,在林纾英的散文中,大多数女主人公都是以怨女的身份出现,所以她的书写依然没有脱离男权话语语境。

　　林纾英有一大部分作品是对日常生活的细致描摹,让读者充分体会到享受平淡生活的乐趣和意义,展现了对父母、乡土、大自然的挚爱,与其所体现的爱的主题和描写是一致的。这样的处理,给读者留下了广阔的想象空间,收到了意味无穷的审美效果。她的散文中看似简单的描写或人物对白,实则并不简单;她惯于直陈其事,以明朗洒脱的笔致诉说内心的真情实感,展现放逸的情趣。其作品没有流于表面,而是将明显而丰富的情感意向蕴含在字里行间,在平静的语句下隐藏着人物无须道明的思维特色,流泻着的是似水的柔情和倜傥不羁的情怀。刘勰的《文心雕龙·情采》篇说:"故情者,文之经,辞者,理之纬;经正而后纬成,理定而后辞畅:此立文之本源也。"强调了情对于作品的极端重要性。白居易的《与元九书》中也有类似的观点,他说,"感人心者,莫先乎情",可以说,诗情是洋溢在散文作品中最能动人心魄的氛围和情韵。以诗性的情怀体悟生命，对生命的价值进行求索和追寻，发掘生命之美、人性之美，正是林纾英古文化系列散文的核心所在。林纾英自己也是这样说的：爱好加上情感等于动力，这就是她进行创作的"秘诀"。应该说每一篇文章都是她直抒胸臆之作，一篇文章即是一个意境，文章中的每一句话都是构成这个意境的因素。这种情感的表达方式直截了当、率真任性，具有难以阻挡的洋洋洒洒的艺术气势，这就必然引起读者的一系列审美反应，文中的人物形象也随之鲜明、清晰起来。透过散文作品平实、质朴、真诚、形象的语言，林纾英更多地表现出对人之常情的关注，触动着人们心中最柔软的情怀。她的散文流泻的情感是渐进的，对人心的打动也是长久的，让人反复阅读而不会生厌。这样的描写符合了公众的美学意愿，呈现出广阔自由的艺术空间。

林纾英的散文创作惯于直陈其事，以明朗洒脱的笔致诉说内心的真情实感，展现放逸的情趣。

> 很久没有经历这样的风景、这样的心境。很多的时候，我总是做梦，总是在梦中回到这样的小溪。小小的我，与妹妹赤着身子在无人山野沟壑里这样一条小溪中，嬉戏玩耍。此情此景，真让我有了如童年那样就此赤身沉溺下去的欲望，可参差的时空无时无刻不在警示着我，前方诸多的瑰丽的景象也在诱惑着我。
>
> 是欲望的牵引，注定我此身难脱红尘的羁绊。置身于这样的境地，一腔的倾诉与表达此刻都已渗入了里坪溪。我除了静静地审视，语言与思想此时都成为真空。
>
> 我赤着脚，下到清亮的水里，以我裸露着的小腿与足部去完成与他的肌肤相亲，去尝试儿时无尘的快活，去践踏河底卵石那一袭光滑的温存。我多么想，多么想化作一尾游鱼，让小溪的柔情天天侵蚀在我婉约的骨子里，让我时时弥漫在这样水的气息中，长眠不醒。

她叙事状物，目的都在于写情写意，母爱、亲情、爱情、友谊等人性中向上向善的部分是其着力叙写的话题。她的作品立意鲜明——以情立意，选取凡人琐事来展示她的人生态度,表现了对孤弱的同情和帮助、对被欺压者的怜悯、对他人人格的尊重。她还善于运用于细微处见精神的手法,让读者从日常生活的点滴小事上,看到她对人生拥有的一种独特的热爱。总之,林纾英的作品赋予平庸、琐碎的日常小事以艺术光彩,表达"林纾英式"的爱。她从人们司空见惯的小事上发现美,挖掘出情趣,引导读者从日常生活的麻木不仁中走出来,同她一起享受那在她眼里活泼、新鲜、有趣的美好生活。

苏联作家爱伦堡曾说:"旋律,是散文的基础。每个散文家都应有自己的独特的、不因袭的、音乐的调子。"林纾英具有很高的文学修养,对古典诗词尤其擅长,她以优美的文笔为人们留下的极具个性色彩和情感张力的散文,无不折射出中国传统文化的审美特征和价值取向。她以自己的声音,也以自己的语言,将文字的内容和形式活出了一次新的生命。作为一个具有强烈生命意识和丰富情感的人,她用不止息的脚步去追寻爱的真谛、探索生命的意义与价值;作为一个纯真率性、眷恋自由的女性,她用自己的情感体会着真正的美与丑、悲与喜、爱与恨、苦与乐。可以说,林纾英这一个体具备足够的复杂性,具有多个可以折光的侧面,她的文本中隐匿着丰富的信息密码。她的散文独具魅力,文字雅致清新,引用大量的婉约词句,使文章既平易流畅,又典雅凝练,给人一种柔婉的美感,有一股扑面而来的书卷气。林纾英除了写小品文,还写了一部分长篇散文。长篇散文是散文发展的必然趋势,篇幅短小的文体规范极大地制约了散文的表现内容,使许多过程长、容量大、情节复杂的重大题材被排斥在外,只有长篇散文才能吞吐古今,驰骋中外,具有黄钟大吕的磅礴气势,读起来令人荡气回肠,如《宁负如来不负卿》等作品。林语堂曾指出,好散文必须具有容纳充分发挥才能的篇幅和轮廓,必须改变迫于生产力落后而形成的简约、削足适履的旧观念。可见,林纾英近年来长篇散文的书写也是符合了现代散文的发展趋势。她亦擅长运用多变的句式,使她的散文摇曳生姿,极富诗的节奏感和旋律美。林纾英散文的语言形象生动而又诗意盎然,既有古典的隽永,又有现代的洒脱,极富隐喻意味和艺术感染力,这些书写特点为其诗性散文增添了耀眼的光彩。

参考文献:

1. 敏泽:《形象 意象 情感》,河北教育出版社,1987年版。
2. 王国维:《人间词话》,安徽人民出版社,2002年版。
3. 朱光潜:《诗论》,三联书店,1984年版。
4. 王一川主编:《大众文化理论与批评》,高等教育出版社,2005年版。
5. 郁达夫:《中国新文学大系·散文二集》,花城出版社,1991年版。
6. 王兆胜:《文学的命脉》,华东师范大学出版社,2005年版。
7. 楼肇明等:《繁华遮蔽下的贫困:九十年代散文之路》,山西教育出版社,1999年版。
8. 程金城主编:《中国新时期散文研究资料》,山东文艺出版社,2006年版。
9. 袁勇麟:《当代汉语散文流变论》,上海三联书店,2002年版。
10. 佘树森:《中国现当代散文研究》,北京大学出版社,1993年版。
11. 南帆:《文学的维度》,上海三联书店,1998年版。
12. 陈剑晖:《中国现当代散文的诗学建构》,江西高校出版社,2004年版。
13. 黑格尔:《美学》,商务印书馆,1979年版。
14. 韦勒克·沃伦:《文学理论》,三联书店,1984年版。
15. 贾平凹:《散文研究》,河北大学出版社,2001年版。
16. 马尔库塞:《审美之维》,三联书店,1984年版。
17. 范培松:《中国散文批评史》,花城出版社,1984年版。
18. 傅德岷:《散文艺术论》,重庆出版社,1988年版。
19. 张振金:《中国当代散文史》,人民文学出版社,2003年版。
20. 童庆炳:《文体与文体的创造》,云南人民出版社,1994年版。
21. 陶东风:《文体演变及其文化意味》,云南人民出版社,1994年版。

附 录

　　林纾英,笔名月转妆楼。散文作家、诗人,警察。中国作家协会会员,山东省作家协会签约作家,中国散文学会会员。现居烟台。2007年开始创作,有八十余万字的作品发表于《天涯》《散文选刊》《美文》《散文百家》《山东文学》《中外文摘》《安徽文学》《中学生作文选刊》《红豆》《文艺报》《中国文化报》等国内外报刊。获第五届冰心散文奖、中国百篇优秀散文奖、《山东文学》2009年龙泉杯征文一等奖、2010年世界华人漂母杯母爱主题征文三等奖、万松浦书院第三届文学新人奖、第二届全国吴伯箫散文大赛三等奖等。作品入选《21世纪年度散文选:2014散文》《〈散文选刊〉2011年度佳作》《2010年我最喜爱的中国散文100篇》《2009我最喜爱的散文》《2009年中国散文大联展》《稻草人的信仰》("天涯社区·散文天下"十年精华)等十几个散文选本。著有散文集《一剪秋思》《花开花落都是缘》,与人合著散文集《朗润青山十八条溪》林纾英卷、闪小说集《你以为你是谁》。参与主编《天涯望故乡》《宦途多棱镜》《两性爱与怨》《悬疑N档案》《芸芸众生相》等文学作品集。

林纾英作品年表

2009年

　　散文《春不见,幽恨莫重提》,刊于《山东文学》第6期。
　　散文《李清照 为伊消得人憔悴》,刊于《手稿》第3期。
　　散文《多情似我以卿狂》,刊于《山东文学》第11期。
　　散文《多少恨,都分赴清寒》,刊于《手稿》第12期。
　　散文《水墨里的婺源》,刊于《胶东文学》复刊创刊号。
　　散文《期待千年的美丽》,刊于《安徽文学》第10期。

散文《梦中章节》，刊于《视野》第10期，入选《稻草人的信仰》（"天涯社区·散文天下"十年精华）。

2010年

散文《暗夜疯狂》，刊于《散文世界》第8期。

散文《与奶奶有关》，刊于《山东文学》第16期。

散文《朱淑真 潸然看断梨花落》，刊于《美文》第2期，入选红孩主编《2010年我最喜爱的中国散文100篇》。

散文《万叶千声都是恨》，刊于《美文》第10期，获第二届吴伯萧散文大赛三等奖。

散文《那一席父亲母亲的炕》，刊于《散文选刊》第2期。

2011年

散文《衔恨只同天上月》，刊于《散文百家》第4期。

散文《女警手记》，刊于《天涯》第5期。

散文《机场女警手记》，刊于《散文选刊》第11期，入选《〈散文选刊〉2011年度佳作》，获第五届冰心散文奖、第十二届烟台文学艺术创作荣誉奖。

散文《中国文化地图（三）——齐鲁文化之分合》，刊于《时代文学》第12期。

2012年

散文《花开花落都是缘》，刊于《山东文学》第5期。

2013年

散文《不负如来不负卿》，刊于《美文》第10期。

散文《让我牵住你的手》，刊于《特别关注》第10期。

散文《母亲的天空》，刊于《美文》第7期，获第三届"漂母杯"全球华文母爱主题散文大赛三等奖。

散文《父亲，让我牵住你的手》，刊于《特别关注》第10期。

散文集《一剪秋思》由敦煌文艺出版社出版。

散文集《花开花落都是缘》由河北人民出版社出版。

2015 年

散文《齐鲁那些先圣与先贤》，刊于《时代文学》第 4 期。

散文《游走在历史的边缘》，刊于《青岛文学》第 11 期。

散文《时光里的疼痛》，刊于《山东文学》第 10 期。

散文《一个失血的村庄》，刊于《美文》第 11 期，获首届"丰子恺杯"全球华人散文大赛优秀奖。

散文《斯人既去了无声》，刊于《芳草》第 12 期。

散文《父亲》入选人民文学出版社《21 世纪年度散文选：2014 散文》。

散文《宋词一般的婺源》，刊于《人民文学》第三届"观音山杯·美丽中国"征文获奖作品专刊，获第三届"观音山杯"美丽中国游记散文佳作奖。

2016 年

散文《有一场未曾忘却的美丽》，刊于《青岛文学》第 4 期。

后 记

本书是我们 20 世纪中国女性文学研究专题的第二批成果，对近年来创作成果较多、在中国当代文坛产生影响较大的山东女性作家作品进行了全面梳理、系统论析和深入解读。经过反复多次的讨论与甄选，我们将六位女性小说家、两位女性诗人、一位女性散文家列入了我们的研究计划。

全书共分十章，每一章都是对新时期以来山东女作家文学创作的论析与研究。第一章由李掖平执笔，第二章由翟丽丽执笔，第三章由王晓艳执笔，第四章由张锡杰执笔，第五章由刘晓执笔，第六章由孙亚儒执笔，第七章由缪晓岚执笔，第八章由苏婧执笔，第九章由殷惠执笔，第十章由孟庆惠执笔。每章的主体思路都经过数次讨论，所有文字经由具体撰写者反复修改后，又经过了李掖平教授和苏婧同学的最后修订。

书稿力求以创新性思维、创新性观点和独立的自我见解，通过具体文本的解读与考辨，实事求是地解读、论析、评估山东女作家文学创作的成败得失以及对中国当下文学的积极影响，以期能为"文学鲁军"在创作上的进一步繁荣和长足发展、为当代中国女性写作提供有益的镜鉴。

由于文学评论写作本身就是一种仁者见仁、智者见智的艺术活动，因此我们对山东女作家小说、诗歌、散文创作的文本分析与评述，有可能会存在某些偏狭或不足，还望学界同仁们宽谅并批评指正。

衷心感谢对本课题研究给予大力支持的山东文艺出版社的各位朋友。

图书在版编目（CIP）数据

心灵孤岛与世俗镜像 / 李掖平等著 . — 济南：山东文艺出版社 , 2018.3
ISBN 978-7-5329-5610-4

Ⅰ . ①心… Ⅱ . ①李… Ⅲ . ①女作家—人物研究—山东—现代 Ⅳ . ① K825.6

中国版本图书馆 CIP 数据核字（2018）第 020829 号

心灵孤岛与世俗镜像
——山东女作家创作论析

李掖平 等 / 著

主管单位	山东出版传媒股份有限公司
出版发行	山东文艺出版社
社　　址	山东省济南市英雄山路 189 号
邮　　编	250002
网　　址	www.sdwypress.com
读者服务	0531-82098776（总编室）
	0531-82098775（市场营销部）
电子邮箱	sdwy@sdpress.com.cn
印　　刷	山东临沂新华印刷物流集团有限责任公司
开　　本	710 毫米 ×1000 毫米 1/16 开
印　　张	17
字　　数	240 千
版　　次	2018 年 3 月第 1 版
印　　次	2018 年 3 月第 1 次印刷
书　　号	ISBN 978-7-5329-5610-4
定　　价	36.00 元

版权专有，侵权必究。如有图书质量问题，请与出版社联系调换。